荆楚
名师

荆楚名师系列丛书

# 数学教学那些事

余锦银◎著



长江出版传媒 | 湖北教育出版社

(鄂)新登字 02 号

**图书在版编目(CIP)数据**

数学教学那些事/余锦银著.

—武汉:湖北教育出版社,2020.8

(荆楚名师系列丛书)

ISBN 978-7-5564-3894-5

Ⅰ.①数…

Ⅱ.①余…

Ⅲ.①中学数学课-课堂教学-教学研究

Ⅳ.①G633.602

中国版本图书馆 CIP 数据核字(2020)第 151247 号

数学教学那些事 SHUXUE JIAOXUE NAXIESHI

| | | | |
|---|---|---|---|
| 总 策 划 | 方 平 | | |
| 责任编辑 | 张 琴 | 责任校对 | 王艳波 |
| 封面设计 | 牛 红 | 责任督印 | 张遇春 |

| | | |
|---|---|---|
| 出版发行 | 长江出版传媒 | 430070 武汉市雄楚大道 268 号 |
| | 湖北教育出版社 | 430070 武汉市雄楚大道 268 号 |
| 经 销 | 新 华 书 店 | |
| 网 址 | http://www.hbedup.com | |
| 印 刷 | 湖北新华印务有限公司 | |
| 地 址 | 武汉市硚口区长风路 31 号 | |
| 开 本 | 710mm×1000mm 1/16 | |
| 印 张 | 18 | |
| 字 数 | 248 千字 | |
| 版 次 | 2020 年 8 月第 1 版 | |
| 印 次 | 2020 年 8 月第 1 次印刷 | |
| 书 号 | ISBN 978-7-5564-3894-5 | |
| 定 价 | 46.00 元 | |

# 序

这是余锦银老师的第一本专著，他邀请我作序，盛情难却。

改革开放以来，湖北省涌现出一批非常优秀的教师，他们在高考、竞赛、教育改革等方面都做出了十分优异的成绩。余锦银就是他们中的一员。他热爱教育，富有追求，既朝气蓬勃，又脚踏实地。余锦银老师1999年大学毕业分配到大冶市第一中学工作，他全身心投入教学，虽然缺乏经验，但他用真诚、真心赢得了学生的信任，建立了良好的教育氛围，师生同心，共同提升教育、教学效率，为自我成长构建了一个“高起点”。2001年就代表学校参加黄石市优质课比赛，获得一等奖。2005年，在学校和老教师的支持和帮助下，他再次参加黄石市优质课比赛，获得第一名，赢得了代表黄石市去湖北省参赛的资格，并获全省优质课比赛第一名，最终获得全国二等奖。2005年他所接手的文科实验班在2006年高考中数学成绩取得重大突破，全班140分以上9人，130分以上24人，最高分为全省第三名。一位青年教师在这么短的时间内取得这样的成绩是很不容易的。余锦银老师没有止步于这些成绩，继续坚持把课余时间全都用于研究高考、研究教材、研究课标、研究教法、研究学生，试图获取教育的真谛；他还常常反思梳理教学体验，将之升华为教学经验。就这样一边实践，一边学习，一边思考，他在5年时间内在《数学通报》等中文核心期刊发表论文100余篇，其中有34篇被中国人民大学书报资料中心检索收录，部分篇目被全文转载于《复印报刊资料：中学数学教与学》，这些成果印证了他前进的步伐。

这本《数学教学那些事》凝聚了他对教育的思考，展现了一位优秀教师成长的轨迹。全书分为五篇：课改篇、课堂篇、课题篇、学法指导篇、成长篇。余锦银老师从“课改篇”起步，指出在教育改革中教师可能会遇到的问题和困惑，并站在一线教师的立场，用生动的实例，回应了这些问题和困惑，给出了很多自身的感受和可以实施的建议，体现了他的责任和担当，这是优秀教师义不容辞的任务。在他回应教师们的问题和困惑时，突出强调了“学”的重要性。他牢记著名教育家陶行知先生的论述：“我以为好的先生不是教书，不是教学生，乃是教学生学。”我感到他一直努力把这种精神贯穿在他的教育、教学实践中，例如，在“数学到底该教什么”中，他提出了“学法指导，成就自信”；在“数学到底该怎么教”中，他提出了“构建以学习者为中心的课堂”，让教学适应学生，而不是让学生适应教学，并以此为纲，给出了一系列落实这一理念的措施，等等。强调治学是中国优秀传统文化的重要组成部分，有很多我们耳熟能详的论述，例如，“授人以鱼不如授人以渔”(出自《淮南子·说林训》)。余锦银老师把这一优秀传统融入自己的教学中，不以教授知识为目的，而以教如何获得知识、挖掘知识背后的思想方法为追求，孜孜不倦，持之以恒。

从上个世纪末修订数学教学大纲开始，我有幸参与了一系列课程改革重大项目，深深感到我国教育改革的一项重要任务就是要实现从重视教到重视学的转变，所以在中小学阶段，教师应努力帮助学生奠定“学会学习”的基础，促进学生学习能力的发展。余锦银老师在这方面做了很好的探索。

余锦银老师用“成长篇”作为本书结尾，希望给新老师、年轻老师们一些启示。我接触过很多优秀的教师，他们有很多共同的特点，余锦银老师就是他们的代表。他热爱学生，热爱教育，热爱数学，热爱学习，热爱探索，他从工作中得到快乐，永不满足。

2017年10月习近平总书记在党的十九届一中全会上的讲话指出"当今世界正面临着前所未有的大变局，中国特色社会主义进入了新时代"。在新的形势下，我国的教育、人才培养就显得更为重要。目前，我国的数学教育还有很多挑战性问题需要去解决，教师们任重道远，希望余锦银老师继续努力，期待他取得更多的成果。

王尚志

2020年8月15日于首都师范大学

# 目 录 CONTENTS

## 课改篇



## 课堂篇

## 课题篇



## 学法指导篇



## 成长篇



## 后记

# 课改篇

# 一线教师实施新课改的困扰

新课改改什么？主要是改变教师的教育观念，这是当前教育改革的首要任务。可是当前改革过程中，数学教学课堂“我讲你听、包办分析、死记硬背、学生被动听讲、机械重复训练”的现象依然比较严重，显示着教师教育观念转变的艰巨性。

为什么自上而下的新课改在一线教学中改得很慢？那是因为一线教师在思想观念方面存在诸多困扰。一线教师对于新课改的认识不到位，教学观念就很难改变，随之教学方式也很难改变，学生的学习方式也就很难改变。

困惑1：为什么非要搞新课改，我是教学效果很好的“好教师”，我也用改吗？

剖析：这位教师口中说的教学效果好，大概是指学生考试效果好。其实，要想考试效果好，只需通过“大量重复”训练，使学生掌握基本知识的准确度和运用基本知识的熟练度达到极致即可。可是代价就是青春年少的学生，失去他们应有的课外活动和法定的节假日时间和快乐、失去学习的原本乐趣。私下里学生们会吐槽：“数学，你是个坏蛋，你害我脑细胞不知死了多少。我美好的青春年华就毁在你的手上，你总是打破别人的梦，你为什么要做个人见人恨、人做人更恨的家伙呢？如果没有你，我将笑得多灿烂呀！如果你离开我，我绝不责怪你无情。”“数学啊，你这个杀人不见血的神！”像这样让学生痛恨数学的教师能是“好教师”吗？

其实，“好教师”的含义早已发生变化，早在20世纪70年代，联合国教科文组织编写的《学会生存——教育世界的今天和明天》一书就对未来教师角色作了这样的描述：教师的职责将“越来越少地传递知识，而越来越多地激励思考；除了他的正式职能以外，他将越来越成为一位顾问，一位交换意见的参加者，一位帮助发现矛盾论点而不是拿出现成真理的人。他必须集中更多的时间和精力去从事那些有效果的和有创造性的工作：相互影响、讨论、激励、了解、鼓舞”。

**建议：以高度的责任心和使命感来更新教学理念。**①“好教师”要学会引导。一位好教师能告知他的学生许多问题的良好答案，但是最好的教师能够不多说话，只是引导他的学生自己去思考出答案。②“好教师”要学会尊重。一位好教师是热情亲切的评论家，但是最好的教师知道：当他的学生争取用自己的语言形成他们的思想时，应该如何保持镇定和忍耐。③“好教师”要学会关注。一位好的教师力求使他班上的学生在他的“控制”下，但是最好的教师知道首先必须能控制他自己。

**困惑2：一直以来只需将“时间＋汗水”做到极致，就已经培养出优秀学生，国际奥林匹克竞赛的团体冠军历来都被我国中学生独占就是一个很好的例证。为什么非要让学生进行自主、合作、探究性学习？**

剖析：传统的学习更多的是接受学习、简单训练、机械重复，这种方式导致学生的探究、实质性参与教学的过程、学生之间互动合作与交流太少。受时间的限制，教师舍不得花时间去让学生做所谓的“无用功”，而是忙于抛出“新知识”，这样使活的数学知识，变成了一堆毫无意义的数学符号和难以记忆的公式、法则、技巧，使数学发现、数学探索中“火热的思考”被淹没。

而新课改强调合作学习、探究学习，是要把所有学生的学习都提高到一个自主学习的高度。自主学习是指学生自我导向（明确学习的目标），自我激励（有感情的投入），自我监控（发展学生的学习策略和思考策略）。自主学习是合作、探究学习或一切有意义学习的前提，合作在自主与探究的基础上形成，是途径，探究是目的，也是过程，应该把三者联系起来考虑。

原有的试图说服学生、命令学生、简单重复已有的正确结论的学习方式,禁锢了学生的思想,剥夺了学生质疑的权利,压制了学生的创造潜能。近年来,哈佛等世界名校对来自中国大陆的“优秀”学生较为排斥,应是对应试教育下的“高分低能”的最好解释！这也是“我国内地有很多国际奥林匹克竞赛金牌得主,却鲜有诺贝尔奖获得者”的一个重要原因,我们的钱老(钱学森)逝世前还在为我国的教育担忧,为我国创新人才的培养担忧。

**建议:改变学生学习方式的历史责任就落在了我们每一位教师身上。**学习方式决定了一个人的思维方式,最后成为一个人的生活。学生的学习过程不仅是一个接受知识的过程,而且也是一个发现问题、提出问题、分析问题、解决问题的过程。《基础教育课程改革纲要(试行)》强调:要“改变课程实施过于强调接受学习、死记硬背、机械训练的现状,倡导学生主动参与、乐于探究、勤于动手,培养学生搜集和处理信息的能力、获取新知识的能力、分析和解决问题的能力以及交流与合作的能力”。

**困惑3:我讲学生听,有什么不好的,为什么非要以学生为主体?**

**剖析:有一种失败叫占领！**抢占学生的一切时间,认为教师一放手学生就不知道干什么,认为即使数学不占用学生的课余时间,其他科目也会占用的;在课堂上,用“满堂灌”占领课堂,学生还没想,你就开始讲;用大量重复练习占领课外。学生没有一点自主时间:没时间查缺,没时间补漏,甚至根本没时间去想什么缺漏,各科练习还没做完就已经是深夜了。

我们在非常气愤地责怪学生“与某试题相类似的题目我已讲过多遍,你们怎么还是不会”的同时,也应该意识到:学生的许多毛病都是老师们辛辛苦苦培养出来的。任贤齐的《心太软》中的一句歌词是当今许多教师的真实写照:“你(教师)总是心太软,心太软,把所有问题都自己扛。”那么,我们能否改变一下,别将所有问题都由教师自己来扛呢?

**建议:有一种成功叫撤退！**该撤退时就撤退,把时间还给学生,让他们有锻炼的机会。如:面对学生突如其来的问题,我认为并不见得都由教师来解决。既然重心下移,那么是否也可以将问题的重心也下移,学生可以成为问题的解决者或是评判者,可以鼓励学生对自身提出的问题进行研究、说明和解答，也可以动员其他同学共同研究、合作交流，这也是新课程理念所提倡的"学生既是问题的提出者，也可以成为问题的解答者"。学生能够提出问题并通过自身努力解决问题，这是值得大力提倡的。适当的撤退还有利于培养学生的自学能力。《学会生存——教育世界的今天和明天》一书指出："未来的文盲不再是不识字的人，而是没有学会怎样学习的人。""教会学生学习"已成为当今世界流行的口号。著名教育家陶行知先生说过："我以为好的先生不是教书，不是教学生，乃是教学生学。"作为教育工作者，应最大限度地调动学生学习的主动性和积极性，培养学生的自主学习能力。学生一旦培养起自学能力，当前中学教育的两个非常突出的问题，一是厌学问题，二是后劲不足问题，亦可迎刃而解。

**所有教改理念都归结为两个字：主动。**在学生学习的过程中，如果缺乏学习的主动性，就大大限制了创造性思维的发展。因此，学生主动学习是这次教改的最终目标。一线教师必须为学生主动学习提供空间，为学生设计一个主动思维的舞台，而不能将学生作为被动接受知识的容器。知识只是目标之一，而另一个重要目标是引导学生发掘并体验蕴含在新知识中的数学思想、精神和方法，以及通过知识的获得过程，使学生形成科学的思维方式，使学生获得研究方法。因此，教师教学理念必须转变。要改变传统的"学生被老师牵着走"的做法。为了鼓励学生积极参与教学活动，帮助学生用内心的体验与创造来学习数学，认识和理解基本概念、掌握基础知识，在备课时不仅要备知识，把自己知道的最多、最好、最生动的东西给学生，还要考虑：应该给学生什么，不给什么；先给什么，后给什么？以什么样的形式能给他带来最大的思考空间？怎样创设问题情境？怎么提问？在什么时候、提什么样的问题才会有助于学生认识和理解基本概念、掌握基础知识？等等。

**困惑4：为什么要重视"教学过程"？**

过程好比耕耘，结果才是收获。过程怎能作为目标？难道只顾耕耘、没有收获也是教学的追求？

新课程重过程,但高考是按答题结果评分的,花那么多时间来重过程,对高考来说岂不是得不偿失?

重过程就要重视实践,但纸笔测验考的是理论,以纸笔测验为主的评价方式对重过程的师生公平吗?

**剖析**:教学中通常说的"过程",是指学生自主经历的某种学习活动(例如观察、实验、调查、思考、解释、分析、概括、交流等)。学习"过程",对学生获得体验、增强意识、掌握方法、发展能力方面具有重要作用。教学的目标不仅仅是落实在知识结论上,学习"过程"恰恰是学生解决问题的重要素质。因此,过程和结果的关系在一定程度上就是素质(能力、思想等)和知识的关系。要完成纸笔测验的题目(特别是高考题),不仅靠知识,更加需要的是考生的基本素质。难题一般都难在素质要求上。

**建议**:教学中要"重过程"。增强教学的开放性和灵活性,更新教与学的方法,让教材为我所用。设法使静态的文字变成生动活泼的思维过程。

**困惑 5**:教学中明明是"重过程",怎么不知不觉就成了重视"结果"?

**剖析**:①对实现过程目标的重要性认识不足:以为"知识"是解答题目的关键,没有认识到难题都是难在能力、意识、习惯等非知识素质方面。没有认识到,"过程"对学生获得体验、增强意识、掌握方法、发展能力方面具有不可替代的作用。

②"解题是为了得到结果"所形成的思维定势:课堂教学中,习题教学是一种师生普遍重视、实施频率很高的教学活动。解答题目的目的是为了得到一个最终结果,解答的水平通常是以结果是否正确来评价的。因此,追求一个正确的结果,不仅成了学生解决问题的目标,也成了教师组织教学活动的主要目标。

③教学"以知识为线索"演变成了"以知识为主":一个新知识的构建,需要原有的知识作为基础。知识的展开,形成了一个结构,其间的联系就是线索。因此,新课的教学都是以知识为线索展开的。然而,正由于教学是以知识为线索串起来的,这就很容易把教学设计的目光集中在知识上,一心一意

思考如何使学生获得知识的结论，而忽视了“过程”目标。

④教科书信息呈现方式为“重过程”带来了困难：教科书是一种单向传递信息的方式，而教学中的很多过程是需要交互活动才能进行下去的，由于教科书难以获得读者的信息，也就很难设计出有呼有应的活动过程。如果教师不能在教学中对教学过程进行再创造，那就只能束缚在“重结果”的圈子里。

⑤过程的形式易被关注，过程的本质常被忽视。

**建议：将新知识及蕴含其中的数学思想、精神和方法，发现新知识的思维方法，渗透于教学的全过程，要以学生为本，关注学生、关注过程、促进学生的发展。**

例如，两角差的余弦公式教学设计，我见过很多教师在公开课中试图引导学生猜出余弦的差角公式，但总不能成功，主要原因是对这样一个很难猜想的公式没有任何铺垫，从而造成学生漫无目的地乱猜，一时半会儿又不知如何检验猜想的对与错。如何既节省时间又能让学生体验猜想成功的乐趣与技能呢？我的做法是先让学生判断我的简单猜想“$\cos(\alpha-\beta)=\cos\alpha-\cos\beta$”是否正确，学生借助特殊角很快就否定了老师对任意两角差的余弦公式的这个猜想。然后引导学生从不同的角度，探索出了排除错误猜想的方法一共有四种：①角 $\alpha$ 与 $\beta$ 的地位相同，可轮换；②$\cos(\alpha-\beta)$的有界性，展开式对任意角 $\alpha$、$\beta$ 的三角运算结果都不能超出$[-1,1]$这个范围；③特殊角，令 $\alpha=60^\circ$、$30^\circ$、$120^\circ$等；④诱导公式，令 $\alpha=90^\circ$、$180^\circ$等。而且这四种方法还可以启示我们：由于角 $\alpha$、$\beta$ 的地位相等，因此 $\cos(\alpha-\beta)$的展开式一定可以用 $\sin\alpha$，$\cos\alpha$，$\sin\beta$，$\cos\beta$ 中的两个或全部来表达，并且结构一定是对称的。本节课在学生猜想、探索新公式的过程中，有意识地让学生“试错”，学会从失败中找到通向成功的“门槛”，进行认知策略的反思总结，从而培养学生的数学思维。

**困惑 6：大家都是 10 分钟左右就讲完概念、定理、公式，然后恶补例习题，我还能静下心来引导学生“慢慢”发现数学知识吗？**

剖析：不注重自主探究，只想通过高难度、大题量的重复性训练取得数学好成绩，这种方式除了摧垮学生的身体和意志之外，没有任何长远价值。我经常听到学生抱怨“我上课听得懂，书看得懂，自己做题却做不出，看看别人的答案似乎又明白了”，听到老师抱怨“讲过的题目学生会做，但难以做到触类旁通”，这正是因为注入式教学不利于学生数学思维能力的培养。我们应该在每堂课中，将数学思维方法的训练与具体数学知识的教学密切结合起来，使学生在掌握具体数学知识的同时体会其内在的思维方法。

**建议：为了学生的长远发展，我们应坚持对的。**数学知识是人类认识的一种成果，包括人对周围事物“数”与“形”方面的经验和“有秩序的论理体系”两个方面。当前，人们把数学知识分为明确知识（如数学事实、数学原理等）和默会知识（如数学思想方法、解决问题的策略等），这是比较科学的；数学知识、技能类化（系统化、概括化）的结果就成为数学能力；一个人数学素养的高低，主要体现在是否能“数学地看问题”和“数学地思维”。

**困惑7：等学生“慢慢”发现数学新知识后，就没有多少时间搞题海战术，怎么办？**

**剖析：**题海战术弊大于利。一般说来，要使学生在高考中取得好成绩，必须使他们的数学学习状态同时达到“概念清，原理透，方法熟，思想通”。通常，对数学的概念与原理，可以通过不断地重复学习，使学生在相对较短的时间内理解或掌握。但是，对于方法与思想（特别是思想），是需要有较长的时间让学生练习与体会才能达到“熟”与“通”的状态的。因此，在平常教学中，不仅要引导学生重视知识的学习，不能急于求成，而且要留有足够的时间让他们去悟出思想方法的真谛。只有这样，才能真正让他们体会到学习数学的意义，并在高考中考出好成绩。因此，发展数学思维是数学教育的核心，“暴露”数学思维过程是数学教学的重要原则。

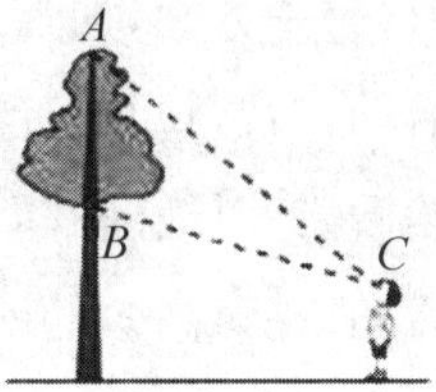


**建议：研究题根，少讲精讲，教会学生数学本质及其思想、精神和方法。**如人教社2004年版新课标教材《数学·必修5》第101页习题3.4 B组第2题：“树顶$A$离地面$a$m，树上另一点$B$离地面$b$m，在离地面$c$m

的 $C$ 处看此树，离此树多远时看 $A$、$B$ 的视角最大?”这道索然无味的应用题，若是加上学生感兴趣的话题作导入：“大家知道中国足球为何冲不出去吗？（稍停）那是因为他们没学好数学！大家请看……”学生就会兴趣盎然。在引导学生探究此题解法及解题回顾后，笔者进一步介绍该模型的丰富现实背景：将自己最喜爱的图片挂在卧室的什么地方可以确保自己常待的位置视角最大（既清楚又不易疲劳）？坐在何处看黑板最舒服？踢球时，何处射门准确率最高？这样的讲解，既激发学生弄透该模型的兴趣，又有利于提高学生的应用意识与应用能力。

**困惑 8：我不改，我“以不变应万变”！**

以往倡导建构主义理念时，我没改；现在倡导新课改，我也不想改；将来不知又会倡导什么更新的理念。长期坚实地推行素质教育的个人和单位，主要是各级教研员、相关教授和教研机构，因为他们生活在“另一个世界”，不需要考虑最后的考试分数；很多理念都是无助的，因为提出新课改等理念的都是专家，而大部分专家不在教学一线，他们研究出来的新理念等成果，在教学实践中是否管用，那还得看一线教师的本事，而已经疲于大量教学工作的一线教师的思想境界、能力水平怎能与专家相比？

剖析：当前大规模反复训练的做法、拼“时间＋汗水”的做法，虽然对考试有一定的效果，但已经走到了极致，物极必反！君不见县市高中的学生的练习到晚上 12 点还做不完，翌日凌晨 6 点左右就得起床，睡眠不足、视力下降、身心饱受摧残，成绩却不见得能上去，于是精神扭曲，常有花季学生因不堪重负而跳楼自尽。另一方面，教材改了——原有教法就是晚上不睡觉也完不成教学任务，高考也跟着变了，我们教师还能岿然不变吗？

**建议：积极投身新课改，一方面，向各级专家特别是一线专家型教师学习；另一方面，加强反思总结与集体研讨。**组织备课组成员积极开展研究课活动：对常规复习课、习题课、试卷讲评课等重要课型进行横向“同课异构”，然后，针对横向“同课异构”中暴露出的某些问题，再开展纵向“一课三反思”活动，探讨高效的课堂模式。

# 数学到底该教什么

数学教学必须回答三个基本问题:带领学生去哪里(教学目标:教什么)?怎么去(过程与方法:怎么教)?怎么确信到达那里(结果的测评)?

“教什么”比“怎么教”更重要。“教什么”就是教学目标的定位,即选择什么内容进行教学,教学到什么程度?决定着学生可以学到什么内容;“怎么教”就是选择用什么方式、方法来完成教学内容、实现教学目标,考虑的是怎样使学生懂得更多,理解得更深。“教什么”是理论性指导,是内容、是方向、是教学目标,体现教师的职责;“怎么教”是技术性问题,是形式、是过程、是教育方法,反映师者的教学水平。

目前很多一线教师似乎没想过或者没有深入想过教什么,而只关心怎么教。认为教什么是课本和课程标准规定好了的内容,不容更改,只需要关注怎么教就好了。可是,对于课本编写好了的内容,教的重点是什么,教到什么程度,这些是不是值得研究的问题呢?又或者有人认为那么多的参考资料和培训课程,很清楚地告诉我们教什么,我们还需要费劲深入思考教什么、教到什么程度吗?可是,那些都是别人的内容,不是自己的。即使写清楚教学目的,在没有理解实质的情况下,实际教学中还是存在很大差异。

比如“导数”第一课“教什么”,就可以有很大差异。理解导数的定义并会运用是教学目标。一些教师只是简单的依据课本给出导数的定义,把重点放在导数定义的应用上,操作步骤的训练上,定义以及相关公式只是用于背诵;而一些教师把主要精力放在引导学生理解导数定义的本质(如:从德国数学家莱布尼兹研究切线斜率和英国物理学家牛顿研究瞬时速度这两个历史实例,理解瞬时变化率的含义,学生就会对导数与瞬时变化率的情境产生深刻的对应与关联)。这两种方式,在处理形式与本质、过程与结果、逻辑与思想、技巧与能力、记忆与理解等诸方面关系上,表现出不同的教学思想,所得到的结果也不同。第一种方式,容易导致学生一知半解,只会套公式,题目稍微一变就不会做。第二种方式的结果就会好很多。

当教师深入挖掘教材隐性知识,深入掌握学情,就会发现除了教表面知识外,还需要教给学生数学涵养。所以,数学到底该教什么,主要包括以下几方面。

**一、培养兴趣,德育为先**

教兴趣,渗透德育。磨刀不误砍柴工,唤起兴趣是引导学生学习数学的第一要务。数学知识很抽象,学生常感到枯燥乏味,可是他们玩游戏却不会觉得枯燥,因为游戏时他们能够得到及时的反馈,能够马上学以致用,闯过一关又一关,进而得到成就感。所以教授数学其实也可以借鉴游戏的魅力,用“糖衣炮弹”包装数学知识,给学生“好吃又营养”的数学,让他们越学越想学。此外,数学考试要简单,让学生容易得到成就感!只有获得对数学教师的积极期待和对数学本身浓厚的兴趣,才会产生丰富的想象力和创造力,产生数学探究的欲望,产生愉悦而富有成效的学习体验,才能形成“想学——爱学——学会——会学”的良性循环。这样的兴趣是学生持久发展的不竭动力。

我们在教学过程中,还要树立德育意识。从细节入手充分挖掘数学学科的德育因素并将德育渗透到知识载体中去,把传授数学知识技能和培养学生的观点、信念、情操、性格有机地结合起来,激发学生强烈的进取心和对美好事物的向往与追求,使学生的德育和智育协调发展,成长为德才兼备的人。

**二、学法指导,成就自信**

要让学生在轻松愉悦的环境下,有自信地学,学法指导也是数学课堂的一个重要任务。数学是中学生认为最难学的学科之一,正确有效的学法指导不仅使学生在学习数学时少走弯路,而且能改进数学后进生面貌、增强学生的数学自信心、提高所有学生的数学成绩和数学学习能力。

开展数学学法指导应持之以恒,有计划、有步骤地进行,做到因人而异。

指导方式可包括讲授技巧、展示榜样、搭脚手架等,具体指导以下四个方面:①教会学生如何选择,让他们了解自己的兴趣、目标、需求等,并在此基础上学会选择对他们重要的信息点;②教会学生如何阅读,对阅读输入信息的深度与广度等进行指导;③教会学生如何独立思考,除了要教会学生习惯有根据、有条理、有深度的常规思维之外,还需要教会他们多角度、多层次、多维度地看问题,进行思维创新;④教会学生如何交流表达,教师应培养学生的协作意识、社交技巧和表达能力,使学生在与人交往及社会化学习中获得最大收益。

**三、挖掘隐性知识,凸显数学本质**

教师不仅仅是“知识的搬运工”,在引导学生学习显性的定义、定理、公式、题目类型及其解法、例题解题思路的同时,还应挖掘出其后蕴含着的隐性知识,引导学生与隐性知识深度对话。

挖掘数学概念的本质。数学概念是构建数学理论的基石,它是反映数学对象的本质属性的思维产物,是该类事物共有和特有的稳定属性。如果将数学概念教学等同于名词解释,进行几个关键词解读或讲解注意事项,那就是对数学概念的定义、形式进行低水平静态分析。为了帮助学生获得概念本质的心理意义,即形成概念内涵的心理表象,最终建构起良好的概念图式,就应引导学生寻找新旧概念之间联系、挖掘新概念的内涵与外延,在比较、变化、反例等联系性活动中,逐渐形成概念属性的观念、具体的概念例证、概念的言语编码以及与其他概念的联系。

例如“绝对值”,作为结果,它是非负的;作为过程,它是非负性;绝对值的几何意义是距离;绝对值在多项式、函数、方程、不等式中都有样例,可以含一个绝对值符号,也可以含多个绝对值符号……

又如“距离”,有两点之间的距离、直线外一点到已知直线的距离、两平行线之间的距离等,那么,距离的本质是什么呢?其实,距离的本质就是“最小值”:图形 $P$ 内的任一点与图形 $Q$ 内的任一点间连线长度的最小值,叫做图形 $P$ 与图形 $Q$ 的距离。把握住这一本质,学习点到线段的距离、点到平面的距离、直线到与它平行的平面的距离、两个平行平面的距离、异面直线的距离等概念时，学生自然能做到不教自明。

**审视数学结论（原理）的本质**。对于各种数学公理、定理、公式、法则等，应审视其结构的确定性，字母的可变性。审视数学结论的本质，并不在于记忆结论本身，而在于理解其内涵，明确其意义，掌握其功能，认识其成立的理由。

例如等差数列求和公式的建立，本质上是化复杂为简单的思想的具体体现。如果干巴巴地讲倒序相加不易理解的话，那么借鉴梯形面积公式推导过程中的割补法，其倒序相加的实质便暴露无遗，再看会发现它们有异曲同工之妙："倒置"与"倒序"、"合并"与"相加"，它们的精神实质完全一样。等差数列前 $n$ 项和的两个公式，也与梯形面积公式的形式完全一致。

教师指导学生学习数学结论（原理），不是学习描述结论的语言信息，而是使学生的认知结构中具备与新结论（原理）相关的适当观念，并参透结论的意义。只要条件信息一满足，相应的行为反应就自然出现（正用水平）；也能够由结论信息出发，追寻结论成立的充分条件（逆用水平）；还能够由问题的部分信息检索出相关的数学结论模式，并根据当前解决问题的需要对数学结论模式进行变形使用，从而解决问题（变形使用水平），学生据此指导自己的行为并解决遇到的新问题。

**剖析数学方法的本质**。不仅要教学生掌握"怎么做"，即程序与步骤，还要教学生掌握"为什么可以这样做"，即数学方法的内涵是什么，不同数学方法使用的条件是什么，适用的范围是什么，数学方法与问题特质具有怎样的关联性。

例如平面向量加法的平行四边形法则与空间向量加法的平行六面体法则，本质上都是封闭多边形法则。

**四、过程体验，理解数学**

数学有三种形态：原始形态、学术形态和教育形态。原始形态是指数学家在探索发现数学真理时所进行的曲折、复杂的数学思考；学术形态是指数学家对探索、发现的数学真理进行归纳、整理形成文本材料后的一种形态，它呈现出的是"简洁的、冰冷的形式化美丽"；教育形态是指教师通过自己的设计，将学术形态的数学知识有效地"激活"，使学生在学习数学时，能够模仿数学家那样进行"火热地思考",它是介于原始形态和学术形态之间的一种形态。平庸的老师传达知识,水平一般的老师解释知识,好的老师路演知识,伟大的老师激励学生去学习知识。

我们应当教概念的概括过程,应当教理解(使学生学会在背景中建构数学意义),应当教应用(使学生学会根据问题需要调动头脑中的知识),应当教发现与创造。一句话,就是要教会学生用数学思维看待问题、思考问题和解决问题。数学是思维的科学。没有"过程"的教学把"思维的体操"降格为"刺激——反应"训练,是教育功利化在数学教学中的集中表现:把数学变成了按部就班的程序化的东西,学生知其然而不知其所以然,不知道问题是怎样产生的,但却知道如何去解答;使数学学习变成了对机械程序的记忆、模仿和操练,某些题型的解题模式训练到学生形成条件反射为止,导致学生对知识的表层理解和机械记忆,致使相当一部分学生不喜欢数学,甚至害怕数学。

教师可以稚化思维,亲近学生,理解学生,有意识地退回到与学生相仿的思维状态,设身处地地揣摩学生的直接经验、学习水平、感受体验等,有意识地生发一种陌生感、新鲜感,以与学生同样的认知兴趣、同样的学习情绪、同样的思维情境、共同的探究行为来完成教学的和谐共创。例如,许多学生的"通病"是上课能听懂,但就是自己不会做,其实,学生是假懂,老师没教会他独立地解决问题。教师首先要解决"我是怎么想到的",然后再解决"怎样让学生也想到"。差的教师演示解题的操作步骤,即"做给学生看";好的教师暴露解题的思维过程,即"想给学生听,想给学生看"。以不变应万变,多教通性通法(最原始的想法),少教技巧性强的"术"(毫无迁移价值)。不过对于一些重要的"术",不仅要帮助学生懂得如何操作,还要讲出是如何想出来的,如此操作的合理性——这就是找寻本质的过程!

理解数学是一个动态的、分水平的、非线性的发展过程,是由学生自己反反复复地建构的组织过程,是学生对已学东西的意义不断加以更新、改造、整理和重组的过程,是为形成更合理的结构,从整体内部进行正、逆向交叉、跳跃式的联系,从总体中认识局部、孤立的概念之间的内部联系,通过表象的更新、新联系的建立、旧联系的调整或抛弃来影响总体或局部结构的进化，甚至得以革新，形成联系更丰富、更紧密、更融会贯通的知识网络。孤立的内容总是难以理解，我们“教学难点”——通常发生在知识的不连续处，或一个特殊知识系列的起点处。没有过程就等于没有理解。

例如椭圆的引入，一方面，从几何意义引入，即平面上到两定点的距离之和为定值的点的轨迹。学生通过概念的形成活动，将椭圆的概念处理成熟悉的信息进行储存；另一方面，和圆的概念进行比较，建立它们之间紧密的联系，便于更深刻地理解。让学生在这些过程中去逐步体会和理解数学。

**五、教思想方法与理性精神**

数学思想是对数学对象的本质认识，是认识具体数学概念、命题、规律、方法等的过程中提炼概括的基本观点和根本想法，对数学活动具有普遍的指导意义，是数学活动的指导思想；数学方法是指数学活动中所采用的途径、方式、手段、策略等，是由思想转化而来的具体操作方法，可以提高效果和效率。数学思想和数学方法是紧密联系的。

教思想方法。通常，在强调数学活动的指导思想时称数学思想，在强调具体操作过程时则称数学方法，运用数学方法解决问题的过程就是感性认识不断积累的过程，当这种量的积累达到一定程度时就产生了质的飞跃，从而上升为数学思想。数学思想方法孕育于知识的发生发展过程中。“思想”是概念的灵魂，是“数学素养”的源泉，是从技能到能力的桥梁；“过程”是“思想”的载体，是领悟概念本质的平台，是培养数学能力的土壤。

在数学问题解决的教学中，教师在教学时要善于通过“多解归一”的方式，寻求不同解法的共同本质，乃至不同知识类别及思考方式的共性，上升到思想方法、哲理观点的高度，从而不断地抽象出具有共性的数学方法。因为数学知识的巩固主要在于做题，但做数学题不仅要注意“一题多解”，更要注意“多解归一”。“一题”之所以能“多解”，往往就在于这些解法之间是有联系的，这些联系之间是有规律可循的，通过“多解”后的“归一”，让学生能够站在系统的高度看问题，进而升华到从哲学的角度认知世界，这样就可以形成强大的学习能力。

教理性精神。教数学知识并不一定是教育的目的，数学知识是培养学生能力的载体。同时，学生通过学数学来理解世界、理解世间与数学有关的各种现象，并用数学的思维去理解它，用数学的语言去表达它。数学更多是一种思维方式，是演绎推理和归纳推理的逻辑思维方式，通过严格的有意识的训练，可以使学生具备一些特有的思维方式，以及说话、做事有根据有逻辑的理性精神。

①帮助学生树立明确的数量观念，“胸中有数”，会认真注意事物的数量方面及其变化规律。②提高学生的逻辑思维能力，使他们思路清晰，条理分明，能有条不紊地处理头绪纷繁的各项工作。③培养学生的抽象思维能力，面对错综复杂的现象，能抓住主要矛盾，突出事物的本质，有效地解决问题。④数学上的推导要求每一个正负号、每一个小数点都不能含糊敷衍，有助于培养学生认真细致、一丝不苟的作风和习惯。⑤数学上追求的是最有用（广泛）的结论、最低的条件（代价）以及最简明的证明，可以使学生形成精益求精的风格。⑥使学生知道数学概念、方法和理论的产生和发展的渊源和过程，提高他们运用数学知识处理现实世界中各种复杂问题的意识、信念和能力。⑦可以增强学生拼搏精神和应变能力，能通过不断分析矛盾，从困难局面中理出头绪，最终解决问题。⑧调动学生的探索精神和创造力，使他们更加灵活和主动，逐步显露出自己的聪明才智。⑨使学生具有某种数学上的直觉和想象力，包括几何直观能力，能够根据所面对的问题的本质或特点，估计到可能的结论，为实际的需要提供借鉴。

数学知识本身固然重要，但以上这些数学能力素养和理性精神却更重要，这些是其他课程的学习和其他方面的实践所无法替代或难以达到的，而且，即使所学的数学知识已经淡忘，这些素养仍不会消失，会变成他们的习惯而终身受用。

**六、结构数学，纲举目张**

数学知识的逻辑结构，是指数学基本概念、基本原理及其相互之间的关联性，是指知识的整体性和事物的普遍联系，而非孤立的事实本身和零碎的知识结论。美国教育家布鲁纳也认为：“不论我们选教什么学科，务必使学生理解该学科的基本结构。”这种基本结构应该成为教学过程的核心，因为掌握了学科知识的基本结构，就能把握住知识体系的核心和关键，就可以从宏观上理解学科知识，避免“只见树木不见森林”。

**教“知识链良好的结构”**。能抓住数学课程的主线和基本脉络，抓住各章节相关知识的内在联系，就能形成整体认识。打通不同章节知识之间的壁垒，对数学知识体系通晓义理、融会贯通，才能在教学时达到触类旁通、左右逢源的效果。

如高一增函数定义：“如果对于属于定义域 $I$ 内某个区间上的任意两个自变量的值 $x_1$，$x_2$，当 $x_1<x_2$ 时，都有 $f(x_1)<f(x_2)$，那么就说 $f(x)$ 在这个区间上是增函数。”复习这一定义时可以用高二解析几何中任意两点的割线斜率来帮助理解增函数的几何意义，还应结合高三导数工具来驾驭增函数：设 $x_1$，$x_2\in[a,b]$，且 $x_1\neq x_2$，那么切线斜率 $f'(x)>0\Leftrightarrow(x_1-x_2)[f(x_1)-f(x_2)]>0\Leftrightarrow$割线斜率$\frac{f(x_1)-f(x_2)}{x_1-x_2}>0\Leftrightarrow f(x)$在$[a,b]$上是增函数。甚至还可进一步拓展：曲线上任意两点的割线的斜率$\frac{f(x_1)-f(x_2)}{x_1-x_2}>k$ 是否等价于任意点处的切线斜率 $f'(x)>k$，其中 $k$ 为常数。将高一、高二、高三所学的全部数学知识结合起来，就会对增函数的本质有更整体的把握和更深入的理解，自然就会形成更高的观点，这样的知识运用起来当然就会灵活自如。

没有结构的碎片化知识就没有力量，且容易遗忘。如果只记公式的形式，当然会很快忘记；如果记住公式的由来、推导过程，一般就不易忘了（忘了也能推导出来）；如果把公式的适用场合、与其他公式的联系、特殊的例外等都联系起来，那就很难忘记了！

从“教什么”的视角来看，只会照本宣科，看到什么就教给学生什么的教师，只是知识的搬运工；我们一线教师应通过犀利而深邃的数学眼光，透过教材中各种数学概念、公式、定理、法则和图表，看到书中跳跃着的真实而鲜活的数学内容，组织学生探索其中的核心本质、形成过程、思想精神、逻辑结构等隐性内容，培养学生的核心素养与理性精神。

# 数学到底该怎么教

试想,如果穿越时空,两位学术大师牛顿和陈景润来到贵校任教,是不是大受欢迎?而事实是:牛顿的特长主要表现在科研方面,而不是表现在教学方面。由于牛顿性格内向,不善言辞而又思维超前,常使他讲的课艰深难懂,在学生听来甚至一塌糊涂。他那低缓的催眠式的语调,也缺乏吸引力。所以,在他的课堂上出现过这样的情景:听课的学生越走越少,最后走得连一个也没有了,牛顿还在讲。(牛顿脾气古怪,在他演讲时,如果没人听,他会对着空屋子一直讲。)

1950 年,陈景润高中未毕业就考入厦门大学数学系(只招 3 个新生),1953 年他提前一年毕业,被推荐到北京四中任教。陈景润的福建口音很重,又不善于表达,只好停止了教学工作。

这两个大名鼎鼎的学者的教学故事告诉我们:透彻掌握学科知识并不一定能够有效地进行知识的传授,掌握学科知识与传授学科知识是相关而又不同的两码事。数学教学不仅要把知识传递出去,还要教会学生思考与表达。课程改革还要求教师能基于数学核心素养进行数学教学,这就相当于教师要更新观念,把课堂变为学堂,让我们的教学符合学生,而不是逼迫学生符合我们的教学。因为培养并提升核心素养,不能依赖模仿、记忆,更需要理解、感悟,需要主动、自觉,将“学生为本”的理念与教学实际有机结合。教师应通过各种方式打造高质量课堂,以丰富学生的课堂学习与体验,在课外也要注意渗透对学生能力素养的培养与塑造,更好地推动学生核心素养的形成。

**一、构建“以学习者为中心的课堂”：让教学适应学生，而不是让学生适应教学**

最好的教育是适应学生的教育。在教学中要真正做到“以学习者为中心”，将教学重心由“如何教”转移到“如何学”，从学生个体角度出发，为不同层次、不同类型的受教育者提供个性化、多样化、高质量的教育服务。全程当好学生的教学向导，保护学生的学习热情，鼓励学生质疑批判，最大限度地开发每位学生的潜能。让学生真正成为他自己——知识的主人、创新的主体，变“教师教我学”为“我自己想要学”。

“以学习者为中心”的教育是适应人的教育，而不是使人适应的教育，教师完成由“带着知识走近学生”到“领着学生走进知识”的转变，其最典型的两种教学方式是“启发式”和“探究式”。“启发式”教学的优点是：基础知识较扎实，计算与逻辑推理训练较好，解决问题能力较强，以是否激发了学生的兴趣、是否激活了学生的思维为评价标准。“探究式”教学的优点是：大胆猜测、合情推理、提出问题能力较好，以学生能否主动提出问题和思考问题、学生能否积极表达和交流为评价标准。我们可以灵活运用这两种教学方式。

**二、构建“任务驱动的课堂”：用任务或项目驱动学习**

任务学习或项目学习是一种任务驱动式学习，它将大大提升学生的综合素养及综合能力，这种综合能力对于学生未来发展具有重要意义，因为生活及社会中的具体问题都有一定的综合性，单纯的学科问题很少存在。

任务驱动的课堂是“沉浸式”学习。教师对教材进行再设计，让教学内容贴近当下学生的生活体验，或者说营造出学生可以理解的生活世界，让学习方式更适合学生的学习特点，学生“沉浸”其中，慢慢探究、深入思考、全身心感悟。教师真正成为学生学习的促进者，只出现在学生最需要的时候。学生所学知识是多方面的，有些知识是他们在学习中产生的新问题，仅靠他们自己是无法解答的，这时候教师就及时按需“点拨”。学生学习的过程就是知识加工的过程，是思维的过程，思维的深度决定了学习的质量。课堂上，教师引导学生对“核心知识”进行深度加工，设计有质量、有挑战性的问题，将学生思维引向深入。看似“低效”的“散步式”课堂教学，却让学生离核心素养更近了一些。任务或项目驱动式学习，除了完成“知识基础”学习外，还能完成普通课堂难以触及的“科学精神”“学会学习”“实践创新”等更深层、更丰富的核心素养的学习。

从例习题训练到新授课，均可开展基于任务或项目的学习，这种综合性学习，具有活动性、体验性的特点，更关注学生学习的兴趣、情感及生活体验，关注知识的生成和发展，也关注学生团队合作能力的培养等。

**三、构建“有情境—问题的课堂”：用“情境—问题”承载教学内容**

数学情境，就是从事数学活动的环境，产生数学行为的条件。创设数学情境就是呈现给学生刺激性的数学信息，引起学生学习数学的兴趣，激起学生的好奇心、发现欲，产生认知冲突，诱发质疑猜想，唤起强烈的问题意识，发现数量关系与空间形式的内存联系，从而发现和提出数学问题，分析和探讨数学问题，最后运用所学知识解决数学问题。史宁中教授认为数学的思想不是靠讲解就能让学生理解的，而是靠创设情境让学生来感悟的。学生是学习的主体，是学生要学习，要学生想学就需要合适的情境来承载教学内容。在情境中理解数学的本质，提升应用能力。

数学教学活动是学生的数学学科核心素养形成和发展的重要途径，在数学教学中需要创设合适的教学情境，促进学生数学学科核心素养的发展。在教学中，应结合教学任务及其蕴含的数学学科核心素养，设计切合学生实际的情境和问题，引导学生用数学的眼光去观察现象、发现问题，使用恰当的数学语言、模型描述问题，用数学的思想、方法解决问题。在问题解决的全过程中，理解数学内容的本质，促进学生数学学科核心素养的发展。

**四、构建“问题驱动的课堂”：用“问题驱动”推动教学生成**

问题是数学教育的灵魂、问题是创新的基础。“启发”与“讲理”应贯穿数学教学的始终！“学生的思维展开程度和参与水平是衡量教学有效性的核心指标。"数学知识的习得也好，数学技能的形成也罢，事实上都可以"以问题解决的方式"展开。一旦我们试图将数学内容的学习整体纳入"问题解决"的框架之下，便会发现，传统视野下为了获得知识与技能的数学学习形态将得到有效控制，促进学生数学素养形成的目标将有可能得到实现。

1.用核心问题使课堂聚焦。核心知识一般处在知识的节点位置，或者说处在知识的底层部位，是学习其他知识的关键，具有很大的生长性，由此会派生出其他新知识。"牛鼻子"核心问题直指整节课核心知识的关键和重点，通过它，让整节课或是教学环节聚焦到课的本质；只要解决它，其他的问题都能迎刃而解。一般来说，核心问题的表达简明扼要，直击"要害"，而对它的研究，则需要费一番周折。抓住核心问题，学生学习就会聚焦，主线就会清晰。

设计核心问题应该从确定课时的知识本质入手。每一节数学课的内容中，都有其知识的本质，如何找到课时的知识本质，这需要教师在课前做到熟悉课程标准、读透教材、理解教材编排意图，同时还要了解教学内容在整个知识体系中的地位和作用。在掌握了课时知识本质后，分析学生在学习上可能存在的难点，从而思考核心问题，这个核心问题应该具有思维价值。核心问题清晰了，教学就能抓住主线——核心问题是学生学习的思维线路。

2.用问题驱动助推学生的成长！"提出问题——解决问题"的教学链，让学生既能学好知识与技能，又能获得创造能力的培养。简而言之，"情境——问题"教学就是以情境为基础，以问题链为纽带的启发式教学。在问题链设计时，要找到学生的最近发展区，寻找学生的真问题、紧扣学习主题的有思维含量的问题，借以激发学生的内驱动力，并引导学生在探究、讨论、辨析中有效地解决问题，促进学生思维能力的发展。要防止假问题充斥课堂形成的假热闹，干扰真问题的提出与解决。

3.落实核心素养的关键是在知识的教学中发展核心素养，路径是实现"从知识主线到问题主线"的转变，在教学的过程中将已有的结论设计成螺旋上升层层递进的高质量问题链，刺激和引导学生对知识持续的自主建构，将“让学生在知识线索中学习知识”转变为“让学生在问题解决中学习知识”。这就需要教师“以终为始”,从问题的原点出发,从学习结果开始“逆向思考”,即教师在考虑如何开展教与学活动之前,先要思考学习要达到的终点是什么?教与学活动如何围绕终点有序展开?哪些证据能表明学习达到了终点?这就避免了缺失学生学习体验直达终点的教学方式,也避免了缺失明确“大概念”统领的教学。

这种基于问题的“倒叙”式的教学就不是平铺直叙,注入式的讲解,而是启发思考、启发探究,这样学生在学习知识的过程中,思维能力也得到了培养,在数学思维这一素养上自然得到了提升。在这一教学过程中,知识的教学并没有弱化,相比概念的直接传授,这样建构的概念更加到位,保持的时间会更加长久,印象更加深刻。当然,还要考虑知识内容选择的问题,并不是所有的课程内容都对提高核心素养有那么大的价值,我们应该围绕核心素养精选数学知识。

**五、构建“有思考的课堂”:用思考提升思维水平**

“学而不思则罔,思而不学则殆”,“为学之道,必本与思,思则得之,不思则不得也”,“不深思而得者,其得易失”。在教学中,决不能仅停留在操作的层面上,而应腾出充足的时间,让学生对自己的实践活动,作进一步“反省抽象”,从而使他们的思维活动向更高境界迈进。其中,引导学生用数学思想方法对解决问题的策略作思考,并让学生对学习活动进行不断反思,是提高学生思考能力层次水平的有效途径。

一个只会接受不会思考的学生永远只能跟在老师后面,无法超越课本。把质疑追问、培养学生的问题意识、提高学生提出问题与解决问题的能力贯穿于教学的全过程。全程引导学生“想”——重在养成学生的思维习惯,培育学生思辨能力;让学生在提出问题解决问题中,培养理性思维能力。激励学生越来越多地思考、越来越深入地思考、越来越发散地思考……让质疑、反思、不从众,成为学习的灵魂。

具体的教学环节中,教师可以设计对知识点的学习有重要关联的思考环节，循序渐进地训练学生提出问题（模仿教师提问、合作讨论提问，学生独立自主提出问题），使学生了解提出问题的重要性与可行性。

教师除了要为学生设计思考环节外，还要精心选择几个学生提出的问题，和学生一起分析、探索和解决，实现解决数学问题的教学目标。

在教学过程中，注意防止教师以自己的问题和思考代替学生的问题和思考，防止教师用自己的感悟、情感体验代替学生的感悟、情感体验，防止教师用标准答案代替学生的个性解读或个人见解，防止教师用课前的预设代替学生课堂的生成，防止学生自己以阅读代替、回避思考。

**六、构建“有交流对话的课堂”：用表达交流加深思考**

表达能力是学习能力的最高体现和综合反映。学习过程是一个吸收和表达交互作用的过程，吸收是知识内化的过程，表达是知识外化的过程。只有通过表达，知识才能被激活，才能真正转化、升华为能力，否则学生吸收的可能只是惰性的知识、没有活性的知识。

从学生个体角度讲，每个学生都有表现欲，教学过程要满足、培养其表现欲，给他们表现的舞台、展示的机会，这也是推动学生学习的内在永恒动力；从学生团体角度讲，表达的过程同时是倾听的过程，它体现的是共同体的学习理念，即学习过程是同伴分享彼此的经验和见解，交流彼此的情感和体验，从而达到共享、共进的过程。这是学生共同发展的秘诀。

著名哲学家维特根斯坦曾经讥讽有些人声称自己有些非常深刻的思想，可就是“说不出来”，他认为，说不出来就是还没有想清楚。理解的标志就是能用自己的语言来表述，因为自己的语言是思考之后转化而来的，融入了自己的情感、理解。表达出来的知识才是真正有力量的知识，才是真正属于自己的知识，才能真正转化为有能力、智慧的知识。

教会学生表达就要帮助学生掌握清晰表达的方法，引导学生尝试用各种方法清晰地把所思、所想、所悟呈现出来。可引导学生紧扣课时核心问题、一题多解、一题多变、多题一解积极交流表达；可引导学生在解题、实验、实践的反思中，通过师生互动、生生互动表述自己的思考；可引导学生在合作学习、展示交流、讨论辩论中提升口头表达能力;也可指导、鼓励学生撰写学习日记、学习心得、小论文等,简要讲述自己感兴趣的见闻,培养学生的书面表达能力。

尊重学生的话语权就是尊重学生的生命权。教学过程中,要防止以教师的表达代替学生的表达,以教师的观点代替学生的观点,并防止学生中出现话语霸权现象,优先照顾弱势群体。

**七、构建"整体教学的课堂":促核心素养连续性和阶段性发展**

高中数学课程具有严格的逻辑体系。教学过程中任何只注重课时和知识点的行为,都将把数学知识碎片化、间断化和片面化,从而违背数学发生、发展的客观规律。数学学科核心素养是在解决综合性问题的过程中表现出来的,解决综合性问题也是数学学科核心素养发展的有效途径,而综合性问题涉及的数学内容往往是跨章节、跨主题的。

数学学科核心素养水平的达成具有阶段性、连续性、整合性的特点。数学知识所具有的整体性、学生学习所具有的建构性、核心素养所具有的统整性决定了具体教学实践需要在整体化视角下凸显数学知识本质。只有整体把握数学课堂才可以凸显数学知识的脉络,抓住数学核心本质,弄清数学研究问题的方法。孤立知识点的教学,学生心中没有知识框架,难以形成核心素养。

因此,基于核心素养的教学,不仅要关注每一节课的教学目标,更要关注主题和单元的教学目标对核心素养发展的贡献。应打破"一课一教案"的思维方式,进行大主题、大单元的教学设计,把相对成逻辑体系的内容整合在一起,思考通过这些课程能培养学生什么样的素养,让学生掌握什么样的知识。

教好数学就是落实好数学核心素养,引导学生通过对现实问题的数学抽象获得数学对象,构建研究数学对象的基本路径,发现值得研究的数学问题,探寻解决问题的数学方法,获得有价值的数学结论,建立数学模型解决现实问题。要把如何发现数学对象、如何提出数学问题作为教学的关键任务，以实现从“知其然”到“知其所以然”，再到“知何由以知其所以然”的跨越。学好数学就是学生对以上陈述性知识与程序性知识，以及情感态度、思维倾向产生积极向上的变化。

# 教学评价的常见误区及其有效策略

教学评价是以教学目标为依据，按照科学的标准运用一切有效的技术手段，对教学过程及结果进行测量，并给予价值判断的过程。它是数学教学活动的重要组成部分，是落实课程标准的根本保障。

教学评价主要从教师的教与学生的学两方面进行评价，其目的是对教师的教学成效和学生的学习成效进行诊断与评估，进而改进教师的教学行为与学生的学习行为。在教学评价中要注意避开下面这些常见误区：

误区1：重“教”的评价，轻“学”的评价。

剖析：教学能否“有效”要看教师，而评价教学是否“有效”，却要看学生。因为教学评价的目的是考察学生学习的成效，通过考察，诊断学生学习过程中的优势与不足，进而诊断教师教学过程中的优势与不足；通过诊断，改进学生的学习行为，进而改进教师的教学行为，促进学生数学学科核心素养的达成。

对策：(1)教学评价要体现新课程的理念。传统的教学评价偏向“以教论教”，在这种评价体系下，教师是主角，是演员，而学生成了配角，成了观众，而有些“好教师”的课堂教学并不总是有效。教师教的效果的好坏，不应从教的行为本身去评价，而应从教对学的影响、教之下学的表现及效果去评价，即要“以学评教”。教师的教学行为只有被学生感知、接受、配合，并通过学生表现出有效的学习行为时，其效果才能体现出来。因此，教师教学行为的有效性，要通过观察其引起、促进学生行为的有效性来分析和判断。

新课标理念强调要将教学重心由“如何教”转变为“如何学”，因此，真实、有效的教学评价，应以学生为主要评判标准。当然，教师依然需要经历研究过程才能把握数学知识技能与思想方法的来龙去脉，如果没有一定研究经验的积累，是无法通过合情推理完成课堂教学的，只能依样画葫芦停留在照本宣科地传授知识的层面上。如果教师的教学具有对概念、原理的深入剖析，而且这种剖析蕴含着自己对知识的独到见解，这种见解也许基于对数学史的了解，也许基于自身的研究积累，那么他的教学就不仅有了文化内涵，还能深入浅出地揭示出数学的本质，能够从观念上启发学生去深入的、科学的思考数学问题。从而设计出以“如何学”为中心，赋有逻辑而又充满智慧和理性精神的课堂：学生参与度高——所有的学生参与到学习中，尽可能减少游离于课堂的学生人数；学生思考度深——学生能够积极动脑，深层次动脑，完成从获取知识信息到形成意识观念和能力的过渡；学生全面发展达成度高——学生收获的不仅仅是知识，而且体验了知识创立的心理过程与方法，形成了意义建构；教学的和谐指数高——教学中师与生、生与生之间平等、融洽，教学是安全、温暖、和谐的，学生乐学，教师爱教。

(2)**教学评价要兼具诊断性与导向性。**教学经验的积累的确可以让教师的教学变得更加成熟，但未必能决定他教学的高度，换句话说，经验的积累可以在同一层面上使他的教学更完善，然而，决定教师教育高度的根本因素则是教师的眼界与素养——这需要一个更高层次的教学评价来诊断和引导。日常教学评价既要充分发挥教学评价的诊断功能，为改进教师的教学行为与学生的学习行为提供直接依据，同时也要充分发挥教学评价的导向功能，要以数学核心素养的达成作为评价的基本要求，引导教师坚持以生为本，注重学生的全面而有个性的发展；坚持教书育人，落实“立德树人”根本任务；践行核心理念，注重学生数学核心素养提升与传统文化渗透，做到诊断性与导向性相结合。

误区2：重“知识”、重“分数”的评价，轻“能力”、轻“素养”的评价。

一些教师只要求学生会做题、会考试即可，而不管学生是否理解数学思想、理性精神和通性通法的核心本质。有的老师也曾经尝试着重视学生能力与素养的发展,但是因为不能立竿见影,还不如讲几道题目来得“实惠”,于是便放弃了勇敢的“第一步”,又重新回到了原来的起点。

剖析:我们的日常教学评价应改变过去过分强调评价的甄别功能的状况,而强化评价在促进学生、教师、学校和课程的发展方面的功能。评价不仅要关注教师是否有扎实的数学知识,还要关注教师是否有深厚的教学功底、丰富的教育教学技能与课程知识;不仅要关注教师的教学目标是否明确、重点是否突出、难点是否突破、方法是否有效等教学状态,还要关注学生是否充分地参与其中、是否学得轻松等学习状态;不仅要关注教师的教书,还要关注教师的育人,关注教师对理性精神的培育以及数学文化的渗透;不仅要关注教师所带班的数学成绩,还要关注教师的团队精神、合作意识以及引领示范作用;不仅要关注教师的专业基础,还要关注教师的自我发展意识;等等。

对策:(1)聚焦数学核心素养。数学核心素养是数学课程目标的集中体现,是学业质量的核心,因此,教学评价应聚焦数学核心素养是否达成,重点关注教学情境创设是否有利于数学核心素养的形成,教师提出的问题能否有效促进学生深度思考与主动探究,解决问题的方法能否体现数学的本质,师生活动是否有利于培养学生高层次思维等。数学核心素养是数学核心知识、思想方法与关键能力的综合体现,它浸透在每一具体教学内容之中,因此,在平时教学中,不仅要加强数学核心素养培养的教学设计与实施,同时还要加强对数学核心素养目标达成与否的检测与评价,促进数学核心素养的培养落实落细。

(2)重视学生心力发展。对学生学习的评价既要高度关注学生对数学知识的理解、技能的掌握、思想方法的领悟、经验的积累等心智发展状况,同时也要关注学生对数学学习的态度、兴趣、信心、专注度、意志品质等心力发展状况。与其他目标不同,学生的心力发展变化是随时表现出来的,又是不断变化的,具有内隐性与长期性等特点,因此,在日常教学中,教师应注意观察、记录每个学生在数学学习中的行为表现，分析、诊断学生心力发展状况，并给予及时矫正与引导，进而培养学生正确的学习态度、良好的学习习惯、科学的学习方法、坚韧的学习意志，促进学生心力与心智协同发展。

误区 3:重“结果”的评价，轻“过程”的评价。

部分教师只重视结果评价，对过程性的评价缺少足够的耐心。例如帮学生点拨思路前，不是要求学生把整个过程或思路、想法都详细的阐述出来，而是只讲结果。又如与学生谈话时，只是空洞的“要认真，要对得住父母”，其实他们不是态度问题，而是方法问题，他们真正需要的是具体的做法、具体的措施。

**剖析**:在过去的很长一段时间里，学生的考试成绩成了衡量老师工作业绩的主要依据，分数考得好便是好老师，反之便是差老师。因此老师在评价学生的时候也是“不管白猫黑猫，抓到分数就是好猫。”毋庸讳言，分数第一的思想，在今天仍然大有市场。而分数的取得有很多偶然性的因素，并不能完全真实有效地反映学生某个阶段的学习情况。只有重视对学生进行过程性评价，切实了解他在学习过程中的表现，看他对近期知识的掌握是否全面、到位，看他近阶段在分析、判断、综合等各方面能力是否有所提升，看他课前、课上、课后的表现，再结合结果进行综合评价，这才是比较中肯、比较科学的评价。

**对策**:(1)**整体性与阶段性相结合**。数学核心素养的达成是循序渐进的，需要日常教学的日积月累。基于数学核心素养的学业质量评价不仅要关注高中学段学业质量这一整体目标的达成，也要关注各主线、主题、单元、课时学业质量这些阶段性目标的达成，将高中学段教学评价的总目标分解到日常教学评价的各个阶段，从而细化得到各主线、主题、单元、课时的具体评价目标，做到整体性与阶段性相结合。

(2)**终结性与形成性相结合**。改变过分关注评价结果而忽视评价过程，只注意终结性评价而忽视形成性评价的做法。日常教学评价不仅要关注学生的学习结果，更要关注学生发展的过程，不仅要关注学生当前的数学核心素养水平,更要关注学生未来的发展趋势;通过观察、记录与分析等方式,密切跟踪师生的教学过程,用动态的、发展的、欣赏的眼光看待数学教学中师生的行为表现与发展变化,通过激励性评价最大限度地激发师生的积极性与主动性,促进师生不断发展,做到终结性评价与形成性评价相结合。

(3)**量化评价与质性评价相结合。**改变只注重可以量化的内容的评价和忽视以至放弃对教学和学习的"质"进行评价的做法。既要看到定量分析的科学性和合理性,如运用教育测量和统计以及模糊数学的方法,可以对评价对象的特性用数值进行科学合理的描述和判断,又要看到定量评价的缺陷和不足,过于量化的评价,会忽视或抹杀隐藏于教育内部的教育规律性,因为教育活动是十分复杂的,具有模糊性,存在许多难以量化的因素。

为了客观、公正评价教师的教与学生的学,一方面,需要建立量化指标体系,并充分利用信息技术,收集、整理、分析教学中的有关数据,对教师的教与学生的学的成效进行定量评价。另一方面,也要注重质性评价,关注数学教学过程中那些不易被量化的评价内容,如学生的学习兴趣、严谨态度、执着精神以及教师的价值观念、人格魅力、教学风格等,关注学生的数学基本活动经验,做到量化评价与质性评价相结合。

**误区 4:重"课堂"评价,轻"课外"评价。**课堂上,老师往往都能关注到学生学习情况的即时反馈,如当堂提问、演板、小组讨论、动手操作、随堂练习等。但是对课前如何预习准备,课后如何复习、如何做作业,关键技能如何提升,却缺少必要的指导与相应的评价,以致学生不重视预习,复习手段单调、方法呆板,作业被动应付,关键技能总无法提升,几乎只剩下课堂教学孤军奋战,教学效果必然会大打折扣。

**剖析:**关键技能低下,是后进生的共同特征。有事实证明,学生仅仅记住了教师讲授的操作要领、听懂了教师强调可能出错的步骤,并不能形成关键技能。关键技能必须通过长期的、循序渐进的甚至是艰苦的训练才能掌握。然而,不少教师认为课堂中自己的任务只是讲清楚技能训练的步骤和做好示范,至于技能的熟练是学生课外自己的事,而这样可能导致大量不自觉或不得法的学生沦落为后进生。原因是技能训练必须在及时纠正错漏的条件下才能取得高效，在课外，学生的错漏无法即时发现、纠正，同时，课外不能保证学生能克服枯燥而自觉的训练。

**对策：开展发展性评价，促进学生全面参与学习过程、课外自主学习。**课堂中学生得到的评价，除了事实判断（对与不对）之外，还一定伴随着价值判断（好与不好、应该与不应该）。而不以选拔和甄别优劣为目的的价值判断，是使学生得到反馈、诊断、激励和导向的最好方式。这种低利害的，以辨析、诊断、激励、导向为主要功能的评价更加能促进学生的发展，可以称之为"发展性评价"。只有大力开展这种评价，学生才可能在课堂中享受民主、感受自主和全程参与。

组织有效技能训练的核心是练习的阶梯性、针对性和及时反馈。在具体的教学过程中，重点准备训练哪种技能，怎么进行训练，要达到怎样的要求，都要心中有数。应提倡及时评价和课外训练相互交融，以便及时发现问题，改错纠偏，让评价反馈具备良好的导向功能。如："不比基础比进步"，只要是进步了，就给予肯定；还可以建立学生个人成长档案，进行跟踪指导与评价，唤醒学生学习的主动性与终身学习习惯的养成。

**误区5：评价方式单一。**

评价方式单一，多局限于表扬，比如用"很好""你真棒""正确"等之类的话，有针对性、激励性、指导性的语言很少。

**剖析：**发展性评价是指以促进学生、教师和学校发展为目的评价。要达到这一目的，必须对学生、教师和学校进行全面的评价。它是多种评价方式的集合，是多样化的评价体系。此外，在有效教学的评价中，既要重视评价者的评价，更要重视受评人的积极参与及其自我评价的地位和作用，也就是说评价的最终目的不仅仅是管理、选拔，而且是让受评人学会自我评价。

**对策：(1)评价主体多元。**改变过去将被评价者放在消极的被动地位的做法，提倡尊重被评价者的人格，发挥被评价对象的主动性，努力构建由学生、教师、学校、家长参与的"四位一体"的评价模式，从不同角度获取师生发展信息，促进教学评价更加全面、客观、公正。对学生学习的评价要重视教师与学生之间、教师与家长之间、学生与学生之间的沟通与交流，让学生自评、同伴互评成为学生学习评价的常态。对教师的评价，要克服以往部分教师为能在学生评教中得到高分而无原则的迎合学生甚至降低学习要求的现象，补齐教师自评与同行互评这两块短板，通过教师自评深刻反思教学中存在的深层次问题，通过同行互评达到相互启发、相互帮助、共同提高的目的。

(2)**评价形式多样**。一个人形成的思维品质、关键能力与价值观念通常表现在许多方面，需要通过多种评价形式才能全面反映学生数学核心素养的达成情况。因此，要改变过去只关注学生对知识的接受或认知能力的评价的做法，全面评价学生多元智力和能力的发展，包括学生在情感态度价值观方面的进步。除了传统的纸笔测验外，可根据评价目的、内容、主体、方式的不同灵活运用课堂观察、口头测验、课内外作业、调查问卷、成长记录、开放式活动等方式，按照量化考核与质性评价相结合的原则，科学设计考核量表，建立师生成长档案，对学生的数学核心素养达成情况以及教师的教学准备、教学实施、教学效果等方面进行全方位评价。

(3)**评价过程开放**。教学评价过程开放主要包括评价时间开放与评价空间开放两个方面。评价时间开放指教学评价不能仅仅局限于期中(或期末)这些节点上，而要与教学过程融为一体，通过日常教学中的形成性评价及时矫正教学过程中出现的偏差；评价空间开放指要通过一些开放式活动促进教学目标的达成，如领导推门听课、同行相互观课、学生走班选课、教学开放周等。

(4)**评价对象分层**。改变过去片面强调相对性评价标准、过多强调横向比较和共性以及一般趋势的做法，打破传统的“一把尺子、一根标杆”的评价惯性。尊重被评价对象的个性发展和个体差异，提倡针对不同的学习内容、不同层次的学生采取不同评价标准，淡化横向比较与甄别区分，加强纵向比较与激励发展，重点关注基础与进步，通过分层提问、分层作业、分层检测等评价方式，为每个学生搭建发展的平台，拓展成长的空间，让每个学生在原有基础上都得到最大限度的发展。

教学评价是一门艺术，它植根于深厚的教学功底、良好的师德素养和正确的教学理念。日常教学评价不是为了甄别与区分，而是为了促进师生的共同发展。因此，评价结果的呈现与运用要尽量避免“标签效应”，应用动态的、发展的眼光去看待师生在教学中的表现，教学评价要有利于学生增强学习信心、提高学习兴趣、养成良好习惯，实现“以评促学”；也要有利于教师发现自身在教学过程中的成绩与不足，反思教学过程中影响学生数学核心素养提升的根源，进而不断改进教学，实现“以评促教”。总之，淡化评价的功利色彩，恰如其分地解释和利用评价的结果，更有利于营造有温度、有深度的数学教育。

# 教学的四重境界

我参与和观摩省级、国家级的公开课与优质课有很多，观摩的校级汇报课与研讨课、市级公开课与示范课更是数不胜数，但我听后发现许多教师的教学都徘徊在很低的教学境界，自己竟浑然不知。宋代禅宗大师青原行思曾提出参禅的三层境界：参禅之初，看山是山，看水是水；禅有悟时，看山不是山，看水不是水；禅中彻悟，看山还是山，看水还是水。教学也存在不同的境界，虽然不同的教师在教学策略和方法上有着各自的特点，但一般“优秀”教师最多做到我认为的第三境界，下面就说明一下我划分的四个境界，供大家参考。

**第一境界：教学之初“看山不见山，看水不见水”——“跑教材”，教资料，多、快、好、省的灌输例习题，将“学生火热的思维过程”退化为“冰冷乏味的机械记忆”的过程。**

特点：存在“没有教参写不成教案，没有教辅完不成教学，没有答案讲不了试卷，没有大量例习题训练就安不了心”的心态或是行为。会根据教学资料，认真完成教学导语、教学过程、教学呈现及至心中理想的学生答案，还安排大量补充例题、习题；他们将教学设计变成一个完美的剧本，课堂上的教学过程成为表演“教案”的过程。

以《两角差的余弦公式》为例，很多教师完美地给出公式及其证明后，紧接着的就是关于公式正用、逆用、变形用的例题及习题。不仅编制一些人为的技巧性很强的例题及习题，而且大量重复。但是所选的例题如同课本例题，是一题一问、一题一解，给学生的思维空间较小。

**剖析**:上课就是执行教案的过程。这种做法使得教师的教和学生的学在课堂上最理想的进程是完成教案,而不是“节外生枝”。教师期望的是学生按教案设想作出回答,若不,就努力引导,直至达到预期的答案为止。学生在课堂上实际扮演着配合教师完成教案的角色。

在这样的教学过程中,教师们并不关注学生的学习兴趣,无视学生的学习需求,往往于不经意间将自己的思想、情感、行为强加于学生,不容学生的质疑,使教学过程生硬机械,缺少课堂应有的情趣,长此以往,也将封闭学生思维的灵性。

**建议**:教师应改变“一味追求教知识且教的内容多多益善”的想法,摆脱急功近利的羁绊,以学生为主导传授他们知识。不以时间战、消耗战、题海战、模拟战为模式,不以认知结果的堆积为取向,不以应付考试为归依,因为其结果是心灵和精神的一种牵累,教师消耗了自己的内存与身体,学生消耗了想象力与创造力,吃力不讨好。

**第二境界:“看山是山,看水是水”——教教材,不分详略。不理解实质,也就抓不住关键:过于注重细枝末节而导致舍本逐末;过于注重人为技巧的训练而导致“四基异化”。**

**特点**:只要学生成绩在年级里名列前茅就欢欣鼓舞,平均分不佳就急火攻心,然后花更多的时间去练习、讲解。看不到书本知识背后的真相,书上怎么说的,就怎么讲,至于书上为什么这样讲,也就不得而知,所以不清楚哪些是重点,哪些是细枝末节,抓不住关键。

以《集合》与《函数》为例,将不等式解法与集合、函数交织在一起,教学重点就会转移到计算及变形技巧的演练,反而忽视它们的数学本质。学生的特点是哪里不会就将注意力集中在哪里,若集合运算、函数值域等题型没学会,就会找相关资料来看、相关练习来做,表面上学生是在学习集合或函数,其实是在钻研不等式!注意力当然不会集中于数学本质:集合语言与集合思想、函数概念与函数思想。教师应引导学生把集合知识作为一种语言来学习,可创设使学生运用集合语言进行表达和交流的情境和机会,如“用集合的语言介绍你自己”,而不必在集合运算、用集合知识解决复杂问题上做文章，避免在细枝末节的问题上（如$\phi$、$\{\phi\}$、0、$\{0\}$等的区别、集合三性）过分纠缠。在函数概念的教学中也是一样，要把函数作为刻画现实世界中一类重要变化规律的模型来学习，是一种通过某一事物的变化信息可推知另一事物信息的对应关系的数学模型，要防止在求解定义域、值域等“细枝末节”的问题上对学生进行大量人为的、繁琐的训练，以免冲淡学生对函数本质的理解。

**剖析**：处于这一境界的教师能很好地把书上记载的东西传达给学生，但“前无古人、后无学生、中间不见自我”。其实书上的数学知识只是前人思想的凝集和“冻结”，在前人那里，这些都是有血有肉的，用文字记载以后，就变成了“休克鱼”，虽然没有失掉生机，可是这生机隐藏着，需要激活。激活“休克鱼”的任务当然应由教师完成，这一环节无法完成的话，就等于“前无古人”。其次，学习者也是活生生的人，而不是一台机器等着你去输入程序或者装配零件，他有能动性，对教师所讲授的东西是有选择权的。作为教师，应该亲自与学生进行双向交流，而不是把知识生硬地装进学生的脑袋。完成不了这一教学要求，就等于“后无学生”。照本宣科就等于“中间无我”。

整个过程中，教师仅仅充当了“刻录机”的功能，学生充当了一张空白的光盘。对于传授科学知识来说，这种教学也许不是一点作用没有，但一定是毫无效率。因为学生不可能是一张空白的光盘，他事先就有了一定的数学知识、思想、精神、方法等，对于强行输入的“异端”内容，原来的数学储备具有一种本能的抵抗，除非你能通过理性的、情感的交流来征服它，让学习者不知不觉地梳理旧的东西，然后才有可能由他自己装进新的东西。

**建议**：若想突破，教师们应潜心研究教材，揣摩并尊重编者的意图，在教材中走两个来回：从形式到内容，从内容再到形式；从“写什么”到“怎么写”，再到“为什么”“还能怎么样”。教师必须对所教内容有精辟的见解，对知识点有深刻的研究，对学生的知识基础、认知水平有清楚的了解，教学思路清晰，教学语言丰富准确，数学表达精确清楚。

新课改这几年，日益丰富的教学内容与各种教学理念的冲突以及教学流程的变奏、教学目标的伸张、学习方式的变更、教学内容的调整等都容易使教师陷入无所适从的境地，也就是说这时的教师面临不知道自己要教什么、怎么教的难题，这就需要教师树立正确的教学实践观和自己的教学理念，重组教学过程，实现教学的优化过程。

优化教学是一个漫长的积累过程，也是一个教师专业成长的过程，需要具有积累的专业成长激情和持续不断的学习毅力。它需要的不仅仅是教师的知识积累，还包括一个人积极健康的情趣积累，高超自然的智慧积累，高尚至纯的审美积累，坚强公正的性格积累……从一定意义上说教师健康积极的情趣、智慧、审美、气质、性格和乐观的心态比纯粹的知识积累更加重要。

**第三境界："看山不是山，看水不是水"——教教材，凸显数学本质。**

**特点：**无论是分析问题、讲解习题、点评作业，还是建构概念、概括方法、寻找规律，都是一语中的，切中肯綮，让学生能够豁然开朗，如拨开迷雾见青天。我们许多学生对于数学的感悟力其实是很强的，教师在理解上和他们也只在"不隔"与"隔"之间。因此，教师要做的工作，就是轻轻地捅破这层"窗户纸"，漏点"阳光"进来，给学生留下希望，让他们自己打开窗户，进入一片洞明世界，去享受"阳光"带来的幸福与欢乐。

以简单的线性规划问题为例，人教社 2004 年版新课标教材《数学 · 必修 5》中线性规划问题是高中教学的一个难点。如果在上课一开始，就给出一个很大的应用题"某工厂用 $A$、$B$ 两种配件生产甲、乙两种产品，每生产一件甲产品使用 4 个 $A$ 配件耗时 1h，每生产一件乙产品使用 4 个 $B$ 配件耗时 2h，该厂最多可从配件厂获得 16 个 $A$ 配件和 12 个 $B$ 配件，按每天工作 8h 计算，该厂所有的日生产安排是什么？"来导入线性规划，虽然可体现"数学是自然的""数学是有用的"，但同时也给学生压了三座大山：(1)读懂 100 多字的应用题；(2)从中抽象出线性约束条件和线性目标函数；(3)寻求线性规划问题中最难的整点最优解。心理学家研究发现，一般情况下，讲课开始阶段，中学生的注意力逐步增强，中间 5～10 分钟注意力最集中，之后学生的注意力开始下降。学生翻越前两座大山已是气喘吁吁，却被我们告知真正的问题还没开始，学生会是一种怎样的表情？这种上课一开始就被复杂问题牵扯住,师生需在此耗费过多精力的做法,不利于后面重点内容的教学,给人一种“头重脚轻”的感觉。

为了避开“大情境,小数学”的嫌疑,有经验的教师可以开门见山地以“例:已知$\begin{cases}-1\leqslant x-y\leqslant 1,\\1\leqslant x+y\leqslant 3,\end{cases}$求$4x+2y$的最大值。(条件中$x$、$y$的系数是最简单的$\pm1$)”轻快地引出本节课的教学内容,而把主要精力和时间放在后面的重点内容的教学和难点内容的突破上。这种分散难点步步为营的教法,表面上看来,并没有“尊重”教材,没有按照教材来组织教学。其实这种看不见教材的做法,最大限度地尊重了教材的意图与教学目标,既突现出了教材内容的数学本质,又尊重了学生的认知规律。这种教学就达到了第三境界。

剖析:此时的教师已经不是一个照本宣科者了,他知道书上的文字并不是相关事物的真谛,真谛隐藏在文字的背后,在创造这些“冻结的思想”的学者那里。所以在教学的过程中,教师并不是扔给学生一条“休克鱼”,而是将其激活,让其生动地游给学生看。但是,这里仍然没有学生。这种教学境界存在下列问题:

(1)缺乏师生之间的交流,教师只是一个介绍人,把“古人”介绍给学生以后,自己也就完成了任务。常常是学生还没想,你就开始讲!令人痛心的是,有些深爱学生的老师,正是用自己的奋斗去摧毁自己的目标。而自己竟全然不知,还责怪学生“连讲过的都不会”。

(2)让学生误认为所学的前人的经验是绝对的、普遍的真理,只能遵守,不能创新。

(3)不利于培养学生的自学能力。学生一旦培养起自学能力,教师的教学就可以起到事半功倍的效果;对学生来说,拥有了独立学习的能力,是受益终身的。教师虽然孜孜以求,呕心沥血,既注重知识的传授,又注重学生能力的培养,已然这么尽心尽力,但是我们还得看学生们愿不愿意,情不情愿接受你的训导,因为孩子们没有从心里喜欢上学习,有时往往是见效不大,不尽如人意。所以,这还不是最高境界。

建议:一方面,课堂教学既要有课程内容选择上的广度和深度,还要有课程实施安排上的密度和适度，更要有课程组织落实上的力度和效度。要做到信息量大、思维含量高，情感培育要真正触及人格与灵魂。另一方面，教师特别喜欢一种叫失败的占领：“你(教师)总是心太软，心太软，把所有问题都自己扛”，那么我们能否改变一下，别将所有问题都由教师自己来扛，而改为成功的撤退呢？

**第四境界：“看山还是山，看水还是水”——教育乃是唤醒人，教师要用教材教，并还原课本知识的原初认知过程，稚化自己的思维来引导学生探究。**

特点：“学路优先、不教之教”，这或许是教师教学的最高境界了。“学路优先”是“以学定教，顺学而导”的保障，“学路优先”是相对“教路优先”而言的。

在传统教学中，钻研教材，查阅资料，充实新的知识，精心设计“教路”，把这样的举措作为课堂教学最根本的思考点和出发点，无形中把教师推向先知先觉的神坛，这就是“教路优先”。“学路优先”则是在教学过程中，始终把学生放在课堂学习的主体地位，教学前的预设始终围绕学生的学路进行，教学中的生成始终围绕学生的习得和变化展开。备课时关注学情，关注学生知识方面的积累，找准学生的兴趣点和疑惑点，上课时就能把握好课堂教学的切入点。并且，在动态的课堂中把握学生学习情况，允许学生选择不同的学习方向。

“简约而不简单”是“以学定教，顺学而导”的至高境界。简约就是简单有品位，简约并不是简单，相反却是对本质的深度挖掘和坦诚表现。在简单之中蕴含着深刻，这也应该是我们数学教学追求的境界。“以学定教，顺学而导”，关键在教师的“导”。“导”的功用在于唤醒和催生，使学生知识情感自然连接，由知到能顺利过渡。所以，当教学目标、设计的问题高于学生的现有认知时，教师的“铺路搭桥”就成了顺学而导的关键。顺应学情，铺路搭桥，导不露痕，激发学习的热情，催生学习的智慧，是教学的最高境界。教师的人格、气质、语言、声音、举止等一切师者的力量，带领学生一起徜徉在教材语言、内容、情境、思想、内涵中，享受数学文化的关怀，激活思维的力量，感受思想的内核，师生之间产生无法言喻的愉悦的语言感悟及积极的情感体验，从而提升教师与学生的精神与灵魂的永恒，使师生诗意的栖居于课堂之上。

这时的教师对教学流程的调控、教学目标的设计、教学方式的改变及教学内容的调整等都已烂熟于心，整个教学过程犹如“庖丁解牛，来去无碍”，亦如“春雨浇灌，润物无声”，一招一式看似平淡无奇，却在举手投足之间尽显教学的风采。它是教师随性发挥而又能使学生受益无穷的境界。

而要达到这种“不教之教”的境界需要的是教师的广博的知识、宽大的人格胸怀、娴熟的教学实践智慧、超高的预设能力、敏锐的把握能力和开放的教学意识。

以《等差数列的前 $n$ 项和》为例，大纲教材与人教社 2004 年版新课标教材的原始问题情境都是：“1＋2＋3＋…＋100＝？”，由此引入同学们熟知的高斯的算法：首项与末项的和：1＋100＝101，第 2 项与倒数第 2 项的和：2＋99＝101，第 3 项与倒数第 3 项的和：3＋98＝101，……第 50 项与倒数第 50 项的和：50＋51＝101，于是所求的和是 101×50＝5050。再引导学生探究一般等差数列的前 $n$ 项和。笔者认为：高斯的算法从本质上讲，并不是真正的“倒序相加法”，这种引入似乎有误导的嫌疑，而教材也没有顺着高斯的算法去推导一般等差数列的前 $n$ 项和——否则需先对 $n$ 分奇数与偶数讨论，再将最后结果统一成一个式子。其实，学生最难突破的是想到去构造一个完全一样的式子，再倒序相加，而这恰好与梯形面积公式推导过程中的割补法有异曲同工之妙：“倒置”与“倒序”、“合并”与“相加”的精神实质完全一样，梯形面积公式与等差数列的前 $n$ 项和公式和谐默契。

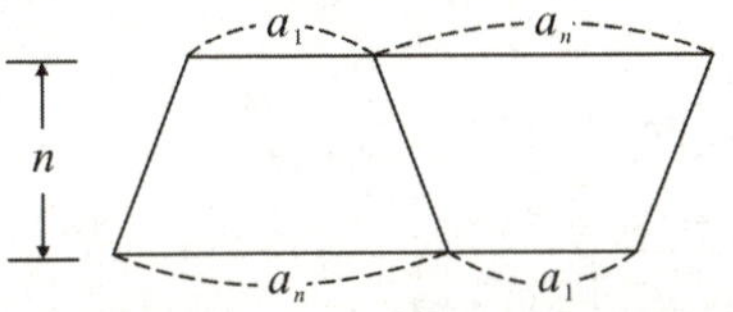


$S_n=\frac{(a_1+a_2)n}{2}$（补成平行四边形）

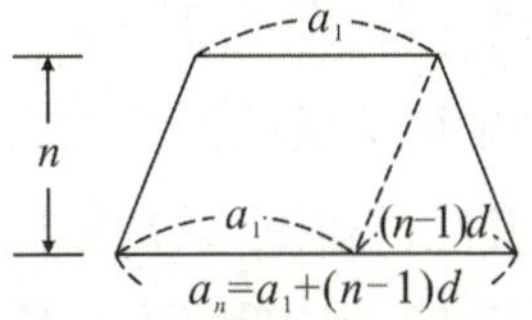


$S_n=na_1+\frac{n(n-1)}{2}d$

（分割成一个平行四边形及一个三角形）

那么啥时候给出利用割补法推导梯形面积公式的过程？这里有一个时机问题。若新课一开始就罗列出来，会让学生“丈二和尚摸不着头脑”，不知老师意欲何为，注意力自然不会很集中。因此，应放在学生思维最困难的时候作为提示给出！最后，数学王子高斯的算法还要不要介绍？何时介绍？可在新课讲完之后，指导学生阅读教材时，提醒学生感受高斯的高明。

剖析：前三个境界中，教师还在领悟教材与驾驭教材的过程中，还没有触及如何引导学生的问题。文字与符号虽然是数学的表达形式，但并非数学的本身，若执着于文字与符号，即是舍本逐末。“直指人心，见性成佛”，关键在于“直指”二字，意思就是以心印心，由教者与学习者直接交流，而不是传授他人的思想，教者的职责在于把握时机，启发学习者，但无法将自己所悟之道直接转给学习者，学习的主动权掌握在学习者的手中，需要他自己的体验和领悟。

这一境界的教学特征如下：

(1)发掘学生的内驱力，静待“花”开。

同样在一个课堂里听课，每个学生的学习结果却迥异。无论多么精彩的教学设计，为学生铺设多么巧妙的思维路径，只要有学生没听或者没听进去，对他来说效果等于零。关注点应从教转移到学生的学，关注每一位学生的学习状态，判断哪些学生是真心喜爱学习，哪些是在被动应付，哪些学生悟性强，哪些学生虽然勤奋却学得吃力。在课上，发现学生听课状态不理想时，变换教学活动的问题情景，甚至停下来“变魔术”“讲小故事”集中他们的注意力。课后也更加频繁地与学生谈心、沟通，对学生取得的点滴进步及时进行鼓励。

(2)采用灵活的教学方法，寻找最佳时机启迪学习者。

有人说：“知识，只是能让人看到一块石头就是一块石头，一粒沙子就是一粒沙子；智慧，却能让人从一块石头里看到风景，从一粒沙子里发现灵魂。”数学教学应该是探究未知、活化已知、充满生机。在灵活的课堂教学中，学生的兴趣会得到激发，探究的欲望会得到激活，知识的社会价值会得以体现；在灵活的课堂教学中，学生会体验到求索的愉悦和求知的快乐，师生的智慧之花会在互动与对话中绽放。学生不仅是对教师讲授的“收藏”，而且是对所学进行生发和创造。教师“四两拨千斤”，学生获得终身受益的“金手指”，具有了举一反三、得一创二的智慧。

(3)与学习者进行体验的互动，以心印心，而不是知识的交流。

诸多美国年度教师当选者的第一特征就是“工作激情及感召力”。这种激情与感召力来源于教师全身心的投入。他们在用脑教书、方法创新的基础上，大力开发教师自身的非智力因素，多层面、全身心地介入教师这项职业中，从而获得激情与感召力的源泉，最终促进学生非智力因素的开发，使教学工作实现由技术向艺术的转变，由方法向思想的转变。教者不仅把自己当成活生生的人，而且还把学生当成活生生的人，从课堂上的师生互动到相互走进内心世界，心心相印，息息相关。这才是真正的充满智慧、富有生命力的课堂。

(4)把主动权交给学习者。

教学的最高境界是什么？就是以人为本，以学生发展为本。有一句格言说得好：“读万卷书，不如行万里路；行万里路，不如阅人无数；阅人无数，不如名师指路；名师指路，不如自己去悟。”我们教学的着眼点，是一个个鲜活的，有生命，有思想的“花朵”，而不是“教案”，不是“教材”！

**建议**：教学的最高境界强调教师与学生、学生与学生相互之间的对话。所谓对话，是指相互之间把对方的经验作为自己的经验，包容对方的经验，而不是阻碍和制约这种经验。教师要体验每一位学生的学习，学生也同样要体验教师的行为。

在这种关系中，个体之间相互渗透、相互变化、互相打开对方的经验库。对话的产生是以对话者具有改变自己的意志为前提的。学生在充满变化的、不确定的教学活动之中，与人、物或事直接接触，产生经验或带来经验的变化。经验的变化和对经验的自我意识，就生成了智慧。学生的学习结果是学生自己发现或“创造”出来的。每一位学生在经验的过程中，根据自己原有的水平不同程度的“创造”出了知识和能力。教学的生动性也体现在使每一位学生实时地体验知识的创造，并且让他们相互交流这种知识。此时，教师在学生旁边起指导者、帮助者的作用，协助学生进行创造性学习。

著名教育家陶行知先生说过："我以为好的先生不是教书，不是教学生，乃是教学生学。"学生一旦培养起自学能力，当前中学教育的两个非常突出的问题："厌学问题"与"后劲不足问题"均可迎刃而解。因此，要改变传统的"学生被老师牵着走"的做法，创设"学生被问题牵着走"的情境和程序。贯彻五个"凡是"的教学原则：凡是学生能独立思考的，决不暗示；凡是学生能自主探究的，决不替代；凡是学生能合作交流的，决不包办；凡是学生能自学阅读的，决不领读；凡是学生能说题作答的，决不抢答。要由学生自己跳起来"摘果子"。要让学生参与以上五个"凡是"，一方面要创设精益求精的"问题情境"，并合理编排其探究次序；另一方面要做到恰到好处的"闭嘴"，并给每一位学生充分的"安全感"：①确保学生无错原则，从多角度评价学生；②民主的原则，多和学生商量；③尊重学生人格的原则，不挖苦、不为难学生，不伤害学生的自尊。让他们的能力在真正的自主学习过程中得到发展和提高。

课堂教学境界的追求是一种精神和艺术追求，而精神和艺术的追求是永远没有止境的。当我看到有些曾经学习成绩优秀的学生长大之后很平庸而调皮的孩子却大有作为的时候，总会不由自主地去反思教育的最高境界是什么，就是以人为本，以学生发展为本。当我将视野从学生的学习扩大到他们的兴趣、气质、品性之后，教育的世界就更加宽广了。桃李不言，下自成蹊。教育不是说教，而是影响，是感染，是熏陶。教师这个职业不是教，而是学，教师自己首先要成为终身学习者。教师不仅是教学生，更是教自己。

# 试卷讲评的四重境界

试卷讲评是教学环节中的重要组成部分，通过试卷讲评，教师对当前的教学盲目点及时进行弥补，也使学生对自己所掌握知识的薄弱环节得到强化。试卷讲评是对知识进行再整理、再综合、再运用的过程，在教学中起着承上启下的转折作用。然而，很多教师没有深挖试卷讲评课的效益，通常只按题号顺序逐题讲解，教师在上面讲得“口干舌燥”，学生在下面听得“枯燥无味”。其实，采用不同的试卷讲评策略，得到的效益是不一样的。下面我仍借用宋代禅宗大师青原行思提出的参禅的三重境界来阐述试卷讲评的四个境界，以供广大教师参考。

**第一境界：“看山不见山，看水不见水”——不分详略，一讲到底。**

**做法：**三个“从头到尾”：教师整节课“从头到尾”，把试题按“题号顺序”一题不漏地“从头到尾”讲一遍，每道题也是将“标准答案”“从头到尾”地讲一遍。在当前高中数学试卷评讲课教学中，这种教学现象严重存在。

**剖析：**这种一讲到底的讲评方法是讲评课的最低境界，其收益非常低。它不顾试题主次平均分配时间与精力，结果导致重点不突出、难点不突破、主次要全不落实。这种讲法的症结出在备课上。在如何对待试卷讲评的备课上，不少老师普遍存在这样一种误解：认为备课就是将试卷做一遍，看懂做对就行。其实这远远不够，试卷讲评备课除了备试卷，还应包括备学生、备方法。首先，教师应及时了解学生的错误情况，以便总结学生出错的规律和出错的原因，确定讲评重点和难点；其次，教师还应结合试题与学生出错状况确定自己的讲评思路、课堂步骤和讲评方法。这样就可避免讲评过程中容易出现的盲目性、随意性，避免平均用力、详略不当所产生的不良结果。

**第二境界："看山是山，看水是水"——就题讲题，授之以鱼。**

**做法：第一步是统计。**试卷批改完以后，教师按"学生答错人数"选出要讲的试题。

**第二步是就题讲题。**将要讲的试题按"题号顺序"进行"标准答案"的讲解。教师讲答案、学生抄答案是最省时省力的讲法。它最大的弊端是忽略了对学生学习方法、学习技能的培养，可以说它是题海战术的产物，表面上争取了时间，但效率低下，事倍功半。有的教师也讲题意、讲方法、讲解题思路，但无法跳出试题本身，没有比较，没有归纳，也就没有举一反三，讲评只停留在浅显层次。这种就题讲题的方法自然无法触类旁通，讲评的实际效果大打折扣。

**剖析：**应该说就题讲题是讲评课的较低境界，它只重解题过程，忽视方法指导与思维训练。教师在试卷分析时，往往把着重点放在哪道题错了，错在哪里，正确的解答应怎样，而忽视了为什么错，这样的题应从哪方面去思考，怎样思考，教师缺乏方法指导。

另一方面，由于每年高考试题基本保持相对稳定，因此，教师要善于将试题分类，总结解题方法与技巧，并教会学生进行比较性小结归纳。由于在考点相对稳定的前提下，高考命题专家可以随意变化题意、角度，在设计题目的条件、问题的设问方式上推陈出新，这就让应试者眼花缭乱，防不胜防，学生很可能会由于解题思维的定势造成错误，所以每道题按原题讲完后，教师要把原题进行变化，同学生一起进行解题小结和反思，即对某个考点进行合理的发散延伸，引发学生的解题积极性，拓展他们的思维空间。

**第三境界："看山不是山，看水不是水"——就题讲法，授之以渔。**

**做法：第一步是深入统计。**试卷批改完以后一般教师都会对一些统计数据比较关心，而对学生的错题却没有深入的统计和分析。我在批改试卷时，旁边都放置一张空白试卷，及时记录学生的错误解法，实践证明，这项工作是非常必要而且有意义的，而且应该记录得更为详细一些，比如典型的错解、错误的人数、较好的解法等。

为了让学生清晰地认识到试卷中出现的失误，形成反思的好习惯，我经常设计相应的失分表，对常见错题进行归类整理、对典型错误集中展示，供学生检查交流、纠错整理：

| 掩藏于“粗心大意”背后的深层原因 | 题号 | 失分（实物展示或情况说明） |
| --- | --- | --- |
| 知识遗忘 | | |
| 审题不清 | | |
| 计算失误 | | |
| 概念不清 | | |
| 书写、表达不规范 | | |
| 识图能力不强 | | |
| 速度慢时间不够 | | |
| 难题放弃 | | |
| …… | | |

我在阅卷过程中，还对对象生进行“档案式”管理：从一开始，就对他们的每一次考试成绩及其中暴露出来的知识与能力缺陷进行记录与统计分析，为他们建立“个人档案”。一段时间之后，将每位对象生的历次考试成绩按时间顺序列表，并画出其分布曲线，让他们能够及时地掌握自己学习的变化情况。并据此对学生进行有针对性的指导与谈话，这就让那些想努力却不知从何处着手的学生有了明确的方向与切入点。

第二步是准确分析。在统计的基础上教师还应作深入的分析，在试卷讲评课上予以弥补。如：根据各道题的错误率，深究错误的根源；分析学生失误的共性和不同，按照错误解法的内在规律或一定的思想方法进行归纳和整理；找到学生学习中思考能力或思维方法上存在的缺陷，及时发现自己教学中的薄弱环节。

**第三步是归类讲评。**先根据第一步、第二步深入的统计和分析，确定该讲什么，不该讲什么。要讲学生困难所在，讲学生能力增长点所在，讲普遍存在问题（或某分数段共性的问题），再多思考这张卷子可以不讲什么（以保证能集中时间和精力将要讲的讲透）。

然后确定怎么讲。由于试卷考查的知识点和数学思想方法往往分散在试卷各题中，因此在综合“学生错误”、“学生需要”和“试题品质”选出要讲的试题后，可以突破题号顺序，按“知识板块或能力板块”进行整合，系统地进行“各个击破”式讲解。

具体可按下列三种方式归类。①按知识点归类：就是把试卷上同一知识点的题，归类讲评，这种归类也可让学生在教师指导下进行。②按解题方法归类：即把试卷中涉及同一解题方法、技巧的题目，从一题多变、一题多解、多题一解、好题欣赏和难题突破等视角进行归类分析、讲评。③按答卷中出现的错误类型进行归类。以上三种归类方法不是彼此孤立的，是相互交叉渗透的。通过归类讲评，学生也会逐渐养成归类总结的习惯，从而绕开“题海战术”。

如：方程恒成立问题、方程有解问题、不等式恒成立问题、不等式有解问题，都可使用分离变量，再求最值或值域的方法。那为什么不用讨论最值法呢？如果将一套或最近几套试卷中的相关题目归类探究，就不难发现：分离了变量（字母参数）后，就可以避免对字母参数进行繁琐的分类讨论。

在联系中得法是试卷讲评课的最高境界。就题讲题很容易，但要跳出原题束缚去讲联系并非易事，因为，它要求教师心中装的不是一道题，而是许多题，而且是不同视角的相关题，教师通过讲一道题让学生掌握一类题，从一个考点，联系到整个知能网络。

在很多教师看来，这一境界已达到“完美”讲评。但站在学生的角度，“这是教师强塞给我的，还是我所急需的？”学生不同情感态度下的学习效果肯定不一样。所以，站在有效教学的角度，还是有继续挖掘的空间:“学生需要的就都该讲吗？若是他暂时还消化不了的难题甚至偏题怪题呢？该讲的东西怎样讲才易于学生接受和掌握呢？”

第四境界:“看山还是山，看水还是水”——就题得法，悟其渔识。

做法:第一步是及时反馈，并指导学生学会自我诊断、主动升华。“阅卷不过夜”。考完试卷后，教师应及时、尽快地批阅试卷，认真分析、准确统计后，翌日就把试卷发给学生。由学生进行自我检查，自我纠正。一道试题，学生为什么会错，原因是错综复杂的。学生出错的归因分析不应由老师包办，应引导学生自我反思，寻找出错根源。教师可以编制“自我分析表”，指导学生进行自我诊断、分析。最好课前将试卷和“自我分析表”发给学生，做好问卷调查和调查情况统计分析，掌握第一手资料。

第二步是深入统计分析(同境界三)。

第三步是学生“超强纠错”(第二天)。有些教师为了“及时”，阅完试卷随即讲评，认为学生刚做完还没忘，效果要好一些，其实不然，因为这时没有充分准备，往往是想当然地讲一些学生做错的题目——并不一定是学生急需的“雪中送炭”！笔者调查发现，考试出错并不意味着学生对知识的一窍不通，出错的原因是多方面的，有心理因素，审题因素，运算因素，对概念、公式、定理等理解不清因素等，学生的某些错误可在考后“超强纠错”或“不辩不明”的相互交流。因此，教师应在发下试卷后留给学生一定的时间，该让学生根据各自试卷中存在的问题，自己主动复习教材，查阅相关资料，自己去思考、去更正。学生确实不清楚的地方再相互争辩，或寻求教师点拨。所以，放手让学生自己矫正，既省时又有效果，还能培养学生问题意识及自学能力，待学生自查改正后，教师再“趁热打铁”，进行有针对性、有重点的“及时雨”式讲评，可收到事半功倍的教学效果。

第四步是归类探究、合作交流、适度点评。①归类探究(同境界三)。②互动交流。学生还没想，教师就不急于讲，并且讲评的起点应是使大多数同学受益，既不可过高，也不可过低。教师还要打破一言堂的习惯，发动学生参与评析试卷。有些题目，可以由学生担当“讲解员”，分析他们是如何进行正确思维，得到正确或巧妙解法的，为其他学生进行思维示范，也可以让他们谈谈怎么产生错误思维的，这样有利于其他学生弥补自己思维方法上存在的缺陷；有些在认识上比较模糊的题目，可以由学生展开交流讨论，让学生在辩论中获得体验和感受，提高学生自我评价和独立矫正失误的能力。而教师的作用就在于组织学生演板和交流，并观察学生的思维特点和思考习惯；在学生思考出现困难时一对一地轻声点拨；在学生都充分思考后再组织师生与生生交流；培养学生的创新意识和敢想、敢说、敢做的思想意识，让学生在动脑、动口、动手中巩固强化知识，发展智力，提高思维水平。③适当引导。每道题按原题探究完毕后，教师可对典型问题进行变式拓展，或把几道题目、几个过程进行组合，引导学生从不同角度、不同层次、按不同思路对同一问题进行思考，这样做不仅对帮助学生提高答题得分率十分有效，而且能培养学生良好的思维习惯与敏锐的思维能力。④导向评价。试卷的导向功能可通过“评”来实现，对学生正确解答也要进行有“导向”意义的点评。

例. 证明不等式：$n^{n+1}>(n+1)^n$（$n\in\mathbf{N}$，且 $n>e$）。

本题的解法有多种，教师可有目的地请学生展示两种解法：导数法、数学归纳法。对学生这两种解法教师该如何评价呢？因为本题是关于正整数 $n$ 的命题，用数学归纳法证明非常自然，而导数法因技巧性相对较强而难于想到，所以中等成绩学生最好选数学归纳法，这就给了中等成绩学生一个有“导向”意义的评价。

**第五步是矫正补偿练习。**讲评课后必须根据讲评课反馈的情况进行矫正补偿，这才是平时考试检测功能与导向功能之外的根本目的。课后精心设计一份针对性的练习题，作为讲评后的矫正补偿练习，让易错易混淆的问题多次在练习中出现，达到矫正、巩固的目的。另外，讲评课堂上主要研究的是学生做题中存在的共性问题，对个别学生在“自我诊断表”中反映的特殊问题，老师应在课后与其个别交流，甚至个别辅导。老师在批改试卷时要注意对个别学生解题中存在的问题进行记录，在个别辅导时结合“自我诊断表”,不仅要帮助学生分析存在的问题,更要帮助学生充分认识自己在解题中的成功之处,增强学生对学习的信心。

此外,为了防止学生出现视觉、听觉疲劳,试卷讲评课的模式还应丰富多彩:如果以知识、能力、情感三维目标为主线,讲评课可分为知识学习模式、方法指导模式、情感主导模式;如果从教学方法角度考虑,讲评课可分为讲解模式、讨论模式、对话模式、探究模式等。

剖析:高中教学往往时间紧、任务重,一般教师为了“节约”时间就不停地讲,因此,讲评试卷最易出现这样一种场面:教师“一言堂”“满堂灌”,学生只能一味地被动接受,没有时间提问,没有发表观点的机会,师生之间的双向沟通无法建立,学生听不懂的地方也无暇请老师重新解释,更谈不上得到深刻的认识。因此,应让学生参与试卷讲评过程,引导学生展开联想,积极反思自己的解题得失,总结解题技巧,让学生在充分的纠错、争辩、讲评中寻找出适合自己的解题的思路方法及思维习惯。这样既有解题体验向解题经验的升华,更有师生互动、生生互动中思维习惯的优化和思维品质的提高。

笔者在我校高三年级一个文科实验班、一个理科普通班使用上述四重境界各讲评了一套试卷后,利用调查问卷的方法,调查了两个班的128名学生,了解数学教师在试卷讲评中的教学行为会对学生的学习行为产生怎样的影响。调查结果如下表:

| 百分比 \ 学生行为<br>教师行为 | 认真思考<br>专心听讲 | 有时玩<br>有时听 | 很感兴趣 | 很大<br>收获 |
|---|---|---|---|---|
| 整张试卷不分主次,逐一讲评 | 18.7 | 81.3 | 8.9 | 6.8 |
| 只讲错误率较高的题目,其他题不讲 | 80.3 | 19.7 | 71.4 | 60.5 |
| 把问题归类,以点带面,各个(类型)击破 | 94.3 | 5.7 | 86.6 | 92.0 |
| 还课于生,师生交流、生生互动,<br>暴露思维过程,反思体验,升华思想 | 96.2 | 3.8 | 91.7 | 86.7 |

通过调查,不难得出结论,满堂灌式的讲评,即老师对一份试卷不分主次,按照题号一题不漏地讲解,最不受学生欢迎,学生的收获最小。这样讲

评试卷，学生得到的只是一个死的答案，就题论题，没有知识归纳，没有规律总结，更没有对试卷中的创新题目进行思维方法的整合。学生缺少动手、动脑的机会，更没有参与教与学的双边活动，必然使学生缺乏主动学习的意识，而少数自觉性较差的学生可能懒得修改试卷，也就根本达不到老师预期的教学效果。只讲错误率较高的题目而其他题不讲的方法显然优于满堂灌式的讲评。因为学生拿到试卷后对错题的关注程度较大，且在短时间内注意力相对容易集中，会收到一定的教学效果，但仍然是教师讲，学生听，形式单一，对学生而言收获的是只会解一道题，不能通一类题。此方法对于非共性的问题，老师如果置之不理，会导致部分学生在某些知识点上的模糊认识得不到解决，所以还要充分发挥小组合作学习的功效。从上面的调查也可以发现，学生间的互相交流、互相帮助也是他们喜欢并认可的一种学习方式。当然，认可度最高、学生最感兴趣、收获最大的讲评试卷的方法应该是把问题归类，并还课于生，通过研究一题带动一类题的讲评方法，此方法对教师的要求很高，需要教师具有认真钻研的精神。

总之，一节高质量的试卷讲评课，需要教师精心准备，心装学生，精析精练，归结技巧，延伸发散，充分体现“教师为主导，学生为主体”这一教学理念，引导学生就(类)题悟法。只有这样才能真正达到提高试卷评讲课教学效率的目的。

# 课堂篇

# 教学语言的表达技巧

语言不是蜜，却可以粘住一切，它是人们日常交往中交流思想、传递信息、表达情感的最基本工具，也是教师传道、授业、解惑的工具。教育家马卡连柯曾说过："同样的教学方法，因为语言不同就可能相差二十倍。"教师要在教学过程中不断探索和提高自身的语言素养，使自己的教学语言与教学内容和谐。数学教师可从以下几个方面提升教学语言的魅力。

**一、数学教学语言力求言简意赅、科学严谨**

教育家马卡连柯说："学生可以原谅教师的严厉，刻板，甚至吹毛求疵，但不能原谅他的不学无术。"要想提高威信，就要具备高深的学识。教师的知识越广博，阅历越丰富，他的语言相应地也就愈丰富和精彩。数学是一门系统性逻辑性很强的学科，应把科学性放在首位。往往一字之差，含义完全不同，比如"增加了"与"增加到"。数学教师要保证教学语言的科学性，必须提高数学专业知识水平，特别是数学概念要分辨清楚，不能有一点含糊。这是数学教师最重要的基本功。

科学严谨的数学尽可能用简练的数学语言表达出来，恩格斯曾经说："言简意赅的句子，一经了解就能牢牢记住，变成口号，而这是冗长的论述绝对做不到的。"所谓言简意赅，是指语言简洁清楚，干净利落，恰到好处。这就要求教师在课堂教学中用最简洁的语言表述，让学生很容易地把握住每句话、每节课的重点，更好地领会教师的意图。

当然，简练的、正确的语言也可以诗情画意，这会更容易把学生带入美的意境。唐代诗人王维在《使至塞上》中描绘了一幅空阔、荒寂的塞外黄昏景象“大漠孤烟直，长河落日圆。”我将此引入“直线与圆的位置关系”，学生的思维会找到落脚点，他们会在脑海中展开直线与圆的动态位置关系变化全过程的想象，产生探究直线与圆的位置关系的兴趣。

培根说过：“读史使人明智，读诗使人聪慧，数学使人周密，哲学使人深刻，伦理之学使人有修养，逻辑与修辞使人善辩。”数学教师语言的准确、严密、精炼且富有逻辑性，对培养学生的语言能力，促进学生思维的发展具有十分重要的作用。

**二、教学语言求风趣幽默、叩人心扉**

苏联著名教育家斯维特洛夫指出：“教育家最主要的，也是第一位的助手是幽默。”幽默的语言能增添讲课的趣味性和生动性，扣住学生的心弦，活跃课堂气氛，能帮助学生保持大脑的兴奋，消除疲劳和紧张，有助于学生理解和记忆新知识。

幽默的最低层次：讽刺挖苦学生的冷幽默；一般层次是：与数学、与课堂无关的个人幽默；较高层次：有助于激发学习兴趣或促进数学理解的幽默；最高层次：用最朴素的生活哲理诠释最深奥的数学精神，实现数学与幽默的完美结合。高层次的幽默语言有助于创设轻松愉悦的课堂氛围，让学生喜欢数学老师，进而喜欢老师教的数学。我校有位语文特级教师，听一位北师大毕业的数学老师讲了一节课，给了十个字的评价：“数学老师是体力劳动者”(在黑板上从头写到尾，专吃粉笔灰)。在高中各科中，属数学最乏味，理化生都有看得见摸得着的实物或实验，语文可以朗诵一段名作，英语可以课前放一首欧美怀旧金曲，只有数学是没有血没有肉的“骨头架”，最枯燥乏味，学生也常因为讨厌数学而讨厌要他们学数学的我们。数学已经很枯燥乏味，若我们教师再成天板着个脸，不仅对学生紧张的高三复习是一种压力，还可能因学生怕老师而束缚其思维，抑制思维的自由性、活跃性。高三复习中，教师富有哲理和情趣的幽默，能深深地感染和吸引学生，使自己教得轻松，学生学得愉快。语言不是蜜，但可以粘住学生，还能创造出一种有利于学生学习的轻松愉快的气氛，这种氛围是开启学生智慧之门的催化剂，是激发学生灵感的钥匙；是教师组织管理课堂的法宝之一。

夏天下午的第一节课，很多学生都睡意绵绵，此时我通常会给学生变个小魔术或者讲个小笑话，但偶尔还会有个别同学酣然入睡，此时我就会给他一个简单的小问题，待其回答后说："著名音乐家贝多芬说过，艺术之神也有打盹的时候，那是为了醒来后更加精神！"

讲集合元素的确定性时，我问："咱们班有胖子吗？请站起来。"学生们犹豫不决，教师说"看来，'胖子'界线不明确，现在请体重大于或等于130斤的人都站起来"。这时有12位同学毫不犹豫地站了起来。教师问"体重大于或等于130斤的人一共有几位"，学生齐起答"12位"。教师说"不对，我的体重正好是130斤，我也站着"，学生哈哈大笑，笑声中留下了集合元素"确定性"的深深印象。

在学完欧拉定理后，学生都认为欧拉因早出生而捡了个大便宜，我问学生："如果你坐在一棵苹果树下学数学，突然一个苹果掉下来，将你砸了一下，你会怎么想？"一般女生会埋怨怎么这么倒霉，男生则会将苹果吃掉。怎么砸也砸不出"万有引力"。为什么？是不是大家还没有形成追问与深度思考的习惯？

幽默的教学语言，绝不只是为了博得学生一笑，它在给学生以愉快欢悦的同时，促使学生深入思索，悟出"笑外之音"。幽默的语言必须以丰厚的学识和机敏的应变能力为前提，应通过一些随机的点化语或插入语化平淡为神奇，才能产生魅力，使学生在欣赏美中获得知识，受到教育。

**三、教学语言力求生动形象、趣味盎然**

教育心理学研究表明，上课开始时，学生比较容易集中精力，这种最佳状态一般能够维持15～25分钟，时间一长，注意力便会分散，而生动形象的语言能像磁石一样吸引住学生的注意力。数学本是个风情万种的美丽女子，具有简洁美、对称美、统一美、奇异美，但褪去现实意义与发生过程的数学，就如同X光透透射，只剩下令人恐怖的森森白骨，让学生避之不及。形象的语言，能将"死"知识变为学生易于理解的"活"知识；具有情感的语言，能感染学生,陶冶学生的情操;生动的语言,能吸引学生,振奋学生的精神,让学生听了便"入临其境、如见其人、如闻其声",使数学化难为易,使学生得到美的享受,从而提高教学质量。

学习集合的最高境界,并不是会求交、并、补运算,而是真正掌握集合语言、灵活运用补集思想。补集运算都难,补集思想就更不易,要灵活运用就得深刻理解并认同补集思想。此时可以创设一个问题情境:你发现了一个新大陆,想从土著酋长那里获得一块土地,酋长给你一段16米长的篱笆,说:"你用这段篱笆围为多少土地就给你多少土地。"请问你最多能围成多大的场地?学生争先恐后:"围成一个正方形,使用均值不等式可以证明,周长一定时,正方形是所有长方形中面积最大的。""围成一个圆形,因为周长一定时,圆形才是任何图形中面积最大的。"教师:"还有其他答案吗?……绕着自己随意围出一个封闭的图形,我就站在我围的场地外面。"补集思想关键时刻还可以救你一命,试想:动物园里,由于管理员的疏忽,一头狮子从笼子里跑了出来,游客惊呼着四散逃窜,管理员则急急忙忙去找麻醉枪。如果你就是当中的游客之一,此时你该怎么办?"钻进狮笼里,把自己反锁在里面。"通过这两个情境故事,学生就可以很好的体验补集思想就是正难则反的一种思维模式,体会到逆向思维的魅力。

等比数列的求和方法——错位相减法,能将等比数列前$n$项的中间项全部都消掉,是令人拍案叫绝的数学智慧。是数列求和的重要方法。但很多学生屡做屡错,除了计算失误外,其根源只是把错位相减法当成一个技巧,没有从情感上理解它,并纳入自己的认知体系。对于实验班学生,在隆重介绍错位相减法之前,可以通过下面这个故事,启迪学生思维;对于普通班学生,可以在介绍错位相减法之后,通过这个故事加深学生对错位相减法的理解和认同。这是一个关于面试的故事。某高级会所要高薪招聘一名优秀服务员,经过几轮拼杀,现在有数人进入了最后一个环节——面试。题目是:在圆桌会议开始前,服务员给每个座位上的杯子里沏茶。前面几个应试者都是这样做的:揭开一个杯子的盖子,放进茶叶,倒入开水,盖上这个杯子的盖子，再沏下一杯茶，动作都很娴熟，姿势也很优雅。最后一名应试者开始了，她是这样做的：揭开一个杯子的盖子，放进茶叶，倒入开水，却盖上下一个杯子的盖子，再沏下一杯茶时，依然如此，直到把最后一杯茶倒入开水，盖上第一个杯子的盖子。在大家的惊叹声中，她被当场录取了。

由于概率源于赌博，在讲用间接法求对立事件发生的概率时，我首先都会带每一届学生做同一个游戏："一年按 365 天算，要确保咱们班至少要两个人生日相同，根据抽屉原理，咱们班至少要有多少人？"学生回答 366 人。"我们班级人数仅是 366 的一个零头，但我判定咱们班至少有两个人生日相同！大家信不信？不信可以打赌，大家赢了，我给大家每人两块钱，大家输了每人给我两块钱。"每届学生都激情高涨，都要赢我两块钱。结果学生十赌九输，输后自然想探究其中的奥秘。每届学生每人至今都至少欠我两块钱。不懂概率就像是生活在二维空间中的人，有些三维空间的人觉得轻而易举的事，二维空间的人觉得难于上青天。学好概率就可以对不确定性事件发生可能性的大小了如指掌，从而在密码、战争、商战、博弈等诸多方面立于不败之地。

生动形象的讲解离不开抑扬顿挫的表达，马卡连柯曾说："只有在学会用 15 种至 20 种声调说'到这里来'的时候，只有学会在脸色、姿态和声音的运用上能作出 20 种风格韵调的时候，我就变成了一个真正有技巧的人了。"如果老师总是用一种很高的声调讲课妄想以此来吸引学生的注意力，学生多听就会非常疲倦，觉得枯燥乏味，以致影响对数学学习的趣味性。如果老师总是用一种语速，一种语气讲课，就会像一曲催眠曲那样催得学生昏昏欲睡。而根据教学内容的主次、详略、难易程度不同，确定适时适度的语调、语速，在课堂上倾注自己的感情，运用生动形象的语言却能使课堂变得跌宕有致，虎虎生气。

**四、课堂教学语言力求深入浅出、通俗易懂**

数学具有高度的抽象性，而高度抽象的数学内容往往晦涩难懂，使学生对枯燥乏味的数学能听得有滋有味，教师就应该使抽象的概念具体化，使深奥的知识明朗化，用自己深厚的文化底蕴教给学生丰富的数学素养，通过驱动学生的数学想象，来达到培养学生数学能力的目的。

一元二次不等式 $ax^2+bx+c>0(a>0)$、$ax^2+bx+c<0(a>0)$ 的解集是：小于两边夹 $x_1<x<x_2$，大于两边分 $x<x_1$ 或 $x>x_2$，学生初学时容易弄混，我就说："这就像小的时候，你的爸妈带你去逛街，你这个小的总是被夹在中间，你爸妈两个大的总是分在两边。$x_1<x<x_2$ 告诉我们：一个甘于自我封闭的人，他只能越过弱者，永远也超不过强者；$x<x_1$ 或 $x>x_2$ 启示我们：一个勇于突破封闭的人，既能超过强者，又能谦让弱者。"

在习题课教学讲到有些学生还不熟悉的"凑配法"，马上就要下课时，我讲了这样一个故事："从前一老头，在临终前打算把 17 头牛分给 3 个儿子，要求大儿子分二分之一，二儿子分三分之一，小儿子分九分之一，不能宰杀。三个儿子听了很纳闷，最后一位聪明的人告诉他们，先在邻居家借一头牛，然后大儿子分 9 头，二儿子分 6 头，小儿子分 2 头，剩下一头再还给邻居。"这个故事的核心本质是 $\frac{1}{2}+\frac{1}{3}+\frac{1}{9}=\frac{17}{18}\neq 1$，渗透了凑配法中"多退少补、借一还一"的思想，为加深学生对"凑配法"的理解，做了一个具体而又通俗易懂的阐述。

在专题讲授换元法时，我会借用"曹冲称象"中以石代象、"孔明草船借箭"中以借箭代造箭的故事，作为学生理解换元法的一个载体。这些故事都包含着正难则反的数学解题思想。又如，高中通常会遇到"已知一个变量的范围，求另一个变量的范围"，此时关键是建立两个变量之间的等量关系，然后再分离变量，再用求值域的方法或者解不等式的方法，求出另一个变量的范围。对于这类问题，有的学生总是很呆板地认为只能用解不等式法，只能分离某个变量，此时，我用"司马光砸缸"救人是通过变"人离开水难"而"水离开人易"的故事作比喻，向学生解释，哪个变量好分离就分离哪一个即可。

这些耐人寻味的故事，将最朴素的生活哲理与最深奥的数学精神完美结合，既是帮助学生理解数学思想方法的很好的载体，也体现了数学思想博大精深之处。在教学中善于运用贴近学生生活的事例、简明扼要的口诀、脍炙人口的名言以及充满时代气息的语言，就能把教学内容讲得生动、通俗，学生就能更深刻地理解知识。

**五、课堂教学语言的最高境界是无声胜有声**

该讲时会讲是水平，不该讲时不讲是聪明，知道何时该如何讲何时该闭嘴是高明。想一想金牌教练是怎样训练运动员的，体育老师是怎样上体育课的！试想，若他们天天都“满堂灌”地讲，而不让运动员参与训练，会是一种怎样的结果。学生还没想，你就开始讲！教师即使不创设机会，也不该剥夺学生锻炼的机会！我们在责怪学生“连讲过的都不会”的同时，也应该意识到：学生的许多毛病都是老师们辛辛苦苦培养出来的。

教之道在于听，学之道在于说，数学教学是一门设疑、激趣、引思的综合性艺术。学生不仅是我们的教学对象，还是一群向我们反馈教学信息的知识主体。学生语言既是思维的基础，又是思维的载体。学生思维的发展及知识的建构，在一定程度上就是靠语言来实现的。语言是思维的外化，思维是语言的内在基础和决定因素。鼓励语言表达是数学思维教学取得成功的关键。让学生在充分的独立思考与自主探究的基础上自由发言，充分暴露思维过程，一方面，可以让全班同学实现智慧共享，让更多的学生都能站在“巨人”的肩膀上！另一方面，教师可以通过学生的语言为我们提供进入学生大脑的线索，发现学生思考了什么、他们是如何思考的。教师一旦洞察学生的知能漏洞、思维方式和思维习惯，就有机会确认他们的错误想法，帮助他们清除错误观点。在窥探学生理解力的同时，就会有机会引导他们建构高质量的语言，更好地理解数学。还可以将后续教学调整得更加有针对性，更加有效引导学生自己发现问题、提出问题、分析问题、解决问题。

还课于生，让学生成为数学的主人，可以避免教师总以自己的定势思维、固有偏好去束缚学生思维，以自己的想当然去组织后续教学。有位走读生家长诉说对孩子明年高考数学成绩的担忧，我告诉他“叫孩子每天都给你讲作业。”家长说：“我听不懂怎么办？”“听不懂也听。”坚持一两个月后孩子有明显进步，并且数学的进步会迁移，带动了其他学科，一年后数学高考 128

分。思维的行为是内在的言语活动，思维是无声的说话，言语是出声的思维。马克思也说过："语言是思想的直接现实。"这个办法以作业为突破口，无论作业是独立完成的，还是向别人讨教弄清楚的，都必须理清思路才能表达出来，当学生把内部隐性思维转化为外部显性语言时，就有机会认识自己是怎样想的，自己的想法是怎样起作用的，也就是对自己的认知活动进行了再认知。读万卷书不如行万里路，行万里路不如阅人无数，阅人无数不如名师指路，名师指路不如自学悟道。教是为了不教，学生语言才是我们教师最需要的。

此外，富有感染力的"形体语言"是课堂互动的润滑剂和调节剂，它可以化解矛盾、激发热情，使课堂生动和谐、学生学习得快乐，有利于教学效率的提高。比如面容舒展、目光充满期待地注视失落的学生，会使他感受到来自师长的重视和鼓励，有助于学生重新点燃学习的信心与激情；面含微笑、目光亲切地扫视教室的每一个角落，会解除课堂的压抑，营造轻松和谐的教学氛围，让学生以愉快的心境投入学习；神色凝重、眼神严肃地注视课堂上行为失序的学生，给他们适时的提醒或警告，可能会及时中止不良行为，消除影响课堂的不利因素，同时可以避免公开点名的尴尬，保护学生的自尊心。

苏霍姆林斯基也说："教师的语言素养在极大程度上决定着学生在课堂上脑力劳动的效率。"在课堂上，教师通过情趣盎然的表述，鞭辟入里的分析，恰到好处的点拨，把学生带进的知识海洋，开启他们的心智，使他们获得精神上的满足。因此，要成功地上好每一堂课，教师就应不断提高自己的语言修养，熟练掌握教学语言的运用技巧。

# 难以觉察的教学误区

笔者常常听到教师抱怨:“连讲过的都不会!”也常听到有些教师非常气愤地说:“与某试题相类似的题目我已讲过多遍,你们怎么还是不会?”其实,学生的许多毛病都是老师们辛辛苦苦培养出来的。是的,没错。深爱学生的老师,如果陷入某种误区,就可能会用自己的奋斗摧毁自己的目标而毫无察觉。下面就将笔者在这方面多年的调查发现做一下呈现。

误区 1:备课时贪多求全。

剖析:很多教师在备课的时候,到处查找资料、补充各种题型、总结各种规律。可是新课改的要求却反其道而行之,需要教师思考如何对教材进行重构,教材突出知识的主干,而且大量删减可以不由教师讲而让学生自己学、自己感悟的内容。更为形象地说,传统备课是在做“加法”,新课改备课是在做“减法”。

结论:备课时做“减法”,不做“加法”。牢记教什么比怎么教更重要!教师在备课时想的第一个问题,也是想得最多的问题,应该是什么内容是非讲不可的,什么内容可以不讲?

误区 2:题目讲练得很多,但研究得不透。

剖析:一方面受题海战术的影响,另一方面数学的教或学的确离不开解题,于是,许多师生都以讲或练多少题来衡量自己的投入度——赢得对所谓“覆盖面”的一种心理平衡。殊不知有很多例习题属于同一类型,重复练习有时会形成负迁移,而且重点得不到强化;此外,我们不应迷失讲或练的目的。平时讲或练的每一道题，高考都不会考，那我们为什么还要讲或练？我们只不过是以数学题为载体——体会并逐步领会数学思想、精神和方法的载体！课堂教学任务完成的好坏与否不能只看容量的大小，关键应看学生对所学知识的掌握程度和能力培养的效果。所以例题选取宁可少些，但要精些，教师应果断删去与主题无关的例题，真正搔到"痒处"，切实给学生编织出一张完整的例题结构网络，使学生懂一题，晓一类，通一片。

**结论：高效的课堂教学不是量的大小而是质的优劣！**一节课与其抓紧时间大汗淋淋地讲练二、三十道考查思路重复的题，还不如深入透彻地掌握一道典型题。我们每位教师应在有限的时间内最有效地提高学生的各种能力，高效的标准应是每一节课学生在教师的组织下通过独立分析、探索，解决了自己能解决的问题，同时在教师的引导帮助下解决了原先没想到或不能解决的问题，这整个过程都是高强度、高密度的思维训练，且思维难度与教材难度要求一致。每个环节都使学生经过分析、鉴别、实践、感悟、反思升华（动脑、动手、动口）来实现，最终学生实现知识网络化并会活用知识，对任何一个新题都会分析，能解决。为实现这一目标，应紧紧围绕"问题解决——数学思想"这个中心，引导学生进行"数学地思考"，帮助学生获得"数学感悟"。用10分钟让学生悟明白1个道理所取得的成效，远大于老师用10分钟讲明白10个道理，教师讲明白不如学生自己悟明白。

**误区3：学生还没想，你就开始讲。教师自己出题，自己抢答。**

**剖析：**教学的本质是交往，是以教师和学生都作为主体，以教学内容为中介的交往。只有在老师讲解之前学生已经深入地钻研了问题，他才能有"资本"与老师进行平等的对话、交流，他才能真正成为学习的主体。我们甚至可以这样认为：只要"练在讲之前"，哪怕是以老师的讲为主要形式，它也是一种交往，因为在老师讲的过程中，学生必然在心里把自己的想法和老师的想法进行了对比、评价。何况，我们还有小组讨论、师生相互质疑等多种形式能使师生、生生之间更好地进行交往呢！当然，要"讲在关键处"，一是以学生的学定老师的教，让学生得到真正的启发，而不是以教代学；二是确保能够腾出时间、空间让学生投入到问题的探究之中，让他们真正成为课堂学习的主人。

可以将要讲的“例题”改成“问题”的形式，让学生在老师讲解之前先思考。“例题”与“问题”虽然仅一字之差，但对学生而言意义截然不同。如果是“例题”，学生就在潜意识中想：这道题是老师给出的一个范例，我们只要听懂就可以了。君不见，我们有不少学生上课时是何等的悠闲，他们要么斜靠在墙边喝着饮料；要么两手放在袖子里整日不用拿出来；更有甚者还在课堂上进行手机游戏或互发短信！我们经常说学生的课外负担重，实际上学生课内负担轻是造成这一局面的原因之一。

结论：学生不想，教师就不讲。让学生跳一跳，独立思考做一道题所取得的成效，远大于学生忙于应付匆忙做十道题。

误区 4：只顾自己讲得“津津有味”，不顾学生听得“枯燥乏味”。

剖析：讲，是教师传授知识的主要方式；而听，则是学生获取知识的主要渠道，教师清晰透彻且带有启发性的讲解是学生掌握所学知识的先决条件。然而教师讲得好，学生却未必听得懂，往往教师讲得头头是道，学生却如坠云雾。因此教师必须努力改进教学方法，精心设计例题的分析过程，严格按“教学性与量力性相结合”的原则，把握起点，抓住关键，突出重点，分清难点，由浅入深，由易到难地将学生引入知识的“最近发现区”。

结论：学生主动学习是这次教改的最终目标。如果教师讲课只顾自己津津有味，不顾来自于学生一方的信息反馈，师生思维不同步，学生被动地接受，毫无思考的余地，这样要么听不懂，要么囫囵吞枣。著名教育家陶行知先生说过：“我以为好的先生不是教书，不是教学生，乃是教学生学。”学生一旦培养起自学能力，当前中学教育的两个非常突出的问题：“厌学问题”与“后劲不足问题”均可迎刃而解。因此，要改变传统的“学生被老师牵着走”的做法，创设“学生被问题牵着走”的情境和程序，要由学生自己跳起来“摘果子”。让学生获得成功体验,从而激发和保持学生的学习兴趣所取得的成效,远大于教师高超的教学艺术和丰富多彩教学内容的感染。

误区 5:只顾学生听“懂”,不顾学生学“会”;只顾学生“知道”,不顾学生“得道”。

剖析:在教育教学活动中,常常出现这样的现象,学生课堂上听懂了,但课后解题特别是遇到新题型便无所适从。这说明学生听懂是一回事,而达到对所学知识的切实掌握是另一回事,波利亚说得好:“教师在课上讲什么当然重要,然而学生想什么更是千百倍的重要,思想应该在学生脑海中产生出来,而教师仅仅应起一个助产婆的作用。”仅就例题教学而言,如果不能很好地发挥例题的榜样及培养能力的功能,很多教师只注重娴熟地解题,没有充分暴露自己分析问题的思维过程,学生悟不出解题思路及技巧。以《算法初步》为例,教师在讲解该章内容时,直接给出的计算机专家编写的程序往往越优秀就越不利于学生学习,因为“最优”的程序设计虽然学生能看得懂,但在初始阶段绝对不是学生一下子就能学会的,此时的学生面对这种“完美”就只有“欣赏”的份！还不如稚化自己的思维过程,带着学生一起对他们自己设计的“程序”进行充分的质疑与反复的修修补补——教师只有亲眼看到学生的“初原”思维过程,才可能增强教学的针对性与螺旋上升原则,自觉回避“一步到位”;学生只有亲眼看到教师暴露的“初原”思维过程,才可能跟得上思考!

结论:回避学术报告式的完美讲解,稚化自己的思维过程,为学生思维过程的顺利对接或同化做好铺垫。一个成熟的、优秀的数学教师,不但要善于教授陈述性知识和程序性知识,更要善于教授策略性知识,将自己内隐思维活动的调节、控制过程展示出来,使学生能仿效,即学会思考和分析问题的方式和方法,养成良好的思维习惯和较强的逻辑推理能力。当然,学生看明白了也不一定真的“会”,能够写出来、能够给别人讲明白才是真正“会”。经常去了解学生现有的知识水平和思维习惯,问问学生,对数学学习的感受，借助学生的眼睛看一看自己的教学行为，是促进教学的必要手段。

误区6：只顾认真教，不管学生学。

剖析：学生做题如同学习“游泳”。听教练讲“游泳”是懂的，要学会游泳还需要到水中去练习一番，把游泳要领跟水中动作结合起来，呛几口水也是常事，只有经过反复的实践与独立地体验，才能获得在水中的自由。做题也是这样，需要学生自己下功夫反复的练习与反思。而我们的很多课堂，上课教师准备充分，教学也很投入，有时甚至讲得满头大汗，但学生无动于衷，出现了“剃头挑子一头热”的现象。其实教师的“积极”不能代替学生的主动参与，讲解例题时教师也要有所为有所不为，课堂上适当地“闭嘴”，通过教师的“静”促进学生的“动”，并告诉学生成功的希望往往在于自己再坚持一下的努力之中。

平时在备课时，要注意不仅要备知识，把自己知道的最多、最好、最生动的东西给学生，还要考虑如何引导学生参与，应该给学生一些什么，不给什么；先给什么，后给什么；以什么样的形式能给他带来最大的思考空间；怎样创设问题情境？怎么提问？在什么时候、提什么样的问题才会有助于学生认识和理解基本概念、掌握基础知识，等等。

结论：加强对学生课堂笔记的做法指导。教师讲课时，学生应以听为主，不提倡学生边记边听，甚至以记为主以听为辅。在实际教学中存在一种普遍现象：笔记做得越好的学生数学学得越差！为什么会出现这样的情况？因为只知道记笔记的学生，在老师让他们思考第二道题的时候，他们往往还专注于抄第一道题的笔记，而在老师让他们思考第三道题的时候，他们往往还在做第二道题的记录。这样的学习，怎么谈得上思维的发展呢？

然而“只学不记一阵风，只听不录一场空；不懂笔墨不读书，好记性不如烂笔头”。故可在一节课的主题内容研究完后，在返悟整堂课的收获的同时，指导学生借助具体实例做好简单的笔记，形成书面材料，以加深理解，但笔记切忌长篇大论，以防给学生增加学习上的心理负担。

误区 7:“包办代替”。

剖析:在问题解决过程中,特别是新知识生成和发展的过程中,教师包办代替学生活动的现象普遍存在。教师常常代替学生的思维活动,特别是出“主意”、想“点子”,代替学生动手实践活动,学生缺少独立解决问题的机会。这既剥夺了学生思维锻炼与能力发展的机会,而且会造成学生“听起来津津有味,做起题来什么也不会”的窘况,还会造成学生学习责任感的缺失:“我的数学没学好,主要是由于老师讲得不好。”

结论:尊重学生主体,还课于生。

误区 8:投生所好,根据学生做错人数的多少决定讲解的详略程度。

剖析:一般教师在讲评试卷时,对做错人数越多的题讲解越详细。“做题不在多,理解则灵;难度不在大,有意才行”,而偏题、怪题往往需要花大量的时间和精力才能弄懂,但稍加改变就又不会了,还不如将这些时间和精力用于研究怎样使知识的运用更加灵活自如,怎样使思维更加敏捷节省解题时间等课题。即使是没有超纲的难题,由于学生错得太多,有时正好说明学生还没达到这种水平,一时学生不可能理解透,也不必详讲。“有所不为”是为了集中时间和精力更好地“有所为”。很多教师在讲评试卷时,做错人数越少的题讲评越少。其实重要的类题亦该详讲。有些典型试题,虽然简单易解,但内涵丰富,若能深入挖掘,善加变化,往往能举一反三,达到以例代类的效果,也就是我们经常说的通过做一题达到会一类,甚至知一片的目的。

结论:不是学生要什么就补什么,而是学生缺什么才补什么,缺多少才补多少。

误区 9:“以点带面”式的课堂提问。在课堂教学中,当教师提出问题后,由于问题较难,具有很大的挑战性,所以一时间,绝大多数学生都没能很快找到解决问题的思路,仅有个别学生找到了解决问题的方法,这时教师请个别学生在全班范围内表述他们的解决方法。

剖析：课堂提问是一种经常使用的教学手段和形式，是教师与学生之间信息的双向交流。有效的教学在于形成一种使学生似懂非懂、一知半解、不确定的问题情境，在矛盾、疑惑、惊讶中引起学生的求知欲和学习兴趣，产生学习的愿望和意向。为使学生能顺利的回答问题，教师要提供学生必要的智力背景和情景，给学生创造一定的作答条件。或做知识铺垫；或启迪学生根据已知的去开拓未知的；或进行示范讲解，教师"举一"，令学生"反三"，实现学习的迁移。这样给学生一个"支点"，让他们用"杠杆"把"地球翻转过来"。课堂上，问题的价值在于引发学生的思考，引导学生向自己的能力极限挑战，从而使学生的思维能力得到发展。如果一个富有思考性的问题，在没有被更多学生理解和思考之前就被个别学生解决了，那么，这个问题就没能对其他学生的能力发展起到促进作用。

结论：常言道"学起于思，思起于疑，疑解于问"。课堂提出的问题需要教师在备课时进行精心设计，构思巧妙的问题能够激活学生的思维，启发学生去探索，去发现，从而获得知识。反之，则会使学生厌烦。因此，教师在设计问题时要力求精当，"精"指的是精炼扼要、言简意赅，"当"指的是得当，所提问题要恰是重点、难点；同时，所提问题还要紧随所学关键内容，紧扣主题，以点带面，对课程的主要内容进行充分概括。总之，教师在备课时应进行充分的准备，做到适时适度，灵活多样。

**误区 10：课堂上常见的"五个忍不住"：学生还没想，教师忍不住就讲了；学生还在思考，教师忍不住就提示了；学生答错，教师忍不住就讲出来了；学生答对了，教师忍不住立即表扬起来了；时间不够，教师忍不住讲完了。**

剖析：在我们的课堂上，课堂替代现象无处不在。一节课不发生课堂替代是不现实的，一位教师在教学中不出现课堂替代几乎是不可能的。既然无法完全消除课堂替代，教师所做的努力就要尽量减少课堂替代，把课堂的阅读权、提问权、思考权、表达不同意见权等，无条件地还给学生。这样，教师就能更好地了解学生，更清楚地知道谁学习有困难，谁能迅速地掌握学习内容并可从一些额外的挑战性工作中受益。进一步,教师还能了解学生的生活,并有机会确认他们需要帮助的点在哪里,或者识别和跟踪他们潜在的问题。

**结论:还课于生。**两点之间最短的距离并不一定是直线。我们做事情会碰到很多困难和障碍,有时候我们并不一定要硬挺、硬冲,我们可以选择有困难绕过去,有障碍绕过去,也许这样做事情更加顺利。为了实现高效教学,减少课堂替代是全体教师的必经之路。

**误区 11:注重一招一式的解题经验、技巧和题型的积累,忽略解题规律和数学思想方法的提炼与总结,忽略数学精神实质的挖掘。**

**剖析:**为什么很多学生只适合读初中或只适合读高一、高二,一到高三就不行了？因为他们的知识与方法都是凌乱的。一叶障目,法到用时方知乱。学生个人的书弄乱时还好找,但图书馆的书都乱堆在一块就难找了。而解决这一难题的方法就是深入一类典型问题的精神实质,引导学生体会、归纳总结其中的精神实质与思想方法,典型方法要如数家珍、如探囊取物。

**结论:只有教师跳进题海,才能帮助学生跳出题海。**"问渠哪得清如许,为有源头活水来。"教师是知识的先行者,更是学习的先行者,它是教师的职责之所在,也是教师提炼解题规律和数学思想方法的前提。

**误区 12:"用时间不够"或"运算量大"掩盖"思维能力差"。**

**剖析:**师生用运算量大来掩盖思维能力差！每次考试后常听到考生遗憾地说:"计算量太大而没来得及完成计算"或"我粗心算错了"。越来越多的教师也感叹学生的计算能力下降。从不反思学生思维能力差——也可能从没意识到还有这个问题存在。运算能力是指学生在有目的数学运算活动中能合理、灵活、正确地完成运算活动的个性心理特征,它不是简单的加减、乘、除计算,而是与观察能力、记忆能力、理解能力、思维能力、联想能力等有关的由低级到高级的综合能力。思维能力是数学能力的核心,可以说,没有思维就没有数学能力,而培养和提高学生的运算能力又是学生发展其他数学能力以及学习其他学科知识的基础和前提。作为一种智力活动过程，运算过程与思维活动是密不可分的，运算能力是逻辑思维与具体的运算和技能的融合，究其实质，运算能力乃是逻辑思维能力的一部分。

结论：发展思维能力是提高运算能力的根本。注重数学思维活动的教学，是发展学生思维能力，提高学生运算能力的根本。

**误区13：师生都将出错原因归结为运算——运算量太大而导致计算失误或隐性“时间丢分”，教师也越来越多地感叹学生的计算能力下降。（理解与应对的偏差）**

剖析：很多师生都肤浅地认为失分的根源是计算量太大而没有来得及算，或粗心算错了，而忽视对运算能力的核心——运算的合理性的研究。其实，合理选择运算途径不仅是运算速度的需要，也是运算准确性的保证。运算的步骤越多，越繁琐，出错的可能性也会越大。因而，根据问题的不同条件和特点，合理选择运算途径是提高运算能力的关键，灵活地运用公式、法则和有关的运算律，尤其是数学思想方法，可以简化运算，提高速度，要掌握同一个问题的多种运算方法和途径，并善于通过观察、分析、比较，做出合理的选择。因此，高考对运算能力的考查中包括了对思维能力的要求以及对思维品质（如思维的灵活性、敏捷性、深刻性）的考查。

结论：(1)注重“给题选法”训练。在学生学习数学的过程中，计算能力的高低会不同程度的制约着其他能力的培养和形成。学生往往会因为计算过程中的某个环节的失误，而导致整个解题过程前功尽弃。高三复习的常见模式是知识、方法再现——例题示范——学生模仿练习，注重“重温知识、给法解题”。因此，应转变复习方式，以“给题选法”为主，给出题目，不提示用什么知识和方法解决，创设情境让学生多去思考和体验，提高运用所学知识和方法的能力，提高分析问题、解决问题的能力。

(2)加强算理研究。“思路诚可贵，计算价更高。”高考中，很多考生在遇到运算量较大的题目时，不讲策略、不理性思维、不去寻求更好的解法或算法。其实解法的差异，速度的差异，正体现了学生不同层次的思维水平，优秀学生的错误往往出现在脑子中，同时又消灭在脑子中，而一般同学的错误往往一开始就直接出现在卷面上。因此，加强算理研究有利于快速提高学生计算能力与考试成绩。

新课改是改变自己教学风格的一个良好契机！在教改过程中不迷信、不迷失、不自大。虽然我们会接触许多先进的教育理念，但绝没有适合任何学生的教学方法。在实际教学中，要根据自己的教情、学情，批判地吸纳集体生成的智慧，修正原先的教学风格，特别是自己不曾觉察的固有偏好。对本文列举的偏好有则改之，无则加勉。

# “用教材教”的常见误区与教学建议

数学教材是数学知识的载体，是学生在教学过程中的认识对象。数学教材是通用的、共性的，同时又具有简约化的特点。教材不是完美无缺的，有的课时内容由于篇幅的限制，不可能提供详尽的学习材料，也不能呈现完整的教学过程，当然也就很难反映知识形成的全过程。有的教材侧重于数学知识的传授和积累，侧重于数学技能的训练，忽视数学思想方法的培养，其呈现的是一个知识的静态结果，而没有体现知识形成的动态过程。所以，对于教材，教师绝不能照搬照套，不要被它所提供的学习材料所束缚，而应在深入钻研教材的基础上，根据教材内容，遵循课程改革的新理念主动驾驭教材，合理调整教材，对教材进行教学法的加工。

在“用教材教”时，我们既要尊重教材，又不局限于教材。然而，创造性地使用教材也给老师们提出了更高、更严的要求。在实践中，我发现老师们创造性地“用教材教”还是存在一些误区，这些需要我们在今后的实践过程中去改进，并继续探索。

误区 1：不研究训练系统，想当然地不讲或快讲教材例习题，以便节省时间补充大量课外例习题。

剖析：数学教材通常是由正文、例题和习题三部分有机组成一个完整系统。数学教材中的习题一般包含练习题、习题、复习题等。例习题是数学教材的重要组成部分，教材中的例题→练习题→习题→复习题构成了有效巩固数学知识的训练系统。

训练系统有着巩固和深化新知、综合运用新知、领悟数学思想方法、诊断反馈等功能。无论是学生数学概念的形成、数学命题的掌握、数学思想方法和技能技巧的获得，还是学生智能素养的培养和发展，都必须通过训练系统的解决来实现。训练系统配备得好不好，直接影响到学生学习质量的高低。教材编写者们对训练系统十分重视，通常会由非常有经验的教师、教育专家编写。编写时也会考虑很多，比如怎样设置习题的难度才能适应不同层次学生的需要，怎样编拟例习题才能有效地促进学生的数学学习。

如果教师在使用教材的时候，不重视教材的训练系统，不仔细研究每一道例习题，仅凭个人经验，想当然地不讲或快讲教材例习题，是得不偿失的。

**建议**：教师应重视教材的训练系统。用教材教训练系统时，要有全局观、整体观和系统观，站位要高，对教材训练系统的理解要准确。可从训练系统“四性”（即科学性、基础性、典型性和层次性）出发，突出“四个有利于”（即有利于落实教材的基础知识、有利于发展学生的认知规律、有利于教学的弹性展开和有利于不同学生使用的长久性），着重体现“四个统一”（即训练系统的知能要求与教材的内容呈现相统一、训练系统的层次结构与学生的认知结构相统一、训练系统的育人功能与学生的智能发展相统一和训练系统的潜在开发价值与学生的心理发展特点相统一），努力做到“不走极端而到达光辉顶点”。

我曾以人民教育出版社（A版和B版）、北京师范大学出版社、江苏教育出版社、湖南教育出版社、湖北教育出版社等六个版本的高中数学教材的训练系统进行比较，主要从训练系统的配置（数量、类型）比较、难度（难易程度）比较和层次（习题和例题的难度差异及习题内部编排的层次性）比较等三个维度来统计数据，依次推断6套高中数学课标教材训练系统配置情况、难易情况等，再结合本地区、本学校、本班级的实际情况，对新教材中的例习题作出适当的调整，以期最大限度的发挥不同版本教材的优势。

**误区2：随意改变教材，为改而改。**

**剖析**：有效教学，指的是教学要有利于调动学生学习积极性、主动性，有利于学生学会学习，能够在单位教学时间内取得最好的教学效果。教师应把有效教学作为创造性地使用教材的出发点，一切围绕目标教学，在培养学生的创新意识和实践能力上下功夫。应杜绝任何浮华的形式，绝不能为改变教材而改变教材，一定要在深刻理解教材的基础上进行，因为教材毕竟是一些专家和优秀教师们费尽心血编写、并经过教育部审查通过的，其系统性、条理性、科学性都很强。例如，人教社 2019 年版新课标教材《数学 • 选择性必修 • 第二册》第五章中关于“导数的计算”，需要学生熟练掌握的公式与法则较多，为了突破这一难点，许多具有多年教学实践的教师结合学情，总结出很多口诀或规律，帮助学生快速掌握求导公式与法则。但这种掌握仅仅停留在对公式或口诀的机械套用上，学生不知道为什么要这样做。现代教学观认为：“数学应该是做出来的数学——作为活动，它是动态的、可创作的，结论或操作程序是未知的。”因此，应在保持教材基本模型的基础上，进一步引导学生理解其内涵，即对通过计算获得的结果，需要对其从物理意义及数学意义两个方面进行解释。而且由于导数公式及导数的运算法则没有证明的过程，所以需要对形似的公式进行辨认、比较异同。要恰当地选择不超过课标要求的典型练习进行针对练习，在学生练习过程中出现的错误要帮助其诊断，促其获得正确的认识，并加深对易混、易误的公式的认识，达到掌握的目的。

**建议：理解不了的，应在尊重教材的基础上组织教学。**面临要讲的教学内容，若一时理解不了，我们一线教师不可能“跳过这节不上”或“等理解后再上”，数学知识之间的逻辑联系会“迫使”我们主动想办法，创造性地使用新教材！

比如，人教社 2019 年版新课标教材使用单位圆定义任意角的三角函数，“单位圆定义法”突出了三角函数最重要的性质（周期性），具有如下优点：①简洁。“终边定义法”需要经过“取点——求距离——求比值”等运算步骤，对应关系不够简洁；“比值”作为三角函数值，其意义（几何含义）不够清晰；“从角的集合到比值的集合”的对应关系与学生熟悉的一般函数概念中的“数集到数集”的对应关系不一致；“比值”的周期性变化规律也需要经过推理才能得到。②直观。“单位圆定义法”以单位圆为载体,自变量 $\alpha$ 与函数值 $x$,$y$ 的意义非常直观而具体,单位圆中的三角函数线与定义有了直接联系,从而使我们能方便地采用数形结合的思想讨论三角函数的定义域、值域、函数值符号的变化规律、同角三角函数的基本关系式、诱导公式、周期性、单调性、最大值、最小值等。③有用(工具)。“单位圆定义法”使三角函数反映的数形关系更直接,为后面讨论三角函数的性质和图象奠定了很好的直观基础。不仅如此,这一定义还能为“两角和与差的三角函数”的学习带来方便,因为和(差)角公式实际上是“圆的旋转对称性”的解析表述,和(差)化积公式也是圆的反射对称性的解析表述。

其实,“终边定义法”突出了“任意角的三角函数”的“比值关系”这一本质,也有一些优点:①问题性与联系性。从初、高中三角函数内容的衔接上讲终边定义法学生易接受。初中锐角三角函数的定义是用比值定义的,且与直角三角形的大小无关。到了高中,角的概念已扩展到任意角,工具是直角坐标系。只是研究工具发生了变化,突出了角终边取点的任意性,突出形式,即:$\sin\alpha=\dfrac{y}{r}$,$\cos\alpha=\dfrac{x}{r}$,$\tan\alpha=\dfrac{y}{x}$。这个过程我们认为较好地保持了知识的连贯性,使得内容前后衔接自然。学生思维可随着问题的层层深入而得到激发,并指向明确,突出了从特殊到一般的抽象思维过程。“单位圆定义法”割裂了这种联系,给人的感觉是“天上掉下的林妹妹”,让学生的思维失去了“联结点”。②思想性。数学本质要有利于激活数学思想。如同一个点的极坐标与直角坐标的互化公式:$x=\rho\cos\theta$,$y=\rho\sin\theta$,很简洁。如果不用任意角三角函数的终边定义法,那么这个关系就不好得出。又如辅助角公式,怎样想到从式子 $3\cos\varphi+4\sin\varphi$ 中提出 5,得出 $5\left(\dfrac{3}{5}\cos\varphi+\dfrac{4}{5}\sin\varphi\right)$的呢?追溯思维来源,其实是任意角三角函数的终边定义,(3,4)(也可以是(4,3))是角 $\varphi_0$ 的终边上的一点,此点到坐标原点的距离是 5。如果任意角的三角函数不是用终边法定义的,这类题就不好解,也就是说上面例题的难点就不好突破,弄不清 $3\cos\varphi+4\sin\varphi$ 中为什么要提出因数 5,也解释不了

$\cos\varphi_0=\frac{3}{5}, \sin\varphi_0=\frac{4}{5}$。

学术本该允许百家争鸣,关于任意角的三角函数的“单位圆定义法”与“终边定义法”的争论有很多,但本人觉得没必要走极端。我在教学时,两种方法都讲,并强调每种方法的优点,这样有利于学生从多个不同的角度理解知识。可能有人会说:“你这不是既增加课时,又增加学生负担吗?”笔者的教学风格就是不要学生预习(因为我认为学生知道了你设计“问题链”的所有答案,也就失去了“探究”的激情与锻炼的机会),笔者往往按自己的理解讲完教学内容后,再让学生看课本,以获取另一个角度(方式)的解释,这样一讲一看一理解,既不占用太多课时,学生又能从两个不同的角度加深对数学的理解。处理好数学课改中的各种矛盾关系,把握平衡不走极端而到达光辉顶点,是一门教学的艺术。

要把是否有利于有效教学作为创造性地“用教材教”的出发点。为了体现教学的有效性,我们在改变教材时,首先要问一问自己:我这样改变是不是比原来好?我这样做,教学是不是更有效?在没有深刻理解教材编写意图的情况下,不要轻易改变教材。离开教学目标来谈创造性使用教材,是忽视教学的实效性,好比是在射“无的之箭”,甚至会有负面影响。科学地使用教材,就要在简单、实用上下功夫。

误区3:在一些老师们的观念中认为创造性使用教材就是要改变教材的情境、例题、练习,但在改变时,往往只注意了一些形式的问题,而把数学本质的东西丢弃了。如有的教师在教学时,只是改变了教材中的情境,教材中的数字信息没有改变,造成了创设的情景与现实不符的现象。虽然教师为了创设情景而煞费苦心,却忽略了科学性,忽略了数学本质的东西,出力不讨好。

剖析:创造性使用教材不是仅仅改变一些表面的形式上的东西,而是一种观念上的更新。我们应该在观念更新的基础上,用正确的理念去指导我们的教学,去有目的的创造性使用教材。例如,人教社2004年版新课标教材《数学・选修2—2》中“导数概念”一节,以往的教材在编排上从极限概念开始学习,把导数作为一种特殊极限来处理,由于教学的重心被难以理解的极限定义牵扯，微积分教学实际上走进了机械的、操作性规则的教学误区，忽视和影响了微积分思想方法的理解。缺乏背景材料、远离社会实际、抽象枯燥的微积分变成了师生沉重的负担。于是有的教师在教学中补充了大量的生活实例，而忽视导数概念的建立基于“无限趋近”的过程，这与初等数学所涉及的思想方法有本质的不同。除了要借助学生生活经验外，还应在教学中，使用多彩的呈现方式：①数值逼近；②解析式抽象；③几何直观感受。并通过“问题串”引导学生用心体会“无限趋近”的内涵是“量变到质变”“近似与精确”的哲学原理。让学生通过观察、实验、类比、归纳、抽象等数学活动体验“极限的过程和思想”，引导学生经历“由平均变化率过渡到瞬时变化率的过程”。“平均到瞬时”的过程就蕴含了无穷逼近的思想，正是这种思想让我们“一箭双雕”，既建立了导数概念，又找到了计算的方法。

**建议：与具体情境不符的时候，也可进行创造性的加工整合。**创造性地加工改造教材是教学内容与教学方式综合优化的过程，是课程标准、教材内容与学生生活实际相联系的结晶，是老师智慧与学生创造力的有效融合。只有创造性地加工改造教材，才可能实现教学内容与教学方法的完整统一，才能使教材的普遍性同本地区教学实践的特殊性实现有机结合，才能最大限度地满足学生对学习内容、教学方法的需求，充分调动教学双方的积极性、提高教学效率。**加工整合的原则是：引例、例习题的尽可能等价（目标）替换，相通问题可以归类整合。**

例如，人教社 2004 年版新课标教材《数学 · 必修 1》中“函数的概念”一节给出了三个实例引出函数定义：(1)斜上抛运动的炮弹；(2)臭氧层空洞问题；(3)“八五”计划以来我国城镇居民恩格尔系数变化。这三个实例能否用“股票价格曲线”“某生历次测试数学成绩表”“银行利息表”等替换？

教材中给出的三个实例是函数的三种表示法（解析法、图象法、列表法）的典型代表，不仅如此，这三个实例还分别渗透了国防问题、环境保护（低碳经济）、国民生活质量提高这三个方面的情感态度与价值观。显然比股票价格曲线，班上某生历次考试数学成绩表更高雅，但后面这些例子并非一无是处,若是面对疲倦欲睡的学生,要想调动其学习热情就可以选用"股票价格曲线"这个实例(若能求出股票价格的解析式,那就成了超越巴菲特的股神!)若是想当众表扬某位学生,就可选用"该生历次测试数学成绩表"这个实例。它们也能加深学生对图象法、列表法的必要性与合理性的理解与体验。

新课标教材所呈现的信息量较过去有明显增加,这是符合学生分层积累知识以构建相对完整的数学知识体系的基本规律,但老师如果只是照本宣科,就会增加教学负担,这也是当前许多高中数学教师抱怨教学时间不够的一个重要原因。因此,教师应该根据新课标教材的具体内容,适当地将一些相关知识点整合起来使用,这样不仅可以节省时间,也可以提高效益。例如:人教社 2004 年版新课标教材《数学・选修 2—2》中"导数概念"一节,教材使用气球膨胀率和高台跳水这两个例子,由它们抽象概括出平均变化率的数学定义。比较一下这两个例子:高台跳水体现了微积分中的经典问题即速度问题,而且教材直接给出了高度和时间的函数关系式,学生对速度问题又很熟悉,所以这个问题是比较简单的;气球膨胀虽然也是学生非常熟悉的生活现象,但是从这种直观的生活感知(气球越来越难吹)到它的数学描述,是很不容易的。要从数学上说明气球越来越难吹这个问题,可以让学生自由地去思考。学生将此实际问题抽象成数学问题时有这样四个思维层次:①"气球越来越难吹"是一个运动变化的过程,这种变化涉及吹进去的气体,即气球空气容量(体积),还涉及气球的膨胀,即气球半径。②"气球越来越难吹"实际上就是当气球膨胀的增长量相同时,需要吹进去的气体会越来越多;也可以解释为,当吹进去的气体相同时,气球膨胀越来越慢,即气球半径的增加量越来越小。③如果从数学上说明,那就是写出气球中空气容量(体积)和气球半径的关系式,然后计算一下,看看是否如此。④选择②中两个解释角度中的一个,教科书选择的是后者。如何充分发挥这个例子的作用呢?可以整合教科书对于这两个例子的安排,就用高台跳水引入平均变化率的定义和符号表示,然后介绍其几何意义,最后将气球膨胀率作为平均变化率的一个应用。这样,既能避免由于气球膨胀问题本身的复杂性导致的困难,干扰平均变化率定义的学习,又能充分发挥其价值,培养学生将实际问题抽象为数学问题的能力以及认识到平均变化率的应用。

**创造性地使用教材,要考虑知识的科学性。**我们应该树立简简单单教数学的理念,摒弃一些形式上的东西,抓住数学学科本质的东西,继承传统教学中的一些好的做法,大胆改革创新,为实现师生高素质,教学高质量而努力。

误区4:**有些教师认为创造性使用教材的时机仅仅限定在新授课,或者是课堂的开始环节。**

**剖析:**教学是一种沟通、一种合作、一种对话、一种交往。教材不是唯一的课程资源,教师不能只成为课程实施的执行者,更应该成为课程的建设者。新的课程观要求我们每一位教师要关注学生发生的变化,关注师生关系发生的变化,用更加科学更加创新的方法用好手中的教材,用活手中的教材,也就是创造性地使用教材。合理的对教材进行创新、重组、改编,这是教师智慧的一种体现。创造性地使用教材的一个终极表现就是开创适合自己班级的、有特色的教学。因为一个富有创造性的教师,一定有其独特的教学风格。有效地利用自身及学校、班级的特点,形成适合自己班级的、有特色的教学是优秀教师的共同追求。

**建议:创造性使用教材要把握好时机。**创造性使用教材并非仅仅限定在新授课,或者是课堂的开始环节。在练习课中,在一节课的任意一个环节,我们都可以通过匠心的设计,对教材进行开发,使教材内容在我们的设计中散发出它独有的魅力。

误区5:**很多教师认为创造性地使用教材,就是要无限制地开发、创造、超越教材,却忘了把尊重教材、理解教材作为创造性地使用教材的前提。**

**剖析:**教材只是教学理念的文本体现,是师生交流的"话题"、引子,是学科内容全面、稳定、序列、准确的载体。它需要每一位教师去认真研读、感悟、领会教材的基本精神和编写意图,把握教材所提供的基本线索,分析教材所渗透的数学思想方法。只有这样,才能体会教材中所蕴含的教学理念。也只有在真正弄懂教材编写意图和明确把握教学目标的基础上,才谈得上创造性地处理与整合教材。

例如,《相互独立事件同时发生的概率》第二课时,有这样一道例题:“甲、乙、丙三人独立地破译一个密码,他们能译出密码的概率分别为0.3,0.4,0.6。若三人合作,求密码被译出的概率。”根据本节课的教学内容,这样设置本身无可厚非。但考虑到概率是新课程下数学教材中涉及的一个重要的知识点,它密切地联系生活与现实世界,如果我们将这个问题情境按如下方式适当地生活化,其教学效果又如何呢?

“有句谚语说,三个臭皮匠顶个诸葛亮,能顶上吗?下面,我们从数学的角度去思考和解释:假设诸葛亮解出问题的概率为0.8,三个臭皮匠独立解出问题的概率分别为0.3,0.4,0.6,那么三个臭皮匠合作解出的概率与诸葛亮单独解出的概率比较,哪个大?”

该问题情境从学生熟悉的生活情景出发,使学生有机会从数学的角度去理解、去感受数学的趣味和作用,逐步让学生学会运用数学的思维去观察、分析、解决日常生活中的问题,能达到更好的教学效果。

**建议:认真钻研教材,是创造性地“用”教材的前提。**教师不能把教材全部抛开,要坚持尊重与创新相结合的原则。在精读教材、细研学生的基础上,既要尊重教材,又不拘泥于教材,灵活地、创造性地“用好”教材,实现教材的再创造与二次开发,为提升课堂教学的生命性提供可能。

**误区6:有些教师依据自己的特长与偏好创造性地拓展新课标教材的相关内容,而无视学生原有的知识基础、生活经验和学习经验,造成教与学的游离,甚至教学重心的偏移。**

**剖析:**学生是课堂教学构成中最重要的基本要素。保尔·朗格朗认为:“教育的真正对象是全面的人,是处在各种环境中的人,是担负着各种责任的人。简言之,是具体的人。”教师在设计教学之前,应充分地了解学生的当前状态、潜在状态和发展可能,先明确哪些内容是学生已经知道的、哪些内容是学生更感兴趣的、哪些内容是学生难以理解的、哪些是难于记忆的、哪些是容易被忽略的、哪些是容易混淆的,再来考虑如何恰当地运用教材,真正发挥课堂教学的意义,促进学生的真实发展。那么,教师对学生进入课堂的"当前状态"究竟如何掌握?如:对于今天要教学的知识内容,学生已经了解了哪些,了解了多少,学生已经有了哪些与教学内容有关的生活经验,又是怎样的经验,哪些是学生还没有接触到的,等等,教师往往知之甚少。因此,为了使每一个学生在原有的基础上都得到发展,教师首先需要了解和研究学生学习的当前状态、潜在状态与发展可能。事实上,现在科学技术的发展以及传媒和网络的无处不在,使学生获取知识与信息的渠道变得广泛且便捷,学生的视野和生活阅历也因此而拓展,变得丰富。有了对学生学习的当前状态、潜在状态和发展可能的充分了解,教师在教学中就不会根据昨天的教材去教今天的学生,而是努力开发学生的基础性资源,并使这种资源得到充分的利用。当然,也不会只根据学生的今天去判断和决定他的明天,而是努力开发学生的潜在可能,并使这种可能转变为现实。

例如,人教社 2004 年版新课标教材《数学·必修 4》§1.6 例 3:"如图,设地球表面某地正午太阳高度角为 $\theta$,$\delta$ 为此时太阳直射纬度,$\varphi$ 为该地的纬度值,那么这三个量之间的关系是 $\theta=90^\circ-|\varphi-\delta|$。当地夏半年 $\delta$ 取正值,

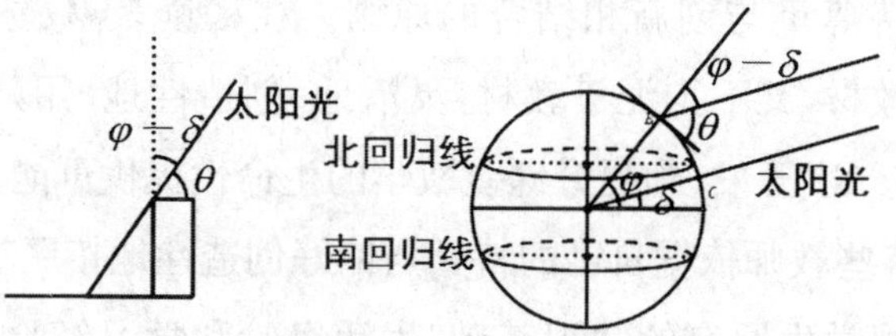


冬半年 $\delta$ 取负值。如果在北京地区(纬度数约为北纬 $40^\circ$)的一幢高为 $h_0$ 的楼房北面盖一新楼,要使新楼一层正午的太阳全年不被前面的楼房遮挡,两楼的距离不应小于多少?"本题是研究楼高与楼在地面的投影的关系问题,是将实际问题直接抽象为与三角函数有关的简单函数模型,然后根据所得的模型解决问题。需要在复杂的背景中抽取基本的数学关系,还要调动地理等相关学科知识来帮助理解问题。这道应用题的背景过于复杂,具有"大情景、小数学"的嫌疑,而且学理科的学生较难理解,我们可以根据教学对象

换成更合适的例子。

**建议：深入了解学生，是创造性地“用”教材的基础。**教师不仅需要具备驾驭教材、处理教材的能力，还要有根据教材内容及结合学生特点对教材进行加工的能力，这样才能创造性地“用好”教材，达到最佳的教学效果。

教材是落实课程标准和实现教学计划的重要载体，也是教师进行课堂教学的主要依据。实际上，教材到课堂教学之间还存在着一段距离。教师应在熟悉新课标、吃透教材的基础上灵活而创造性地“用教材教”，成功跨越这段距离，使教材能充分有效地为教学服务。

# 情境创设的常见误区

情境认知理论主张教学应创设以学习者为中心的问题情境。有效的数学情境能赋予数学学习以生活情趣,既能拉近数学知识与学生之间的距离,又能将学生引入一种渴求参与的状态,使学习毫无外部强加或者强迫的痕迹。将一勺盐放在你的面前,无论如何你都难以下咽。但当将这勺盐放入一碗美味可口的汤中,你在享用佳肴时,就将这勺盐全部吸收了。情境之于知识,犹如汤之于盐。盐溶于汤中,才能被吸收;知识需要溶于情境之中能显示出活力和美感。从某种意义上来说,教学设计过程就是情境创设的过程,就是让学生在现实的情境和已有的生活、知识、经验的基础上,学习数学、感悟数学和理解数学。良好的教学情境的创设,能激发学生的学习兴趣,并为学生提供良好的学习环境。但在我们的实际教学中,由于诸多原因,情境创设往往“变味”,失去了应有的价值。

**误区 1:把“与生活相联系”等同“原生态的生活情境”,陷入空洞浮泛的误区,使学生茫然失措。**

剖析:作为沟通学生经验世界与数学世界的桥梁,情境创设在“激发学生兴趣,促进学生有意义地理解数学”方面发挥了重要作用,也有利于培养学生的观察力和初步解决实际问题的能力。情境认知理论认为教学情境具有真实性,只有在真实的学习情境中学生才能切实弄明白知识的价值。但不少教师误以为真实的学习情境就是把原生态的生活情境原原本本地搬进课堂。许多真实的生活情境中,大量色彩鲜艳、情节动人的情境在使学生兴奋不已、流连忘返的同时,也给学生的学习带来了消极的影响:或喧宾夺主,偏离了预定的目标;或乱花迷眼,迷失了数学的方向……这种纷繁复杂的信息刺激很容易使学生的观察不能聚焦，思考迷失方向。

心理学研究表明，一堂四十分钟的数学课，前十八分钟是教学的黄金时间。若将问题情境等同于纷繁复杂生活情境，宝贵的课堂教学时间就有可能游离于课堂教学内容之外，从而大大降低课堂教学的效率。教学世界和生活世界是不能混同的，如果要把生活情境搬到课堂中来就必须先赋予这一情境以教学意义。原生态的生活情境应经过改造才能为教学所用，只有这样才能使生活情境具有清晰而丰富的教学意义。

为了防止学生由于年龄特点会过分“纠缠”于生动愉悦的具体情节而“流连忘返”，教师应充分考虑情境为教学重点服务，充分发挥自己的主导作用。教师要把数学自身特点与学生学习数学的心理规律有机结合起来，在进入规定情境之后，把握时机，尽早将情境与数学内容结合，尽快导入到数学中来，引导学生敏锐地从普通的事例中捕捉到数学信息，剥离与数学本质无关的一些属性，凸显数学的本质。

数学与现实生活有着千丝万缕的紧密联系，它源于生活，寓于生活，但又高于生活。生活化情境应作理性分析和有机选择，让典型的、有利于学生探究的生活情境来为教学服务。同时数学作为一门严谨的科学，以其高度的抽象性和严密的逻辑性与现实生活保持着一定的距离。数学绝不是简单地等同于生活，而应高于生活。数学情境作为沟通两者的桥梁，应该“深思熟虑，准确切入”。创设的情境一定要恰如其分，一定要将相关的数学模型以最简洁、最恰当、最准确的“生活原型”呈现出来。

**误区 2:脱离学生生活实际或远离学生最近发展区的问题情境，无法契合学生已有认知水平，打击学生学习的积极性。**

剖析:问题情境的创设应依赖于学生已有的生活经验和认知水平，如果教师创设的学习情境虽然来自现实生活，但是脱离学生生活实际、远离学生最近发展区的问题情境，对学生来说仍是陌生的，也不可能唤起学生的生活经验和知识背景，也就无法让学生借助情境有效地学习。

创设教学情境必须贴近学生生活实际，所谓贴近学生生活实际，也就是学生看得见、摸得着的，可以理解的，能够沟通学生经验、激发学习兴趣的教学情境。教师要善于从生产和生活中选取一些与数学有关、生动形象的实例，能使课本上抽象的知识具体化，让深奥的道理通俗化，从而使学生产生一种熟悉感、亲切感，并很快地把学生的思想集中在教学内容上，起到触类旁通、引人入胜的效果。

创设情境应契合学生已有的认知水平。学生原有的知识和经验是教学活动的起点，在数学情境教学中，教师应根据教学目标和学生认知结构的最近发展区设置数学情境。

好的学习情境是生活经验的浓缩。奥苏伯尔说："如果要我不得不把教育心理学的原理还原为一句话的话，我将会说，影响学习的最重要的原因是学生已经知道了什么，我们应当根据学生原有的知识状况进行教学。"我们应努力打通数学与生活间的通道，充分了解学生的知识现状，积极调动学生已有的生活积累，使学生能充分借助自己的生活经验进行学习。创设出符合学生的生活经验，与学生已有的认知发展水平相适应的数学情境。这样的学习情境，自然生动，有助于学生感受数学与生活的密切联系，认识数学的价值，有助于学生锻炼出敏锐的数学眼光。

**误区3：脱离教学内容而设置的问题情境，是缺乏学科价值的空中楼阁，容易陷入形式主义的误区，使学生厌倦抗拒。**

剖析：数学课堂的主要任务是进行数学领域的教学活动，创设生活情境是为了帮助学生在数学与生活之间架起桥梁，引导学生思考生活中的数学，捕捉、获取、积累生活中的数学知识，使抽象、枯燥的数学具体化、生活化，最终使学生对数学产生亲切感和真实感，感受到数学的趣味和作用，生活化是为了更好地帮助学生进行数学化。有效的情境应该起始于精细的数学认知分析，使情境具有数学对象的必要因素和必要形式（这是一个创作与创造的过程）。如果只注意情境的形式，缺失了数学及其本质（去数学化），就是没把握好情境与知识内涵之间的联系，创设的情境就无法有效沟通生活中的原型与所学数学知识之间的联系，情境就很难真正服务于教学，甚至会造成种种负面影响，好心就办成了坏事。

把问题情境生活化，让学生亲自体验问题情境中的问题，有利于学生理解问题情境中的数学问题。问题情境是为了更好地进行数学学习活动而创设的，任何与学习无关的情境都是脱离教学内容的"外包装"，华丽的外表会掩盖数学的本质。这样的问题情境只会分散学生的注意力，干扰正常的学习活动。

误区 4：只将问题情境当做“敲门砖”，思维的活跃埋没了思维的深度，陷入浮光掠影的误区，使学生浅尝辄止。

剖析：零情景的数学教学、“去两头、烧中段”的数学教学不是高效教学。但创设的问题情境如果没有足够的思维含量，就不能诱发深层思考和探索，学生的智慧便缺少了实实在在的挑战。情境的创设应为完成教学目标服务，不能摆架子，走过场，浮光掠影，似“蜻蜓点水”不求实效。刘兼教授指出：“一个比较好的数学问题情境应该具有衍生性，也就是通过这个情境能够产生一连串环环相扣，由浅入深的问题，现今多数课堂上的问题情境普遍停留在‘敲门砖’的水平。”南京大学郑毓信教授认为“情境设置不应仅仅起敲门砖的作用，还应当在教学的进一步开展中自始至终发挥重要的导向作用，即应当成为相关学习活动的认知基础。”

数学情境应该成为使学生更快、更好、更全面、更深刻地理解数学知识的助推器，“数学味”应浓于“生活味”。有效的问题情境通常分为两个层次：一是自然活泼的情境；二是散发着浓郁数学味。数学情境的有效性始终离不开学生思维的发展，情境创设必须以思维为核心及时实现数学化。在创设教学情境之前首先要把握好教材的意图和本质，然后还要联系学生的实际情况确定是否需要创设情境，应该创设怎样的情境，对情境的呈现时机、形式和内容进行加工。情境就相当于学生思维的“引爆器”——促使他们主动寻找新旧知识的联系，提取原有认知结构中能解决新问题的那部分知识，并将其重组和建构，找到新的问题情境下解决问题的数学思想方法，进而真正内化所学知识，这样的情境创设才是有效的。

综上所述，作为数学活动的组织者、引导者和合作者的教师，必须走出数学情境创设的误区，依靠自身智慧，努力提高各种情境创设的效度，使问题情境的背景信息符合现实场景和学生的心理规律；从学生的知识经验和生活经验出发；以教学目标的有效实施为着力点；以激发学生的问题意识和数学思考、数学创新为价值取向；为学生的自主探究、合作交流提供时间和空间。

# 有效提问的策略

我国著名教育家陶行知说:“发明千千万,起点是一问。禽兽不如人,过在不会问。智者问得巧,愚者问得笨。人力胜天工,只在每事问。”课堂提问是中学数学教学中不可或缺的一个重要环节,是启发学生思维、传授基本知识,控制教学过程,进行课堂反馈的一个重要手段。它贯穿于课堂教学的始终,直接影响着课堂教学的成败。可以说,要实现“有效教学”必先从实现“有效提问”开始。那么,如何提高课堂提问的有效性呢?笔者认为,课堂提问不能随心所欲,应讲究一定的策略。

**一、科学性与启发性并重**

高中数学是一门非常严谨的科学,因此在课堂教学过程中,教师的课堂提问还要注重其科学性。教师要能准确把握学生可能在那些地方产生疑惑,解开怎样的“疑惑”就能推进问题的解决,发问就要问到这样的关键点上,对解决问题起不到关键作用的设问要少设或不设,以免浪费课堂时间。当然,教师要在注重科学性和教学语言准确性的前提下,尽可能地使教学语言更为通俗易懂,降低学生学习的难度。

问题还要有启发性。启发性提问不仅能使学生自己举一反三、开拓思路,有时甚至能帮助教师开拓思路,真正做到“教学相长”。课堂提问,深浅要适宜,在教学实践中,问题设计有两个极端:一是问题大而玄,如检查性提问时,上节课我们讲了什么内容?学生感觉丈二和尚摸不着头脑。不知从何答起;二是同题细而明,学生不假思索,“是”与“非”脱口而出,且一语道破。这两个极端有共同的弊病:不能激发学生思维活动;前者大而玄,无法回答，相对地抑制了学生的思维活动，后者细而明，告诉了答案，学生不动脑更是毋庸讳言，二者都收不到什么好的效果，因此设计问题应紧扣教学重点难点，靠船下篙，让多数学生跳一下就能摘到树上的果子，这样才能启发学生的思维，发展其智力。

**二、问题驱动与搭建平台并重**

强化问题驱动意识，提高课堂教学效率。一堂成功的数学课，离不开良好的探究情境与愉悦的学习氛围。设置合理问题驱动教学，将激发学生的探究欲望。引导学生思考和探索。使学生产生“疑而未解，又欲解之”的强烈愿望。进而转化为一种对知识的渴求，引发认知冲突，激活思维，调动学生的学习积极性和主动性，达到提高课堂教学效果的目的。具体地，设置提问的环节要以“有意义、适度、恰时恰点”的问题引入，要在知识形成的“关键点”上，在运用数学思想方法产生解决问题策略的“关节点”上，在数学知识之间联系的“联结点”上，在数学问题变式的“发散点”上，在学生思维的“最近发展区”内设置具有较好指向性和合理性的问题，给学生提供了独立思考、自主探究、合作交流的平台。

作为教师，如果经常刻板地给学生总结一套一套的解题方法，久而久之会把学生教“死”；作为学生，如果不自我形成总结解题方法的好习惯，那会学傻！章建跃博士曾指出：用题型对应技巧去解题是雕虫小技，无法穷尽；“巧是教不会的，要靠学生自己去琢磨”。因此应该多给学生自主探索的时间与空间；动手解题的机会与平台；合作交流质疑的心里自由与安全；新颖问题阅读自学的场域。同时，应该追求解题的“根本大法”——即基本概念所蕴含的思想方法，突出思想方法指导下的操作：让学生自己进行数学基本思想、数学基本方法的提炼，把遇到的一个个问题都视为新问题，既要解决这些问题而且还能在数学思想和数学方法上加以思考和总结，形成自己的解题经验。

**三、面向全体与因材施问并重**

教学要面向全体学生，充分体现“以学生为主体”的教学思想！由易到难循序渐进地设计一系列问题，引导学生的思维发展，提高学习兴趣。教师在课堂教学过程中还要注意提问时机，最大限度地调动学生的参与的热情与兴趣，让每一位学生都有回答问题的机会，体验成功带来的快乐！课堂提问不能仅限于优秀生，对于不善表达的学生要多提一些基础性的问题；对于思维不够严谨的学生要多提一些影响因素复杂的问题；对于学习自觉性低的学生应提一些启发性的问题；对于一些注意力不够集中的学生要提一些吸引其注意力的问题！特别要考虑学困生的参与面，选择有利于发挥他们特长的问题，争取每节课让大多数学生能有回答问题的机会，更好地激发班级的热情，从而提高教学质量！

提问就是一种平等的对话与交流，只有在学生充分思考之后的交流才是真正的平等。有的老师提出问题就要学生立马回答，会使被点的学生手足无措，而其他同学就成了旁观的“看客”，若问成：“下面提出一个问题，看谁能回答？……”教师也不急于指定谁回答，并留给同学们思考的时间，则全体学生都聚精会神地积极思考。有同学回答问题时，宣布：“其他同学注意听他的回答，看说的对不对，稍后请大家评价后补充。”这样，其他同学都会专心地听。例如，在数学课堂教学过程中，有些问题可能有多种不同的解题方法，教师可以任由不同层次的学生来回答。当学生的答案离问题较远时，教师要引导学生靠近问题的实质；如果问题较难时，教师要学会分解问题、降低问题的难度；如果学生给出的答案不够完整时，教师可以让其他学生进行补充。最后对于学生的学习情况进行及时的反馈，并且引导学生进行及时归纳和总结，为新课的学习做好铺垫。

**四、难易适度与螺旋上升并重**

问题是课堂教学的核心，是思维活动的起点。教师要注意自己提出问题的难易程度，能把学生的思考引到一定深度，那种“是不是”“对不对”的问答不宜多，应多设一些从具体到抽象，从特殊到一般，从外部联系到内部联系的问题，使学生获得系统的数学知识。过于简单的问题，不利于促进学生的思考，并且很容易让学生失去参与课堂教学的兴趣；太过复杂的问题，让学生无法解决，打击学生的自信心，无法保持经久不息的探索心理，从而使提问失去价值。教师应在最近发展区，即知识的“增长点”上，设计让学生“跳一跳够得到”的问题，这样设问有助于原有认知结构对新知识的同化，使认知结构得到补充完善，并最终使学生认知结构中的最近发展区自然而然的得到顺应和同化。也不要在一个水平上盘旋，令学生的思维活动中止，而应通过阶梯式问题，启发学生溯踪寻源，寻求答案，课上学生的思维活动就不至于中止迁移。

以设问形式把解决问题的过程分出阶段，由浅入深，循序渐进，步步逼近结论。每一个子问题都应该围绕核心问题精心设计，来实现特定的教学目标，完成特定的教学任务。问题设计要先易后难，循序渐进，通过一环扣一环的提问，用层层递进的问题搭梯子，引导学生的思维向深度和广度发展。这里设问在于诱导学生去思去想，可不必要求每问必答。

**五、正逆思考与适时适度并重**

正面提问就是指学生在探究数学知识、解决数学问题的过程中理解和掌握数学知识；逆向提问是指从相反的方向来提出假设性的问题，让学生通过自己的对比和思考，最终得出正确的结论。这两种教学方法的交替使用，能够有效促进学生的逆向思维发展，从而培养学生积极活跃的思维能力，使学生在深刻理解数学知识的同时，提高了思维的能力。因此，教师备课时要注意问题的设计、提出问题的技巧以及引导学生回答问题的策略等。

“问题引导学习”是教学的一条基本原则，适时适度的问题链是有效教学的基本线索，有了适时适度的问题，学生有效的独立思考、自主探究、合作交流才能有平台。这就要深入研究如何提问的问题。适度，就是提问要把握好“度”，使学生处于“跳一跳摘果子”的状态，达到“道而弗牵，强而弗抑，开而弗达”的境界；适时，就是要在学生处于思维困惑时提出问题，使问题能够启发和引导学生的数学思维活动。具体地，可以从数学知识发生发展的关节点上、数学思想方法的概括点上、学生数学思维的症结点上等提出问题。

## 六、聚焦核心与收放自如并重

收放自如地聚焦核心问题，问在核心处，导在关键点。教师必须吃透教材的基本内容、重点、难点及本节课的主要目的。这样才能围绕教学内容的核心本质和学习的痛点设计核心问题及围绕核心问题而递进展开的问题链，这样才能促使课堂教学有教育主线，从而对学生的思维逐渐贯穿，促使数学思维活动呈现出层次性和连续性。在导入"核心问题"时，教师要善于设置悬念和"留白"，以开放性解题思路、变式练习题解法等来启发学生的发散思维。例如，要使学生熟悉并理解数学问题核心的思想精神和方法，通常可以聚焦三个方面的提问:第一，是什么？（主要是明晰条件:这个问题是哪方面的问题？它有哪些显性的条件？还有哪些隐性的条件？）第二，求什么？（明晰目标:求的是哪一类问题？）第三，怎么办？（这类问题的常规解法是什么？如果没有，能否确立一个容易达到的中间目标？由此产生了两种常见的思维角度:一是基于问题本身通性通法的被动调节；二是基于解题者自己认知知识体系的主动调节。）

爱因斯坦曾说:"提出一个问题远比解决一个问题更重要！"聚焦核心问题，虽然有利于新课教学，但同时也束缚了学生的思维。要培养创新人才，还需要为学生打开一扇窗户，适当的放飞学生的思维，让他们发现问题，提出问题。"放"需要营造自由、轻松的课堂气氛，引导和鼓励学生提问，提供机会让他们提问，让他们学会抓住问题的关键，进而提出尖锐的问题。这样的"放"能引发学生的发散性思维，培养学生的思维能力和获取知识的能力这既是数学教学的客观要求，又是开展研究性学习、培养创新人才的需要。

收放自如地追问。追问"为什么？"或者"你是怎么想到的？""你还能提出什么问题？"经常追问"为什么"是促成由"知其然"向"知其所以然"转变的关键所在，追问是防止学生对于算法的机械记忆与模仿的有效途径，并真正促进学生理解学习内容。经常追问"为什么"有利于学生逐步养成一定的理性精神与批判能力。此外，能够提出恰当的问题事实上也正是数学思维的一种表现。在学生出现错误时，追问他们对自己做法的理由，也可帮助教师更好地了解学生真实的思维过程，包括找出错误的原因，从而可以更有针对性地工作。

从学习者的角度来看，“好问题”必须具有可接受性、障碍性和探究性。从教师角度来看，“好问题”应当有可控性。从数学内部结构来看，“好问题”要具有可生性、开放性。孔子曾说：“学而不思则罔，思而不学则殆。”宋代学者陆九渊也说：“为学患无疑，疑则有进，小疑小进，大疑大进。”通过教师的提问，学生有所思考、有所怀疑、有所启发，恰如其分的提问不但可以活跃课堂气氛，激发学生的学习兴趣，促进学生的思维，还可以促进师生互动交流，使学生积极主动地投入学习！

# 基于数学核心素养的概念教学

数学概念是客观事物中数与形的本质属性的反映。数学概念是构建数学理论大厦的基石，是导出数学定理和数学法则的逻辑基础，是提高解题能力的前提，是数学学科的灵魂和精髓。章建跃博士认为："数学根本上是教概念的。数学教师是玩概念。"概念教学是数学教学的核心，也是培养学生数学思维、题目探究、直观想象和逻辑推理等核心素养的根本之道。以概念教学为核心载体，学生通过对数学基本概念的重点掌握与通透理解，能够在复杂多变的数学题型中准确把握题目要点并准确解答。

如何把概念弄清、弄透、弄活，使每一个学生都能理解、表达、应用，达到即使忘其"形"，也难忘其"神"的境界，是数学教师教学中的一个重要课题。

**一、创设概念情景，探索数学概念**

数学是自然的，它是水到渠成、浑然天成的产物。数学的许多概念，都是对生活中事物的理性认知，是对具体事物的抽象定义。教学时应还原概念的具体模型，寻找抽象概念的代表，还抽象于形象，拉近学生的认知领域，降低认知难度，从而较好地生成概念。例如抽象的函数概念，其本质是变量与变量之间的一种特殊的对应关系，用实际问题来揭示变量之间的一种对应关系，显然比直接用抽象符号去教学要形象得多，学生也可以从函数的学习中生成函数的抽象定义，体会抽象概括的数学素养。若教师直接将抽象的概念灌输给学生，就会存在两个问题：第一，因为学生只是被强行灌输概念，所以学生并不了解这个概念的形成过程，无法真正理解这个概念，即"知其然而不知其所以然"，学生就无法将被动接受概念纳入自己的认知体系，便不能灵活地应用概念知识，从而导致学生对高中数学的学习产生畏惧心理，打击学生的学习兴趣与信心。第二，这样的教学方法，会养成学生的被动学习心理，如果学生有了被动的学习心理，就不会主动去探索知识、主动去学习问题。因此，教师要为概念教学准备大量丰富的感性的事实材料，以避免学生形成概念内涵单一的第一印象。材料越丰富，学生形成概念的内涵越丰富，还可激发学生对大量材料清晰梳理的学习需求。这些事实材料既要包含概念本质属性的材料，又要包括凸显、区别概念本质属性的反衬资源。

新知识与旧知识之间是有着千丝万缕的逻辑联系的，它不是从天上突然掉下来的，更不是孤立的，寻找新旧知识之间的逻辑联系点，在旧知识的基础上生发出新知识，引入概念，使学生明确新知识的产生是自然的，合理的。例如，指数函数、对数函数、幂函数，它们都是源于同样一个式子 $a^m=\mathbf{N}$，实际问题情境可以完全一样：增长率问题、存款问题、贷款问题、考古问题……只是已知量和待求量，有所不同而已。为了让学生能够真正地理解概念，教师应创设丰富多彩的直观化事实材料情景，让学生去探索丰富多彩的直观材料情景中呈现出来的数学概念。

有些概念可能很难找到直观化的背景材料，此时可以从概念产生的必然性来引入概念，不仅可以让学生了解知识产生的过程，还可以激发学生主动学习，变“要我学”为“我要学”。有位老师这样引入《弧度制》：“同学们，在初中我们学习了用角度制来衡量角的大小，这种度量方法是把圆周等分成360份，每一份所对的圆心角就是 $1^{\circ}$ 的角，所以用角度制度量的角的大小是一个很特别的量数。然而我们所学习过的函数如一次函数、二次函数、指数函数，对数函数，它们的定义域和值域都是数集，为统一起见，以角为自变量的三角函数的定义域也应该是数集。因此有必要建立一种新的度量角的制度使得用这种方法度量的角的大小是一个实数，这种度量制有没有？如果有又是如何来度量角的呢？这就是我们今天要学习的内容。”在“大概念”函数定义的背景下，这里就出现了一点不和谐——用角度制度量出来的六十进制的“角”目前还不是十进制的实数。为了解决这个矛盾我们就要创造一种新的度量制，于是弧度制便呼之欲出了。这样揭示了新知识产生的背景，具有较强的认知冲突，可以激发学生的好奇心，调动积极性。又如《复数》也可以这样引入：“数的概念是从实践中产生和发展起来的，一种新数的引入往往需要数学家们付出艰辛的努力，在无理数出现之前，人们认为有理数足以表示自然界中的量的大小了，但是面对边长为 1 的正方形的对角线的长度，数学家们却一筹莫展。有理数不能用了，为了解决这个问题只好引进无理数，迄今为止，同学们都一直在实数的海洋里遨游，那么，有没有实数之外的数呢？请同学们探索一下：有两个数，它们的和与积都是 2，实数中有这样的数吗？没有！怎么办？这就是我们今天要研究的课题。”

蒙台梭利教育名言：我听过了，我就忘了；我看见了，我就记得了；我做过了，我就理解了。若能让学生在动手操作中，体验数学概念的形成过程，学生更易深入理解并难以忘怀，学生动手抛硬币、掷骰子、摸球，要比老师直接讲概率概念印象深刻。例如：椭圆的引入。一个老师是这样教的：“大家知道，平面上到一个定点的距离是一个定值的动点的轨迹是圆，动画演示圆。将一个定点变为两个定点呢？平面上到两个定点的距离之和为定值时动点的轨迹存不存在？如果存在那又是什么呢？这就是我们今天要研究的内容。”简短的几句话自然地引入了新课，给人的感觉是新知识就是利用旧知“玩出来的”。又例如向量的引入。等同学们长大以后，机器人可能已经普及了，早晨你起床需要机器人帮你拿袜子的时候，你除了告诉它要走几米之外，还要告诉他方向，否则它无法拿到你的袜子。

**二、抽象概括，建立概念**

章建跃博士将数学概念分为两类：一类是对现实对象或关系直接抽象而成的概念，另一类是纯数学抽象物，这一类概念是抽象逻辑思维的产物，是一种数学逻辑构造，没有客观实在与之对应。一般来说，当概念在客观现实中可以找到对象时，可以借助归纳法，从大量学生熟悉的例子出发，从学生的实际经验出发，以归纳的方法从这些熟悉的感性材料中获取相关信息从而得到概念的本质属性，例如数列的定义，平面的定义；当概念是纯数学抽象物，没有客观实在与之对应时，就应采用意义建构法，即通过探究它的合理性，寻找概念的形成过程和本质含义来建立概念，例如函数的零点概念，从本质上来讲并不是新内容，是学生在初中已理解并掌握的知识，因为高中函数知识体系的需求，才给予新的命名，形成了新的概念，这类概念应并让学生明确是“旧人新衣”，概念自然就生成，而且概念的本质不辨自明。等比数列与等差数列、空间向量与平面向量、双曲线与椭圆，这类概念都存在相似性，只需通过类比的方式，借鉴已学概念的内容与特征，即可自主完成概念的生成。若对于学生而言是全新的陌生概念，教学往往会比较困难，我们不妨尝试把此概念形成的缘由和背景用形象的方式展示给学生，让学生了解我们为什么要学习此概念，此概念的学习对我们数学知识体系的衔接与完善，对数学知识的应用有何作用，如上面提到的弧度制的概念、复数的概念。

建立概念的过程就是数学发现的过程。学生必须参与到发现概念的活动中去，通过活动让学生亲身体验，感受背景材料与概念之间的关系，再让学生将自己通过观察、分析、比较后所获得的发现、体验与同学进行交流，并用自己的语言归纳、总结并在课堂展示，在不同学生的展示过程中，通过教师的引导和学生的不断补充和完善，逐渐用准确和精练的语言定义数学概念——语言是思维的外壳，语言交流活动是提升学生对数学概念理解的重要途径之一。

因此概念教学应重视概念的形成过程，要使学生经历“材料感知”“辨析比较”“归纳概括”“抽象命名”的形成过程。在这个过程中，可以帮助学生形成对概念内涵的丰富认识；可以帮助学生提升比较和分类，概括和抽象的能力；可以帮助学生提升准确简练和严密的数学语言表达水平。

**三、理解数学概念，纳入学生原有概念体系**

根据认知心理学中的多元表征理论，要利用数学概念表现形式的多样性，灵活地向学生提供图、表、文字、符号等各种表示，从不同的侧面、不同的角度去挖掘它，深化对概念的理解，以期全面准确地认识概念，这种方法就叫做概念的同化，它是利用学生已有的知识经验，以定义的方式，直接引导学生揭示概念的本质。概念的建立是从特殊到一般的归纳方式，概念的同化是从一般到特殊的演绎方式，主要从以下三个方面入手：从定义的重要词句上剖析，找出其内涵和外延；从结构上进行剖析，建立与原认知结构的联系；通过反例或者变式来剖析概念的外延，建立清晰的认知结构。例如向量数量积的运算律与实数运算律，复数运算律的对比辨析。

比较是一切理解和思维的基础，我们正是通过比较才了解世界上的一切的。数学中有许多概念都有着密切的联系，如平行线段与平行向量，平面角与空间角，方程与不等式，三种圆锥曲线的定义、指数与对数、指数函数与对数函数等，在教学中应善于寻找，分析其联系与区别，设置层层递进的问题链，指引学生对不同材料辨析比较，通过分析或者寻找相同中的不同，帮助学生透过现象看清概念的核心本质。为了准确把握概念的本质，还可让学生在课堂上进行举例（包括举反例）展示，再让学生交流辨析，展示自己对概念的掌握程度，结合老师引导和学生的互助，进一步明晰概念，加深对概念的理解。在学生抽象出概念的定义之后，还可以组织学生对相关新旧概念进行辨析比较，明确概念外延。

将新学概念纳入原有概念体系，使学生对概念形成全面认识。数学概念之间的学习具有一定的连贯性，新的概念是建立在已有概念基础上的，对已有概念的复习可以引导学生更好地掌握新学习的概念，利用学生的认知冲突，引导学生进行深入探究，使学生理解为什么要学习这个概念，这个概念与之前的概念有什么不同，这个概念是解决什么问题的，有了这些认识可以增强学生概念学习的自觉性，使学生在学习概念的过程中，自觉培养良好的数学思维习惯。例如，异面直线概念，教师可以带领学生一起共同操作，先用两张废纸搓成两条“直线”，如果这两条直线摆成黑板面的相交直线，将其中一条直线朝垂直黑板面的方向离开一段距离，就成了异面直线；如果这两条直线摆成平面内的两条平行线，将其中一条直线旋转一个角度，就很容易构成异面直线。学生得到的这两条直线都不可能在同一个平面上。或者直接利用长方体模型，带领学生在长方体模型中，旋转或者竖直移动这两条“直线”，学习异面直线的定义、成角、公垂线、异面直线距离等概念，学生经过以上过程对异面直线的概念有了明确的认识，同时也经历了对概念发生发展过程的体验。这样就可以把新学习的异面直线纳入相交直线、平行直线的原有认知体系中。新概念的引入，是对已有概念的继承、发展和完善，在概念的形成过程中，挖掘新概念的内涵与外延，有利于把握新旧概念间的相互联系。

**四、设计经典应用，巩固深化概念**

对数学概念的深刻理解与牢固掌握，其目的是为了能够灵活、正确地运用它帮助人们解决实际问题。同时，在运用其解决实际问题的过程中，又能更进一步地巩固和深化对数学概念本质的理解。为此，在教学中也应采用多种形式，引导学生在运算、推理、证明及解决问题的过程中运用数学概念，让学生进一步地理解概念、深化概念、巩固概念，掌握运用概念解题的方法。

数学概念形成之后，要求学生完成不同题型的练习，教师可以应用开放题，引导学生全面地理解数学概念；也可以应用易错题，引导学生检验是否能够应用概念知识来诠释习题，并且是否了解让概念成立的因素及因素与因素的逻辑关键。这些练习的设计要注意以下几个方面：一要有针对性，即解题所需要的知识与方法与本节课的所学概念直接相关，方向非常明确；二要有层次性，即从基本定义出发到概念的深化，再到数学思想方法，分类设计，分层指导以检验各层次掌握的情况；三要具有诊断性，诊断错误原因，给出正确方法，使学生将所学知识正确地纳入到认知体系中，并溶入方法与过程，形成丰富的认知结构；四要及时反馈，对学生探究解题途径的过程中暴露出思维过程的不妥之处、学生尝试操作的不规范之处、教师在巡视检查中发现的典型错误等，应立即找出原因予以纠正。学生完成练习后，一方面，将学生思维方式和解题方法在课堂予以展示，让其在展示中反思，展示中感悟，达到强化概念的目的。每个数学概念都有其实际背景，它的产生必然离不开生活实际。反过来，在概念形成后，学会在实际问题中运用所学概念，这也是深入理解概念本质的有效途径。另一方面，要让学生养成“不断回到概念中去，从基本概念出发思考问题、解决问题”的习惯，从概念的联系中寻找解决问题的新思路。

数学教师在开展概念教学时，不应当直接给学生灌输概念知识，而要引导学生通过探索、思考、实践来生成概念知识。教师要在教学中为学生创造直观的学习环境，让学生发现让概念成立的各种条件；引导学生应用科学的思维来建立概念；应用经典的习题引导学生发现概念建立的盲区。只有对数学概念的学习有生成过程，才能使学生深刻理解概念的背景与实质，从而提升学生理解问题的深度与广度，激发与升华学生的思维，最终提升学生的数学素质。

# 例题教学的常见误区及其高效对策

美国数学家哈尔莫斯(P. P. Halmos)说:“数学的真正组成部分应该是问题和解,解题才是数学的心脏。”美籍匈牙利数学家、数学教育家G·波利亚(GeorgePolya)称:“掌握数学就意味着善于解题。”在数学家、数学教育家眼里,例题和解题教学具有举足轻重的地位,它能够有效地将学生的知识、技能、思想、方法联系起来,从而达到掌握基础知识与方法、启发思想、发现规律、培养能力与素养等目的。但目前的教学中,有的老师不能够充分的挖掘例题的教学功能与示范作用,造成学生对例题学不清、学不透,无法通过例题的学习,及时地掌握基础知识与方法、锻炼思维、培养能力、提升素养。下面抛砖引玉,对例题教学中存在的几种最典型的教学误区进行剖析。

误区1:选例不精,贪多求全。

教师选题时,往往贪多求全,力争在尽可能少的时间内解决尽可能多的问题,认为这是提高课堂教学效率的一个目标。造成大容量,或是例题迭加,或是机械重复。一节课下来,教师声嘶力竭、挥汗如雨,学生却一头雾水、不知所云,教学效果不佳。

剖析:教师选题贪多求全,首先,是受“题海战术”的影响。根据行为主义理论,人类的学习行为是操作性条件反射的结果,是教学环境的刺激和学习行为反应之间的连接,它随练习次数的增多而加强。一些教师认为不通过大量重复的“题海训练”,学生就不可能加深对数学知识的理解和掌握,不可能提升解题技巧和答题速度。为了应付各类考试,教师们的通病就是“负责任地”讲大量的例题,企图覆盖所有的考试题型,并激励学生冲入“题海”,

进行大量反复的题型、题组训练，以期从量变到质变，达到考试得高分的目的。这种忽视经典题常规题的典范作用及“四基”训练、忽视思维过程的教学，会使师生在题海中越陷越深，最终导致数学教学演变为纯解题教学，解题教学则被异化为“题海战术”。

其次，是认为讲得多就等于学得多。其实，讲得多≠学得多，一堂课容纳大量的例题，势必造成学生在学习上的消化不良。更重要的是，既发挥不了例题的作用，又扼杀了学生智力的开发和能力的培养。要提高课堂效率，必须紧扣教材，围绕重点，充分考虑学生的实际，并不是例题讲得越多越好，课堂教学任务完成的好坏，不能只看容量的大小，关键要看学生对所学知识的理解、掌握程度和能力、素养的培养效果。例题选取宁可少些，但要精些，果断删去与主题无关的例题，真正搔到“痒处”，切实给学生编织出一张完整的例题结构网络，使学生懂一题，晓一类，通一片。

最后，是教师对讲授例题的目的不明确，例题的作用不明了。学好数学，概念先行，为了使学生深刻认识数学概念，教材中都编排了一些经典的例题，这些例题都具有典型性、针对性，是理解和巩固基本概念的好素材。然而有些教师没有稚化自己的思维过程，舍弃这些通俗易懂的典型例题，而去盲目追求一些大型统考的“新题”，甚至综合性很强的高考题、模拟题。殊不知这些综合性的“新题”，对于新学的概念还懵懵懂懂的学生而言，题意混沌、过程复杂、结论抽象，以它们为例帮助学生掌握所学的知识，无异于隔靴搔痒，只有少数尖子生能跟上教师思路。

**对策：1. 选好例题。**波利亚说过“一个恰当的例题胜过一打理论。”好的例题应该是必须围绕教学重点和难点展开，每一道例题都承担着明确的教学目的；好的例题应该是一类题目的典型代表，如果解决了这个问题，做到能用这一把“钥匙”开一类“锁”；好的例题具有思考价值，能充分调动起学生思维的积极性，使学生在不断的思考中达到对知识的深入理解，进而形成较强的思考能力。好的例题思维容量大，可以给学生更广阔的思维空间，有利于调动学生的学习热情；好的例题具有适宜的难度，不会让学生产生“我不是学数学的料”的错觉，而是落在学生的“最近发展区”内，让学生能“跳一跳够得着”，但又不至于因问题太简单而不屑一顾，有利于增强学生的自信心；好的例题有助于让学生通过自己“做数学”来真正领会知识的内涵，明确概念的外延，解题的步骤。必要时，可切合学生实际更换课本例题或者补充例题，但所选的例题要具有典型性、思想性和多样性，能够体现现阶段的数学教学目标，要蕴含数学的基本思想和方法，而不是一味追求例题的难度和量大以及解答技巧。

2.**“精讲精练”**。德国教育家瓦根舍因在“范例教学”的论述中提到“精讲”，意指教师在解题教学中要选择真正基础的、本质的知识作为解题教学内容，通过“范例”的“精讲”，促使学生独立学习，力图使学生所学的知识、技能、素养能够迁移到其他地方，进一步发展新学习的知识。同时“精练”也不是“不练”，而是“练”要有尺度，体现度和量的有机统一。波利亚也反对让学生做大量的题，认为一个数学教师，“如果把分配给他的时间塞满了例行运算来训练他的学生，他就扼杀了学生的兴趣，妨碍了他们的智力发展……”与其让学生做大量的反复性的题目，还不如选择一个体现多种思想方法功能又不太复杂的题目，去帮助学生深入发掘题目的各个侧面，使学生通过这道题目，获得对数学解题思想与方法的认识，从而达到举一反三，触类旁通的目的。

误区 2：**就题论题，浅尝辄止。**

例题教学中的另一通病，就是教师把例题解答完就了事，而不去对例题进行反思总结，也不对典型例题进行深入挖掘，如一题多变、一题多解、一题多用等。只是在肤浅层面上不断地简单重复，不能挖掘出例题中的文化价值、美学价值以及诸如培养学生数学思维能力、发展学生数学素养等教育功能。

**剖析**：教师对例题在提高课堂效率所起的教学功能重视不够。例题作为数学学科教学内容的主要组成部分，它不仅是数学核心概念、数学知识的主要载体，而且数学例题（问题）的解决往往是学习的起点和归宿，这一过程中学生所达到的对思想、方法的掌握,解决问题能力的提高,例题起着不可替代的作用。有时抽象的概念,不易理解的方法和步骤在一个简单的例题面前变得豁然开朗。而很多教师的数学课堂对例题的认识不到位,对例题的作用没有引起足够的重视,以为例题只是课堂简单的“附属物”,例题的选取和分析很随意。

教师不良示范,对学生学好数学产生负面影响。教师解题如此,学生就得不到解题反思的熏陶,解完题自然不会有反思的识,对老师讲过的例题,很容易陷入“一听就懂,一做就错”的学习怪圈,自抛自弃者进而产生“我不是学习数学这块料”的念头,不服输者进而沉迷于题海而无法自拔。

**对策:1.教例题。**解题教学就其本质来说,是对解题思路的分析活动,是对解题方法的感悟与思考,是对学生解题思维活动的调动与展开,从而达到对学生理解及概括水平的培养。教师讲解例题时,讲解题,更讲怎样解题,讲解法,更讲如何想到解法,向学生暴露思维过程,向他们展示“为什么这样想”以及“怎样学会想”的解题认知结构建构的思维方法。教师还应通过学生展示、回答或板演等方式,尽量让学生的解题思维活动显性化,并准确地指出学生在概念理解、公式运用、策略确定等方面的优点或不足,给予必要的肯定和及时矫正;引导学生通过师生、生生积极的互动交流,使学生清晰地认识到自己解决问题的依据、步骤、原因和所产生的思维障碍,把思维过程想清楚、弄透彻,让学生明白为何要这样想,解答该如何表述,并依据暴露的思维过程,反思总结解决问题的方法和技巧,从而使学生形成自己对数学知识的理解和有效的学习策略。例题教学中还要尽可能渗透数学思想,既可以在分析问题、探索思路的过程中进行,用数学思想方法指导分析,进行思维导向,也可以在解题结束后进行提炼,加以显化,让学生回顾思维过程,总结运用了哪些思想方法和思维策略,得到了哪些有用的结论,找到了哪些共有的规律。

**2.用例题教。**解题教学应当帮学生学会数学思考,培养学生自主、合作、探究的学习方法。叶圣陶先生认为“教材无非是一个例子”。教师应由原来的“讲演者”转变为“编剧”和“导演”，对例题进行重新设计、重新组合、二次开发的同时，更应关注“这样”是否有利于协调好学生的学习活动，是否能为学生创造一个数学建构活动的意境，是否能让学生自己体验数学发现和创造的历程。用例题教，一方面对于教材中的例题，教师绝不能生搬硬套，应该在深入钻研教材的基础上，遵循课程改革的新理念，对例题进行教学法的加工，以便学生更容易理解和接受，只有学生对思维过程，对新概念知识真正理解了，才能记得住、用得活。用例题教，另一方面对例题教学不能“入宝山而空返”，仅停留在这道例题如何解答上，而应反思解题经验：用了什么方法？为什么要用这个方法？是否还有更好的方法？哪一种方法最优？将之升华为这一类题型的求解技巧及其通性通法；还应该借助适当的多题一解、一题多解、一题多变等手段对例题进行拓展延伸，带领学生感悟例题及其思维经验与其他知识、题型是怎样联系渗透的；在学生体验了教师围绕经典例题的核心本质、围绕其思维方法思想精神而设计的一系列例题后，归纳同类问题的共性与异类问题的区别联系，突出重点，促成迁移，真正达到解一题，会一题，通一片的目的。

误区3：题型教学，破而不发。

为了考试得高分，当前数学教学中流行着以“型”来给“题”分类，盛行“题型＋技巧”教学：教师设法找到各种资料，详尽的归纳各种题型，并整理出解题的通性通法，课堂详细讲解其解操作程序，学生记住方法，配套强化训练，以后见到同类题型时对号入座即可。结果是教师讲过的题型，学生的解法千篇一律；教师没讲过的“新题型”，绝大多数学生千篇一律的不会。教师的题型教学破而不发，仅以攻破题型的解答技巧为目标，没有带领学生迈向更高一个层次，于是反复训练的学生不怕难就怕新。

剖析：行为主义心理学大师斯金纳设计了程序教学，把学习分解和编制成详细的行为目录，采取连续渐进法施教。在“题型＋技巧”的教学中，“题型”即“特定刺激”，“强化物”即“分数”，“行为反应”就是对同类题目给出“千篇一律的解法”——“技巧”。把解法（即技巧）固化在题型上，再经强化训练使学生模仿并记住，定会导致学生不顾题目具体特征而照搬技巧，使数学的思维训练价值荡然无存。

“题型＋技巧”的危害。教育功利化所导致的这种“急功近利”教学，使人为技巧化难题和过分强调细枝末节的内容充斥课堂，数学教学＝题型教学＝刺激－反应训练，教学远离四基，数学高雅的智力活动退化成机械的简单劳动，学生的实践能力、创新精神和核心素养都很难得到培养。这种做法对学困生提升考分有效，而对学优生会束缚其思维，阻碍其成才。首先，会增加学生的负担。数学解题是理解概念、加强概念联系性的需要；反之，概念的深入理解和概念间顺畅的联系通道，也能使解题思路变得本质且灵活。但“题型＋技巧”通常在细枝末节上下功夫，在特殊技巧上捉迷藏，并配备大量“机械套用题型”的反复练习，既加重学生负担，更使学生迷失学好数学的正确方法。其次，会固化学生的思维。学生把学习的重点放在死记硬背问题类型、生搬硬套解题程序上，模仿、记忆多，理解、探究少。学生做题时，往往是首先辨别问题类型，然后模仿解题套路，而较少对其中的算理进行深入思考。长此以往，将会严重阻碍学生思维的发展和创新能力的培养，当他们独立面对稍有变化的问题情境时，就会因题型对不上、又没有数学思想方法的支撑，“特技”失灵，“动作”变形，灵活应用数学知识解决问题的能力成为泡影。在“能力立意、素养立意”的高考中，屡屡出现“讲过练过的不一定会，没讲没练的一定不会”，至于那些与想象力、创造力相关的问题就更是一筹莫展了。再次，违背数学的基本精神。数学是一种理性精神。“题型＋技巧”让学生领略不到理性精神的奥秘，就连解题中本来应有的直觉、想象、类比、归纳、概括等也鲜有使用，智力上的好奇心和对纯粹思维的兴趣更无法激发，必然导致数学学习的枯燥乏味。

“题型＋技巧”的优点。“题型＋技巧”专家批判，但在教学一线盛行，说明也有它可取的一面。首先，题型教学特别适合初学者快速掌握要领。数学本来就是一门关于模型与模式的学科，把例习题分为不同的问题类型，一方面，可以让学生从总体上把握同类题型的概貌，辨析各类题型的结构特征，把握各类题型的解题方法，另一方面，有了“题型＋技巧”，学生解题的过程只是套题型之后的“算法化”，有利于学生初学时的模仿操作，好的模仿不是生搬硬套的仿效，而是一种有意义的接受学习，模仿能使学生逐渐获得解题的基本思路、方法和技能，渐渐地由生变熟，直到驾轻就熟，达到提高解题能力的目的，非常有利于提升学困生的成就感和自信心。其次，建立题型可帮助初学者形成思维范式。数学解题就是在充分理解题意的基础上，在数学思想、精神和方法的指引下，联想有关的概念、公式、定理等知识，借鉴过去解决类似问题的经验，最终在具体问题中进行推理、判断、论证和演绎等。这样的思维具有明显的目的性和重现性，是再现思维的一种形式。建立题型，让学生充分理解它内在核心本质，牢固掌握其通性通法，有助初于学者形成思维范式，有助于学生解题时，应用以往获取的这种思维范式，迅速的确定思维方向，实现知识、技能的迁移，使问题解决后引入更深的思考。“题型＋技巧”教学，对于初次学习的问题，可以帮助学生快速“上路”；特别是可以帮助学困生建立思维范式，让其混沌的思维有了借鉴、参考的标准，有利于帮他们树立学好数学的信心。思维范式是想象和创造的基础，是发散思维的先决条件，如果没有再现思维的这种一般范式，真正有效的思维也就很难进行。

“题型＋技巧”有利有弊。解题教学的目的不仅仅是让学生巩固数学知识和解决特定类型的问题，重点是培养学生独立的发现问题、提出问题、分析问题、解决问题的能力，培养学生独立解决“新”问题的能力。如果教师在教学中过于重视“题型＋技巧”，那么学生对难以说清属于哪类题型的题目就会很不适应，甚至是束手无策。所以，如果要组织“题型＋技巧”教学，有两个重点，首先，题型教学重点要放在学生分析问题和解决问题的能力培养上。其次，题型教学重点要放在学生解决一系列同类问题之后，发现问题（如：多题归一的核心本质是什么?）和提出问题（如：通性通法中蕴含哪些数学思想精神和方法?）能力培养上。

对策：1. 落实基础，把“使学生学会思考”作为最核心的教学任务。首先，中学数学的基础应是那些为学生终身发展奠基的初等数学核心部分，教师必须要对基础数学的本质和基本思想下一番深切的返璞归真的功夫，使数学变得易学、好懂，使学生能懂、会用，以切实减轻学生负担，真正提高教学质量和效果。其次，要让学生养成“回到概念去”思考和解决问题的习惯，把一个比较复杂的问题，“退”成最简单最原始的问题，把这个最简单最原始的问题想通、想透，然后再归纳、综合而实现飞跃。再次，数学是思维的科学。没有“过程”的教学无异于把“思维的体操”降格为“刺激——反应”机械训练。要使学生学会思考，就必须让数学教学成为有思想精神的教学，重视对具有普适意义的、迁移能力强的根本大法——数学思想素养的教学。如果“题型＋技巧”像工业生产那样快速而精准，那么思想素养的教学更像农业栽培那样需要慢慢培育，是一种潜移默化、润物无声的慢工，“虽然不见其增，但日有所长”，需要较长时间的坚持才能奏效。要使学生学会思考，就必须让“例题教学”成为提高思维能力的舞台，成为培育理性精神的阵地。在“例题教学”中，坚持过程与结果并重，以如何发现和提出问题、如何获得数学对象、如何构建研究线索以及掌握解决问题的基本方法等为目标，即要让学生通过解题逐步学会认识和解决问题的基本方法。

2.“题型＋技巧”不是结束而是开始。解题模型不是学习的终极目标，更不应成为学习的“天花板”，虽然模仿是学生学会解题的一种基本方法，但是“模仿＋记忆”的套路式解题教学只适应于学习的初始阶段。虽有助于学生适应考试，但毕竟是不利于创新的机械学习，若仅止于此则是一种无法持久下去的模式。“题型＋技巧”的实施，应精心设计一个闭环的架构，分为起始、渐进、高潮、收尾四个阶段，切实提高课堂教学效率和学生的思维水平及数学素养。起始阶段，教师应激趣引新，导入语要有助于激发学生的参与意识。渐进阶段，教师精心设置“问题一情境”活动，让学生在活动中独立思考，体验从问题到结论、从题型到通性通法的精彩过程，从而产生基本概念和思想方法直至完善。在此基础上，各种题型适时而现，既能显现出产生方式的和谐自然，又能增加学生记忆的持久性。在学生自认为已经掌握了新学题型的通性通法之后，就进入高潮阶段，教师宜制造矛盾，引进类似题，构造题外题，创设变式题，变化问题—情境，变化题型结构，变化设问角度……牵引、保持学生的注意力，将题型对话引向更深更高一层境界，提升学生运用数学知识和解型经验，独立解决“全新”问题的能力。收尾阶段，教师引导学生反思回顾题型分析与概括过程的展宽与特写，理解问题背后隐含的关系和机制，使学习者建立起广泛而灵活的基础知识，发展解决问题技能，及时总结变式题的探索发现与梳理提升过程，使学生逐渐掌握数学研究的“基本套路”，并让学生在认识数学研究“基本套路”的过程中，理解数学的基本思想、方法和精神，逐步形成自主学习和终身学习的能力，这样才是数学育人。

误区 4：有教鲜学，教和学两张皮

教师以为自己讲得清，学生就听得懂，认为自己讲得多，学生就学得多，于是从审题到解题一人承包，一讲到底，自己兴致勃勃，神采飞扬地讲完一题又一题，不给学生充分的思考时间和展示机会，忽视思维过程教学，学生可能思维“掉线”，听得目瞪口呆，云里雾里，课堂氛围死气沉沉，或者只有几个学优生能跟老师附和，绝大多数学生即使“听懂”也不是“真懂”，因为一做题就不会，有时甚至连考过的、讲过后又考题都不会，特别是遇到新题型更是无所适从。

某些学生上数学课的真实感悟是：“眼一闭一睁，黑板就满了。眼睁睁看着老师把一道全是中文和希腊字母的题，作出了阿拉伯数字的答案。数学课是一个人的狂欢，一群人的寂寞。虽然不知道数学老师在上面写些什么。不过看起来好像很厉害的样子！我感觉我爱上了数学老师，因为在爱的人面前，智商基本为零。”

剖析：教师出示例题之后，学生还没想教师就开讲，或学生刚有个念头或者思路刚起步时，便急于提示，即使分析例题也只是把学生往自己准备好的解法上引，甚至一讲到底，“多快好省”地讲了很多例题，表面上看来，既节约了时间，又避免了误差，但实质上是以教师的经验取代学生的思考，限制学生的数学思维；以教师的教取代学生的主动探求，学生没有任何“学会思考”的机会。很多学生连知识的“接收器”都不是，因为根本没有装进去，只是教师“表演”的看客。信息社会要求学生学会适应、学会生存、学会合作、学会创新，因此，数学教育应立足于提高学生的素质，特别是数学素养的提升。如果教师讲授与学生思维脱节，师生、生生思维互动停滞，学生能力、素养的提升就是无源之水，无根之木。

讲，是教师传授知识的重要方式；听，是学生获取知识的重要渠道。波利亚认为：“教师在课上讲什么当然重要，然而学生想什么更是千百倍的重要，思想应该在学生脑海中产生出来，而教师仅仅应起一个助产婆的作用。”教师清晰透彻且带有启发性的讲解是学生掌握所学知识的先决条件，然而现实课堂中很多教和学是“两张皮”：教师讲得很好，学生却未必听得懂，常见教师讲得汗流浃背，学生却是听得酣然入睡。如果教师讲课只顾自己津津有味，不顾来自于学生一方的反馈信息，教师与学生的思维不能同步，学生只是被动地接受，毫无思考、理解的余地，这样不是听不懂，便是假懂——“老师解题步步都对，可我就是不知道为什么要这样想”。要使学生真懂，就需要教师创设民主的课堂氛围，组织安排结合教学目标针对教学对象的例题链，为学生活跃的思维互动搭建平台，更关键的是吸引学生自己下功夫反复的琢磨与反思。

**对策：1. 为学生搭建主动学习的平台。**学生的学习活动本身就是一个积极主动的建构过程，这个过程与学习者原有的知识经验和学习者主动学习的心向密切相关。学习者不是被动地接受外在信息，而是主动地根据原有的认知结构注意有选择性地知觉外在信息，构建当前事物的意义。例题教学不仅要把“题”作为研究的对象，把“解”作为研究的目标，而且也要把“解题活动”作为对象，把学会“数学地思维”、促进“人的发展”作为目标。让学生的思维由问题开始，到问题深化，让学生带着问题走进教室，带着更多的问题走出教室，始终处于积极主动的状态之中，变学生被动为主动。实践表明，例题教学中合理运用讲授、讨论、探究等方式，从多层次多角度去挖掘例题的解法或者拓展例题，引导学生不断去发现和去创造，把例题学活学透。及时引导学生对例题的解答进行反思，去反思解法是否严密、是否有新的解法，去反思解答的表述是否清楚、简洁，去反思此类问题的解答是否有规律，去反思升华思维过程中用到的数学思想精神和方法……学生在参与例题解决、例题拓展延伸及其反思升华的过程中，真正成为学习的主体，探究和创新能力会不断得到加强，解题的思维习惯和解题后反思的习惯会逐步养成。

2. 为学生搭建展示的舞台，让学生成为“主角”。还课于生，为学生搭建主动参与、积极互动、乐于探究、努力实践的数学课堂，为学生创造交流和表达的机会，让学生在积极主动的思考、平等的讨论和交流中获得结论、发展思维、形成方法、提升素养，既可增强学生的学习成就感，又能“倒逼”学生独立思考、合作交流，还能帮助教师通过观察学生交流展示发现学生的缺漏与思维水平。在例题教学中除了让学生板演之外，还有两种比较好的展示方式，一种是让学生“说题”，说条件、说知识点、说解题思维过程（即思路）、说解题规律、说其他解法、甚至说情感态度和价值观等。既能让学生展示自己的思维过程，又能发掘学生的潜力，有效地促进学生逻辑思维的发展，促进学生数学素养的提高。另一种是让学生“讲题”，听一遍不如看一遍，看一遍不如做一遍，做一遍不如向别人讲一遍。讲题可以“倒逼”学生对自己思维过程及思维结论的反思与梳理。学生讲题一般有以下几种机会，一是学生问学生，这是每天都在发生的，教师无法掌控；二是学生问教师，这时教师要抓住机会从审题开始让学生先讲给你听，讲不下去时再恰当提示或启发，往往会出现这样一种情况，学生讲着讲着自己就弄懂了；三是课堂上教师组织同桌之间或就近几个同学之间相互讲解；四是请学生到讲台上来讲题。后三种情况下要求学生从审题到构建数学模型，再到解题依据一一说清楚，加上教师的点拨、启发和补充，学生解题的理性化程度会明显提高，这比教师一遍一遍强调数学思想精神的指导性、解题的规范性（显现理性解题过程）更有效，尤其有利于对学优生的培养。

例题的教学价值主要是帮助学生形成对某类信息模板的示范性信息加工。由于解题的每一步都离不开数学“四基”与“四能”，因此，解题既是对原有“四基”与“四能”的应用，又可巩固或加深学生对所学知识的深刻理解，提高相应技能的熟练程度；解题教学可帮助学生提高和发展推理能力、化归能力、形式化处理问题的能力、发现和提出问题、分析和解决问题的能力，锻炼学生思维的广阔性、灵活性和创造性，从而培养学生的思维品质与数学素养。在例题教学过程中，教师要努力营造一个鼓励性的、宽容的课堂氛围，创设能引导学生主动参与的教育环境，摆脱枯燥的说教和蜻蜓点水式的浅尝辄止，讲题之际善于倾听学生的理解、学生的想法，为学生搭建开放的思考平台，将学生的思维引向纵深发展。

# 高三第一轮复习的几条有效策略

高三第一轮复习是夯实基础阶段，应回归课本，查漏补缺。如果这一阶段复习效果不好、基础不够扎实的话，很难在后面二轮综合复习中实现成绩的提高。

常规高三第一轮复习，就是到边到角地将高中全部教学内容，按照高一、高二、高三上新课的顺序重温一遍。而对于需要灵活运用多章知识才能顺利求解的综合题，这种常规复习方式显然相形见绌，可是如果没有良好的第一轮复习的铺垫，仅靠不足 3 个月的第二、三轮综合复习难免"回天乏术"。那怎样的第一轮复习才有效呢？笔者以为要想考生灵活驾驭多章知识以便顺利求解一道综合题，至少有两点是必需的：一是深入各章节知识的"核心本质"，对数学知识及其中蕴含的数学思想、精神和方法都有深刻的理解，这是灵活运用某章节知识的前提，对于这一点，有很多高三教师在尽力做到。二是各章节知识不能是割裂的，应是一个有机的整体，这是综合运用各章节知识，灵活驾驭它们解题的前提。对于这一点，还有很多高三教师没有意识到。目前有些教师会借助一本"第一轮复习资料"进行第一轮复习，而市面上的第一轮复习资料一般也都是按照课本教学内容的顺序编写的，而课本教学内容的顺序，是将成体系的数学知识由知识形态转化为新生易于接受的教育形态，所以高三第一轮复习若还依此顺序就有些不妥。

在此笔者将自己的研究成果提出来，供大家借鉴。

**一、"生书熟讲，熟书生讲。"高三第一轮复习备考应打破课本章节界限，对学生熟悉的数学知识用全新的方式进行"板块"式整合串讲。**

通过串讲将课本知识由学生较易循序渐进地理解的教育形态还原为有

层次、有逻辑联系的学术形态。数学有 3 种形态：原始形态、学术形态和教育形态。教材编写专家，为了学生易于接受和掌握数学知识，常将“过度形式化”的有联系、有体系的数学知识（即学术形态）割裂开来分步学习，使它们以学生容易接受的教育形态呈现出来，让学生逐步学习，逐步理解与深化，以防学生“消化不良”。例如，在高中阶段对函数教学内容的学习可划分为四个阶段，这四个阶段不断深化。第一阶段，主要学习函数的概念、函数的图象与性质，以指数函数和对数函数为例，重点学习反函数和函数的关系、函数的单调性；第二阶段，是以三类三角函数为例，学习函数的奇偶性和周期性；第三阶段，则是以数列为例，学习离散型函数；第四阶段，则是在学习函数极限、函数连续性的基础上，重点学习函数的导数，最终落实在导数的应用，由此给出研究函数性质的一种新方法，即使用导数的方法研究函数的单调性、极大（小）值和最大（小）值。如果将它们按照课本顺序割裂开来复习，那就仅仅是将高一、高二、高三的内容“重复”了一遍，既不能加深学生对函数本质的理解，又不利于学生综合能力的提高，从而无法完成某些综合性很强的交汇试题。

复习的任务是把高一、高二较为零碎、繁杂的知识条理化、模块化、系统化，构建知识网络，这样有利于对学科知识的理解，帮助更好地记忆，也有利于知识的迁移运用。教育心理学家布鲁纳指出：“不论我们教什么学科，务必使学生理解该学科的基本结构。‘教学’与其说是单纯地掌握事实和技巧，不如说是教授和学习结构。”因此，高三第一轮复习，老师带领学生重温高一、高二所学课程的过程，绝不只是简单重复以前所学知识，而是站在更高的角度，对旧知识产生全新认识的重要过程。因为在高一、高二时，老师是以知识点为主线索，依次传授讲解的，由于后面的相关知识还没有学到，不能进行纵向联系，所以，学生学的往往是零碎的、散乱的知识点；而在第一轮复习时，老师的主线索是知识的纵向联系与横向联系，势必会打破章节界限，将那些零碎的、散乱的知识点串联起来，并将它们系统化、综合化，侧重点在将各个知识点融会贯通，以便为第二、三轮复习的综合提高打下坚实基础。

数学知识的结构性、逻辑性很强，数学的基本概念、基本原理（规律）都按着一定的内在联系方式联系着，客观上存在着一种结构。零散的数学知识最终以一定的网络结构形式存在于学生头脑中。零散的知识、零乱的知识结构是没有力量的一盘散沙，只有良好的知识网络结构才更利于学生认知结构的建构与优化。当代信息学研究也表明：当知识以一种层次网络的方式进行排列时，就可以大大提高知识的检索效率，因而具有更大的迁移性，从而达到举一反三的效果。美国教育家布鲁纳认为："任何一门学科都有基本知识结构，学生只有掌握了基本结构，才能产生大量的迁移。"心理学认为："只有把知识形成结构之后才易于提取。"而建立知识网络的第一轮复习往往给老师提出了更高的复习要求：第一，老师的观点要高。第二，老师的思想方法要高。第三，老师要争取作驾驭教材的主人，不做屈从教材的俘虏。华罗庚先生曾提出"生书熟讲，熟书生讲"的复习经验，我们在复习学生已经"熟悉"的教材时，可将它们以学生不熟悉的方式串讲复习。除了上面所讲的函数与数列外，还有许多数学知识都能以学生"不熟悉"的全新方式集中在一起复习，这样不仅可以提高学生复习的积极性、加强数学知识之间的联系，还可以加深学生对数学本质的理解——这是突破高考交汇试题的最有效途径。

笔者在复习向量时，将平面向量与空间向量的一个定义、四种运算、三个定理对比讲解，如共起点向量在平面中的加法法则是平行四边形法则，在空间中就成了平行六面体法则，首尾相连向量在平面中的加法法则是三角形法则，在空间中就成了封闭多边形法则。平面向量中定义的投影是一个数量，空间向量中定义的射影是一个向量，学生很容易将这两者混淆，放在一起复习有利于学生区分。由于平面向量基本定理（分解定理）与空间向量共面定理的精神实质完全一致，笔者在高三第一轮复习时，也将它们放在一起串讲：

共线定理：若存在唯一的有序实数对 $x,y$ 使 $\overrightarrow{OP}=x\overrightarrow{OA}+y\overrightarrow{OB}$，且 $x+y=1$，则必有 $P$、$A$、$B$ 三点共线。

推论 1：若 $x=y=\dfrac{1}{2}$，则必有 $P$ 为 $AB$ 的中点。

推论 2：若 $x=\dfrac{1}{1+\lambda}$，$y=\dfrac{\lambda}{1+\lambda}$，则必有 $P$ 分 $AB$ 所成的比为 $\lambda$，此时就成

了线段的定比分点公式的向量式$\overrightarrow{OP}=\frac{\overrightarrow{OP_1}+\lambda\overrightarrow{OP_2}}{1+\lambda}$。

共面定理：若存在唯一的三个有序实数 $x,y,z$ 使$\overrightarrow{OP}=x\overrightarrow{OA}+y\overrightarrow{OB}+z\overrightarrow{OC}$，且 $x+y+z=1$，则必有 $P$、$A$、$B$、$C$ 四点共面。

推论：若 $x=y=z=\frac{1}{3}$，则必有 $P$ 为三角形 $ABC$ 的重心。

通过串讲，有助于学生领悟到数学本质：平面向量与空间向量的差异就是二维与三维，并且涉及二维时常常与 2 有关，涉及三维时常常与 3 有关，平面图形的面积公式与几何体的体积公式也是如此。

当然，将以上教材中割裂的数学知识整合在一起复习只是高三复习的一个方面，其实，每一个知识点都应该讲清它的前后联系，应该将它置于整个数学大厦中去观察和思考。具体可从以下三个方面进行"模块"式的"整合"：①章节间的整合。如："函数"复习中导数知识的工具价值，在各资料中体现得就很不足，其实，导数（工具）、函数、数列（离散函数）、三角函数（周期函数、工具）、不等式（工具）是函数体系中的内容；同时，函数与导数、数列、不等式这三章的知识是层层深入的，应作为一个整体依次复习下去，而不该按教材的顺序复习。再如，"平面向量与立体几何"的关系是递进关系。这是二维到三维的递进，复习时就不宜分割开。②章节内的整合。如：导数、单调性、值域这三项内容就可以以单调性为核心整合在一起。复习好知识点只是第一步，更重要的工作是把知识点融合成知识"模块"。解题能力的高低不取决于所记住的知识点的多寡，而在于是否找到并有效提取了相应的知识"模块"。③数学思想、精神、方法和能力的整合，从而把数学方法上升为"数学思考"。方法是操作层面的，能够有效使用的前提是你知道解决这个问题用这个方法合适。那怎么知道的呢？这就需要我们教师对一类问题的各种方法进行整合，教会学生怎样选择，也即进行"数学思考"。

**二、"从另外一个角度进行复习"，将相似题型进行类比、对比复习。**

将相似知识、题型集中在一起，不仅可以帮助学生从整体的"高度"把握相关知识、题型，领悟数学思想方法，还可减少相似题型的相互干扰，凸显数学核心本质。

华罗庚先生还提出“从另外一个角度进行复习”的经验，似乎在复习旧知识，但把新东西讲进去了。这种复习方式既会给学生带来新鲜感，又会让学生学会多角度思考问题。例如，笔者在复习数列时，就将数列极限、数学归纳法结合起来复习，将等差数列与等比数列对比复习。具体做法是先同学生一起复习等差数列，让学生利用类比的思想自行得出等比的相关概念。通过这一回顾，学生体会到等差数列和等比数列在概念形式上的相似之处。类比的思想始终贯穿在等差、等比数列的复习中，知识重现的逻辑顺序发生了变化，不再是以前的先等差数列的通项、求和，再等比数列的通项、求和。这样就从另一个角度把数列知识进行了复习整理，这样的复习策略使得这节课整体感很强，不是东敲西打，也不是面面俱到，克服了平常复习课比较容易犯的毛病，体现了教学过程中教师站在比较高的角度处理问题。

又如，打破原先将三种圆锥曲线（椭圆、双曲线、抛物线）的定义与性质逐一讲解的顺序，改为将它们进行类比复习，先从它们的定义、性质等知识点进行类比，再对相似题型及其相关方法进行对比，像这样多角度引导学生针对三类圆锥曲线进行探究，得出一般性结论。

问题专题化、专题微型化。在专题复习的过程中针对学生出现的问题、疑惑，教师应以微型专题的形式加以解决。笔者在复习三角换元时，就从函数中的无理换元、三角换元讲到圆锥曲线中的参数方程，这既有利于学生掌握三角换元的本质，又向学生渗透了构造法的思想。

**三、再好的教辅资料也不能直接拿来就用。**

借助教辅资料进行第一轮复习也是教师常用的方法，毕竟有人总结了知识点、例题、习题之类，会节约我们教师不少时间。但是一定要注意选择适合学生的资料。因为市面上的资料种类繁多，良莠不齐，存在一些题量较大、难度过深的教辅资料，还有一些教辅资料中隐含着落后的学习理念和功利性的学科取向，这在一定程度上模糊了数学学科的特征，偏离了数学新课程理念。如果不加选择就使用，不仅会加重了学生学习的负担，还会给学生带来不必要的压力。

教师要正确认识教辅资料的作用，只有分析学生的实际情况并综合教辅资料的利弊，合理选择资料并正确使用，才能发挥教辅材料的真正价值。切忌拿着教辅资料按顺序重头讲到尾，或是无目的地讲课。再好的资料也需要教师进行再加工，再创造。对于复习资料上的例题、习题，教师应该根据教学要求进行筛选和重组，并进行补充。例题的讲解要有新意，避免照本宣科。每一节的讲课应该目的明确，中心突出，重点解决一两个问题即可。如资料上的一道例题："设$\{a_n\}$是首项为1的正项数列，且$(n+1)a_{n+1}^2-na_n^2+a_{n+1}a_n=0(n=1,2,3,\cdots)$，则它的通项公式$a_n=$________.

**解**：由于$(n+1)a_{n+1}^2-na_n^2+a_{n+1}a_n=0$得$(a_{n+1}+a_n)[(n+1)a_{n+1}-na_n]=0$.

由$a_n>0$，$\therefore a_{n+1}+a_n>0$，$\therefore (n+1)a_{n+1}=na_n$，即$\frac{a_{n+1}}{a_n}=\frac{n}{n+1}$.

$\therefore a_n=\frac{a_n}{a_{n-1}}\times\cdots\times\frac{a_2}{a_1}=\frac{n-1}{n}\times\frac{n-2}{n-1}\times\cdots\times\frac{1}{2}\times1=\frac{1}{n}$."

笔者还给学生讲了另一个解法：同以上解答得$(n+1)a_{n+1}=na_n$.

因此数列$\{na_n\}$是常数列，$\therefore na_n=1\times a=1\Rightarrow a_n=\frac{1}{n}$.

后来学生在做试题："在数列$\{a_n\}$中，$a_1=2$，$a_{n+1}=a_n+\ln\left(1+\frac{1}{n}\right)$，则$a_n=$________."时，能够对所学灵活地运用，给出了令老师欣慰的解答：

$\because a_{n+1}=a_n+\ln\left(1+\frac{1}{n}\right)$，

$\therefore a_{n+1}=a_n+\ln(1+n)-\ln n\Rightarrow a_{n+1}-\ln(1+n)=a_n-\ln n$，

$\therefore$数列$\{a_n-\ln n\}$是常数列，得$a_n-\ln n=a_1-\ln 1=2\Rightarrow a_n=2+\ln n$.

资料上的例题、习题怎么处理，选用哪些做例题讲解，哪些由学生处理，资料上的习题有些什么好的解答方法，还要补充讲解哪些内容，以上这些教师都要做到心中有数。好的复习课，应该能很好地体现出教师的丰富经验和驾驭数学知识的能力。

**四、让复习适应学生，而不是让学生适应复习。**

陶行知先生认为："学生学的法子，就是先生教的法子"。高三复习，教师可由面上的集中讲授转为点上的个别指导与激发，由以教师的"教"为中心的教学形式，转为以学生的“学”为中心(以生为本，以学为主，小组合作探究等)的复习模式。教师实现由“带着复习走近学生”到“领着学生走进复习”的转变。

1.个性化教学。奥苏伯尔说过:“影响教学的最重要原因是学生已经知道了什么，应当根据学生原有的状况进行教学。”学生个体在数学经验、数学思维习惯、数学学习基础、数学学习能力等方面都存在着差异，进入一轮复习后，学生的个性化问题凸显，相应地教师的个性化教学就尤为重要。合适的才是最好的!

针对不同学生给予不同的专题材料:学生差别的客观存在决定教学中不应搞一刀切，要充分了解学生个体的已有知识基础、学习相应内容的相关经验、学习中可能存在的困难等，并据此制订合理的教学计划，并针对学生的不同能力水平，制订恰当的教学策略与专题辅导，选择合适的专题辅导材料，切实提高专题材料的有效性。

针对不同学生给予不同的专项训练:要使应对高考的教学有效，教学必须针对高考试卷的特点结合学生的实际进行。学生在考场上缺少什么就有针对性地训练什么。在训练中不断反思，及时总结经验教训，探索出有效训练的策略、途径和方法。

针对不同学生给予不同的学法指导:①一般水平——查漏补缺，主要是点上的漏洞，点对题;②中等水平——归纳整理，形成清晰的知识结构;理清知识间的联系、方法间的统一精神实质、方法优化的路径、试题之间的联系。③优等学生——提炼规律，研究考题类型和考题规律。

2.顺应学生的习惯。是带着学生复习吗?不，其实是顺着学生!为学生搭建发展平台。作业量不宜大，创新题不宜太多——对暂时落后的学生而言，要让他们有“梳”和“纠”的时间。对于学生“久治不愈”的“疑难杂症”，应邀请本学科有经验的教师，包括非高三年级教师一起分析，结合学生普遍存在的一些问题和细节部位，对学生学习进行整体把关，促使学生尽情发挥自己的能力。

3.引导学生的习惯。在平时学习过程中，要狠抓学生只听不做，只记不想等不良习惯,知识的掌握要落实在学生的动手之中。可对学生的学习习惯进行引导:①规范解题习惯。引导学生由冲动的期望走向分析期望。不成熟的学习者(被动的学习者)不善于运用已有的知识进行探索,解数学题时往往不注意符号的意义、往往还没有分析问题情景,就匆忙开始操作程序(冲动的期望);成熟的学习者愿意主动参与到学习中去,解数学题时特别注意符号的意义、总是首先分析问题情景,然后确立指导自己行动的目标和方向。(分析期望)。②整理学习笔记。引导学生"三读"(读课本、读参考书、读以前做过考过的习题和试卷。)将所学过的知识用自己的理解进行整理,总结形成自己所理解的认知体系和方法体系。这一过程是将书本由厚读薄的过程,最终使认知结构网络化、系统化、规律化。③对错题进行总结整理。平时要求学生将做过的题目中的错题、好题用红笔标出,培养学生定期整理试卷和讲义的习惯。把做过的题中,包括在平时的考试和自测中,那些做错的和不会做的题收集起来,认真分析错误的原因。看看是属于知识缺陷,理解错误,还是自己一时疏忽看错了题,或是计算失误书写不当等,自己有何感受和启发,都详加评述和记录,以后常看。

**五、数学思想方法的复习应分散于平时。课本知识的复习与例习题的复习都要注意数学思想方法的挖掘与提炼,并注意将数学思想方法渗透于平时复习。**

上新课时,学生注意力主要集中在学习新知识,因此,第一轮复习应取长补短,提炼蕴含在定理、公式等新知识中的数学思想、精神与方法。笔者为了培养学生的数形结合思想(画图、识图、用图),一方面从课本知识中提炼(明示)该思想,如学习各类函数都是先画图后看图说话得性质,是以形助数,解析几何坐标法与立体几何向量法是以数助形。另一方面复习函数时,每节课前在同一坐标系中画多个函数图象;复习立体几何时,组织学生自制和绘画立体几何模型,并对比观察。复习函数、不等式时,揭示函数思想就是借助函数解决非函数问题,如不等式证明、不等式解法、不等式恒成立问题、不等式有解问题,方程解法(二分法)、方程恒成立问题、方程有解问题等。又如解析几何中点到直线的距离公式的推导过程、立体几何中空间角与空间距离的定义都体现了降维的思想。

一般师生都重视眼前利益:多讲多练,就题论题,却忽视长远的发展和创新。目前市面流行的高三复习资料,也都是将“数学思想方法、解选择题的技巧、解填空题的技巧”置于第二轮复习的最后,这是欠妥的,因为深入数学本质和渗透数学的思想、精神和方法,就如同中医一样,虽然能标本兼治,但就是费时长、见效慢,因此必须将数学思想、精神和方法渗透于平时教学。

**六、选填题巧解的复习应置于第一轮复习的开始,贯穿于高三复习的始终。选填题巧解绝非短时间内能掌握,要想在高考中能灵活运用,就必须平时多用多练、熟能生巧!**

学生最难内化的数学思想方法应该渗透于平时教学,而选填题的巧解方法也不是靠考前几天就能熟练掌握并熟能生巧的。平时教学中要重视和加强选择题的训练和研究。不能仅仅满足于答案正确,还要学会优化解题过程,追求解题质量,少费时,多办事,以赢得足够的时间思考解答高档题。要不断积累解选择题的经验,尽可能小题小做,除直接法外,还要灵活运用特殊值法、排除法、检验法、数形结合法、估计法来解题。笔者每届高三复习,都将选填题巧解前置到第一轮复习的开始之时,数学思想方法也应渗透在平时教学中。

选填题巧解不仅可以提高正确率,还可以节约考试时间,更重要的是还可以帮助考生赢得宝贵的“心理优势”,但要灵活使用它,就得在平时就“熟能生巧”。

结语

高三第一轮复习不是简单的重复,而是根据知识的体系化要求重新整合:打破教材学习顺序——将课本知识由教育形态还原成有逻辑结构的学术形态。帮助经历高一、高二新课学习的学生从一个全新的角度来高中数学知识,站得更高,就会看得更远,自然用得更灵活!实践证明,这种从整体“高度”把握相关题型及其通法的复习,有利于学生理解数学思想方法的精神本质,从而在考场“书到用时”灵活如“探囊取物”的提取到相关方法、技能。这是突破高考综合题的一个有效途径!

# 如何正确使用教辅资料进行高三复习

上一篇我们提到再好的教辅资料也需要教师进行再加工，再创造。教师只有合理选择资料并正确使用，才能发挥教辅材料的真正价值。那么怎样正确地使用教辅资料进行高三复习呢?

**一、针对各种第一轮复习资料是按照课本教学内容的顺序编写的问题，教师应打破资料复习顺序，通过串讲将课本知识由教育形态还原成有条理、有“金刚石”结构的学术形态。**

数学新课学习时，为了将数学知识转化为学生易于接受的教育形态，有时不得不将成体系的数学知识割裂开来。而各种第一轮复习资料一般也是按照课本教学内容的顺序编写的，很少考虑各章节知识之间的结构整合，其知识体系较弱。若高三第一轮复习若还依此顺序就有些不妥。因此高三第一轮复习时，要通过串讲将课本知识由教育形态还原为学术形态，如将分散于必修与选择性必修中学习的立体几何、解析几何，按照学术形态重新组合在一起复习，将函数与导数也组合在一起复习。具体方法我在上一篇里详细说明，这里不再赘述。

**二、选择渗透思想方法和选填题巧解类型的教辅资料，将选填题巧解前置到第一轮复习开始时，将数学思想、方法、能力的培养渗透在平时的教学中。**

目前市面上流行的高三复习资料，是将“数学思想方法、解选择题的技巧、解填空题的技巧”置于第二轮复习的最后。而了解数学本质、渗透数学的思想、精神和方法，就如同中医一样，虽然能标本兼治，但就是费时长、见效慢。因此,一般师生都重视眼前利益:多讲多练,就题论题,往往忽视长远的发展和创新。这势必形成矛盾。

高考在设计试题时,有明显的思维层次要求,会设计出不同解题思想层次的试题,使善于知识迁移和运用思维块简缩思维的考生能用敏捷的思维赢得时间,体现其创造能力。但许多中学数学教师走入一个误区,认为培养能力就是做深题、讲难题,这样的高三复习不仅不能从整体上培养学生的数学思想和能力,反而容易打击许多学生学习数学的自信心,让许多学生远离数学、厌弃数学,进而形成严重的两极分化。这种复习方式培养的数学能力是不成熟的、是不会持续发展的。其实,数学思想、方法、能力的培养必须从基础知识的教学开始抓起,必须在学生学习数学基础知识的过程中逐渐培养,并且还必须在学生与数学构建起良好的情感关系的前提下,使学生能自觉地加强能力的培养;同时,教师应当在教学中注意有意创设恰当的数学活动,培养学生积极参与意识,让学生主动思维、亲自过手。

除了学生最难内化的数学思想方法应该渗透于平时教学外,选填题的巧解方法也不是靠考前几天就能熟练掌握并熟能生巧的,也必须提前。平时教学中要重视和加强选择题的训练和研究,不要仅仅满足于答案正确,还要学会优化解题过程,以赢得足够的时间思考解答难题。要不断积累解选择题的经验,尽可能小题小做,除直接法外,还要灵活运用特殊值法、排除法、检验法、数形结合法、估计法来解题。笔者每届高三复习,都将选填题巧解前置到第一轮复习开始时,数学思想方法也应渗透在平时教学中。

如某年武汉 2 月调考第 10 题:已知一个四面体的一条边长为$\sqrt{6}$,其余边长均为 2,则此四面体的外接球半径为(　　)

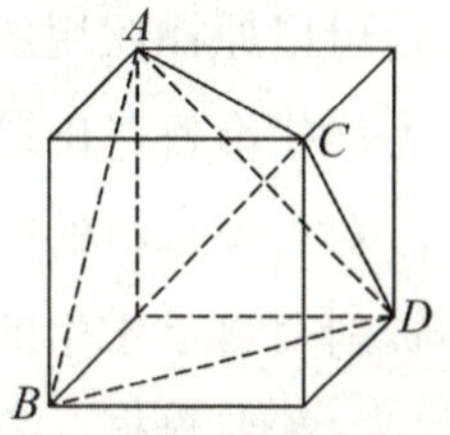


A. $\frac{\sqrt{5}}{3}$　　B. $\sqrt{5}$　　C. $\frac{\sqrt{15}}{3}$　　D. $\frac{\sqrt{15}}{5}$

**解析**:这是全卷学生做错人数最多的试题之一,学生使用的直接法运算量及思维量都非常大,即使最后算对,也造成了隐性的时间丢分。若考生心中有图,就能用动态的观点观察图与图间的关系,从而更加灵活地驾驭图形：∵$\sqrt{6}\approx 2.236>2$，∴所求外接球半径比棱长均为2的正四面体外接球半径稍大一点，将棱长为2的正四面体补成边长为$\sqrt{2}$的正方体后，口算就可求出其外接球的半径为$\frac{\sqrt{6}}{2}\approx 1.118$，而A、D选项小于1，B选项大于2，因此估算出C答案。

用特值法、估值法等解选填题，不仅快，而且准，更重要的是赢得了考场中宝贵的心理优势——如此好的方法平时没练熟，高考就不可能生巧。

**三、教辅资料对学生、对高考的针对性不强，则需要根据对学生的进行动态分析后，对资料进行加工改造后使用。**

一方面一些教辅资料未针对各校的学生实际，例习题的选择多数集中在中档题或难题，不利于学生基础知识的复习，而事实上，不论优生还是学困生，扎实的基础都是其进一步学习的前提；另一方面，一般资料都是头一年高考之前就已经开始编写，但资料的编写到发行需要一定的周期，因此，当资料到学生手上时，就已经显得滞后。另外，资料也不会考虑到教师的个人教学风格，教学是一项有着鲜明的个人色彩的工作，对知识点、知识体系的处理方式，往往是各俱千秋的。

这实际就是分层教学的要求了，尽管在课堂教学上很难做到，但在练习上是可以做到的。我们为此把各项训练分成三个层次（基础题、中档题、提高题），从而让每一个学生在自己的得分能力内尽量不丢分。因此使用资料时需要注意以下几点：1.需要根据学生的实际删加例题。没有哪一本资料是可以原样照用的，学生的现状就是例题取舍的标准。这里同时还应注意：为优生准备基础题，并不会降低优生的水平；尽量不选解法没有通性的题。2.对教辅资料的加工改造不仅是删除一些难题，更为重要的是在认真思考资料对自己学生的针对性基础上，进行删减和补充。

需要根据高考题的变化补充讲解内容。高考是有考纲可遵循，但又有大量擦边的知识被考查。比如对称性与周期的关系、二阶导数与凸凹性、递推数列求解技巧、二次方程根的分布等知识，考纲中没有但的确又常在考。这些内容就应该有计划地加以补充。

**四、避免随意性，根据“学生缺什么才补什么、学生缺多少才补多少”的原则进行弥补。**

一些复习资料训练的数量与质量有一定缺陷。在数量上，相对具体班级的实际情况而言，可能题量过多或过少，需要教师给予一定量的增删；在难度上，搭配不一定合理；在质量上，因出版时间的限制，未能及时跟踪最新的高考动态，更需要教师及时弥补。

由于学生的复习时间十分有限，所以教师对习题、试题的选编要十分慎重，绝对要避免随意性，更不能出现“拿来主义”，将人家的整套试题拿来直接使用。对每一套习题，我们都要有明确的目的性与针对性。要想提高练习的质量，就要把握好命题或选题的原则：即诊断性练习保证准确、反馈性练习保证及时、巩固性练习保证系统、探究性练习保证实用、综合性练习保证滚动、模拟性练习保证前瞻。对学生易错易混的地方，要反复强调，多次重复。另外还要考虑到学生的心理承受力，不能使学生烦，所以天天练比集中练好。

**五、学生独立思考后才给答案。导而不演、有效教学。**

一般的复习资料在例题后便附有解答，学生还未思考还未找到自己出错的原因，就已经被答案牵着鼻子走了。因而，学生只是知道了一个题目是怎样解出来的，但无法明白这个题目为什么要如此解，也就是说学生在复习后可能仍不具有“解题能力”，这显然是学数学的致命弱点了。

高三复习时讲、练的每一道题，高考都不会考，那我们为什么还要讲或练？这些题目不过是学生体会数学思想、精神和方法的一个载体。我们每位老师应在有限的时间内最有效地提高学生的各种能力，高效的标准应是每一节课学生在教师的组织下通过独立分析、探索，解决了自己能解决的问题，同时在教师的引导帮助下解决了原先没想到或不能解决的问题，而整个过程都是高强度、高密度的思维训练，且思维难度与教材难度要求一致。每个环节都是学生经过分析、鉴别、实践、感悟、反思升华（动脑、动手、动口）来实现，最终学生实现知识网络化并会活用知识，对任何一个新题会分析，能解决。为实现这一目标，应紧紧围绕“问题解决——数学思想”这个中心，引导学生进行“数学地思考”，帮助学生获得“数学感悟”。

**还课于生或延伸课外——让学生成为数学的主人。**笔者曾选择较多的适合学生讲授的内容甚至是专题让学生上讲台，当然要建立在个人充分准备、小组讨论和教师适当指点的基础上。不少学生深有体会地说："准备登台讲解的过程，其实就是自主学习的过程，它要求自己必须学透学精，而且可以锻炼自己的表达能力。"笔者还常常将第二天要讲的内容提前布置给学生课后探究，特别是那种学生一时难以接受或难以掌握的内容。这一方面有助于学生消化和内化较难的内容，另一方面，由于高三学生完全有可能超越老师——要不我们教出来的学生怎能考上清华、北大？因此我们不应该总是以自己的思维定势、个人偏好去束缚学生，恰当的时候，应该主动让贤，让全班同学实现智慧共享，让更多的学生都能站在"巨人"的肩膀上。

**六、选择资料加大基础题的训练，抓住基础分。**

**"120 分的基础过关"是高考的核心利益所在。所以要牢牢抓住基础分。**资料选择范围包括课堂基础训练、周客观题训练、周综合题训练、单元训练等。两点之间最短的距离并不一定是直线。每年第一轮复习一开始，笔者就组织我校高三普通班进行"删除压轴题，将之改为针对学生平时练习中暴露出弱点的强化题"的套卷训练；和选、填题的 45 分钟限时训练；以帮助学生克服自己有能力克服的困难。第二轮复习一开始，笔者就组织我校高三普通班进行"选、填题满分训练"和"前 19 题满分训练"，引导普通班学生牢牢抓住其 123 分的"核心利益"；第二轮复习恢复的压轴题，若是数列不等式的证明，普通班学生应优先考虑数学归纳法、二项式定理法和导数法，而不应优先使用技巧性很强的放缩法。因为技巧性很强的放缩法，即使是教了多年数学的教师也没有把握，一般学生在短时间内更无法突破，此时，放弃就是一种智慧，普通班在"技巧性很强的放缩法"上耗费大量时间和精力对于绝大多数学生都是纯属浪费。我会在每张训练卷的页眉提醒考生："将细心运算进行到底，将低级错误消灭彻底。"提倡"慢做会，求全对；稳做中档题，一分不浪费；舍弃全不会"，帮助学生克服"会而不对，对而不全"的惯性失误。

# 布置作业有技巧

通过对部分中学数学作业布置与学生完成情况的调查发现，除了部分由于对所学知识不理解，因而完成作业有困难的学生外，许多成绩不错的学生对待作业的态度也不积极，他们虽然在大多情况下能按时完成作业，但对作业的认识只停留在作业只是任务这一层次。经常抱怨作业量繁重，难以承受，对作业中的题目，简单的不愿做，认为自己会做，何必浪费时间；而稍难的就缺乏信心和毅力，懒得动脑，等待老师讲解。作业迟交、不交、抄袭等“费时费力不见效”的现象严重。新课程标准指出：“数学课程的出发点是促进学生全面、持续、和谐地发展”，这不仅带来了课堂教学模式的革新，对作业的布置也提出了新的要求。下面对目前普遍存在的误区做一下剖析，以供大家参考。

**一、遵循适量性原则，避免机械训练、大量重复**

剖析：许多老师都持有“熟能生巧”的态度，搞“题海战术”，只图“量”，不求“质”，一味盲目地“强化”训练。其实这种盲目的“题海战术”，导致思维活动空间减小，不利于能力的发展，更使学生作业量过大，负担过重，与素质教育相违背，使学生作业效果降低，作业抄袭现象严重，造成负面影响。

高效策略：一定数量的作业有利于学生理解和掌握课堂学习内容。将不在勇而在谋，兵不在多而在精。老师布置的“作业”应能结合课堂所讲内容精心筛选，尽量兼顾作业的典型性、系统性和全面性，在作业的选编上既考虑到由易到难、循序渐进的原则，又注意体现启发性、巩固性的原则。还应科学地控制数学作业的量，尽量选择那些概括性强，覆盖面广的作业，减少重复性的内容。另外，极力减少不必要的重复性练习，精心选择辅导教材，为学生布置高质量的，具有典型性的作业题，应达到练一题而通一类的效果。

**二、借鉴“游戏”通关，布置分层作业，也可设计作业“超市”，让学生自选作业**

**剖析**：有些学校甚至严格要求整个年级作业统一，无视学生的个性和基础的差异性，搞一刀切，这样的作业无疑是学习兴趣的“屠宰场”。教育家孔夫子早就提出“因材施教”的主张。而如今的作业没有弹性，缺乏层次，这势必会造成有的学生“吃不饱”，有的学生“吃不了”的现象，因而就产生了作业抄袭现象和不做作业现象。

**高效策略**：从数量上将定量作业改为弹性作业。巴班斯基在研究教学过程的最优化策略时，提出教学过程的一个中心矛盾是老师向学生提出的学习任务与学生实现这些任务的可能性之间的矛盾。若提出的要求和任务是处于学生能力的最近发展区，这个矛盾就成为推动整个系统（即教学过程）向既定目标前进的动力；若提得太难或太容易，不处于他们能力的最近发展区，就不能成为推动整个系统向既定目标前进的动力，甚至会成为反作用力。伸手就可以摘到的桃子吃起来总觉乏味，跳一跳摘到的桃子吃起来才觉得香甜可口。不同学生之间存在着素质、智力、能力、心理因素等多方面的自然差异。对他们提出同样的标准、同样的要求，显然有些不合理，需要实行因材施教的教育原则。以学生潜能的发展为标准，最大限度地发挥其自身具有的潜能，创设具有层次性的数学作业，能让各类学生在数学学习中得到不同的发展。“不同的人在数学上得到不同的发展”。事实上，教育是一个生态系统，没有足够的多样性，就没有可持续发展的蓬勃生机。设计作业时，就是要针对学生的差异，因材施教，设计多梯级、多层次的作业，给学生留有自主选择的空间，充分发挥他们的学习主动性，让他们各取所需，自主选择作业的数量与难度，满足不同学生的需要：前一个层次作业“通关”后，就可以挑战后一个层次的作业。如选课本后1～2个习题，与课中例题相仿,用以巩固提高,反馈学习情况,检测学习成绩,教师了解学生。同时可设计一道综合性强的题,供选做选用,学有余力的学生以此得到提高。

教师要找准学生学习的最近发展区,设计不同层次的作业:第一个层次的作业,是为了巩固课堂知识而设置的,人人必做。这类作业,是基本知识的简单应用,是巩固知识所必需的,第二个层次的作业,对学生要求较高,对知识的掌握程度和灵活运用要求也较高,要求大多数能做教师在布置作业时给予必要的指导。让大多数人都能顺利完成。第三个层次的作业,是专为学有余力的学生准备的作业。教师只提一个每天完成作业的最低量的要求,让学生自由选择完成。在这样的作业"自选商场"中,学生有自由选择权,这样不同认识水平的学生都能得到不同层次的发展。分层作业充分发挥了学生的主观能动性,能让厌学、抄袭等现象大为减少,并解决了"吃不了"与"吃不饱"的问题。

提供分层矫正作业。班级授课制下学生的学习结果不会整齐划一的,教师不在教学单元开始时将学生进行层次划分,而在教学单元结束时划分。这样做有利于学生在教学单元的学习过程中学会自主选择作业。而矫正作业的分层次要求,有利于形成互帮互助的学习风气,提高学生完成作业的主动性和积极性。教师可在一个教学单元结束时进行"形成性测验",根据测验结果将学生分成"合格"和"需努力"两个层次。教师提供矫正作业,要求"需努力"的学生独立完成后交给"合格"的学生批改讲评。

**三、以科学性、目的性为原则,避免缺乏针对性,随意而为,或是直接拿来主义**

**剖析:**有些教师布置的作业在量和质上都比较"随意",对所提供的作业资料基本上采用"拿来主义"策略。这不仅加重了学生负担,更为严重的是这些"拿来主义",在耗时耗力的同时也在逐步消磨学生做作业的兴趣。

**高效策略:**作业设计必须内容科学,必须符合教学内容所提出的教学要求,准确把握各部分知识结构中的重点和难点,必须符合学生思维特点和认知发展客观规律,同时设计的作业要目的明确。此外,有代表性、典型性的作业不要认为学生做过就过关，必须有目的、有计划地安排一定程度的重现性作业，才能保证学生获得牢固的知识和熟练的技能。但要注意重现并不等同于机械地重复，要注意作业数量适当，难易适度，让学生能完成。

**四、以多样化、探索性、研究性、创新性为原则**

剖析：传统数学中布置的作业均为笔答题型作业，单调的作业让学生感到乏味，不但降低了学生做作业的积极性，也不利于锻炼和培养学生多方面的技能。

**高效策略**：在“作业”形式上要注重多样化，让学生通过做“作业”体验数学知识的实用性和有趣性。例如：教材中“读一读”“想一想”“做一做”的形式，可以增加学生的知识面，培养学生的探索精神和实践能力，对学生进行爱国主义教育，同时增加学生对数学史的了解。还可以布置观察、制作、实验、读课外书刊、上网查询等实践性的作业。我们还可以拓展“困惑交流”“学习反思”“题型梳理”“问题小结”“数学日记”等“花样”，以弥补学生多“听讲”少“感悟”的缺憾。学生通过这类作业的训练，既可尝到学习数学的乐趣，开阔知识视野，又可学会多方面的能力，这些将使学生终身受益。

**以探索性为原则**。波利亚曾说：“一个专心备课的教师能够拿出一个有意义的但又不太复杂的题目，去帮助学生发掘问题的多个方面，使得通过这道题，就好像通过一道门户，把学生引入一个完整的理论领域。”例习题的变式训练是一种极好的探索作业，变式是指相对于某种范式的变化形式，就是不断变更问题的情境改变思维的角度，在保持事物的本质特征不变的情况之下，使事物的非本质属性不断迁移的变化方式。如某高考题“已知函数 $f(x)=(1+x)e^{-2x}$，$g(x)=ax+\frac{x_3}{2}+1+2x\cos x$，当 $x\in[0,1]$时，(1)略；(2)若 $f(x)\geqslant g(x)$恒成立，求实数 $a$ 的取值范围.”本题主要考查函数不等式的证明、函数不等式的恒成立等知识点。要求考生会根据已知条件直接构造差函数，并能在解答过程中根据思维受阻实际情况，灵活的变更思路，将不等式等价变形后再构造差函数，求出最值，从而解决相关的证明或恒成立问题。第(2)问代数不等式的恒成立问题，在历年高考题中随处可见。改变例题的条件和结论，抓住例题的典型性与可塑性，通过变形改造，可对原题进行引申和推广。

若$\forall x_1\in[0,1]$，$\exists x_2\in[0,1]$，使得$f(x_1)=g(x_2)$，则实数$a$的取值范围为________；

若$\forall x_1\in[0,1]$，$\exists x_2\in[0,1]$，使得$f(x_1)\geqslant g(x_2)$，则实数$a$的取值范围为________；

若$\forall x_1\in[0,1]$，$\forall x_2\in[0,1]$，使得$f(x_1)=g(x_2)$，则实数$a$的取值范围为________；

若$\forall x_1\in[0,1]$，$\forall x_2\in[0,1]$，使得$f(x_1)\geqslant g(x_2)$，则实数$a$的取值范围为________；

若$\exists x_1\in[0,1]$，$\exists x_2\in[0,1]$，使得$f(x_1)=g(x_2)$，则实数$a$的取值范围为________；

若$\exists x_1\in[0,1]$，$\exists x_2\in[0,1]$，使得$f(x_1)\geqslant g(x_2)$，则实数$a$的取值范围为________；

若$\exists x_1\in[0,1]$，$\forall x_2\in[0,1]$，使得$f(x_1)=g(x_2)$，则实数$a$的取值范围为________；

若$\exists x_1\in[0,1]$，$\forall x_2\in[0,1]$，使得$f(x_1)\geqslant g(x_2)$，则实数$a$的取值范围为________；

若$\forall x\in[0,1]$，使得$f(x)=g(x)$，则实数$a$的取值范围为________；

若$\forall x\in[0,1]$，使得$f(x)\geqslant g(x)$，则实数$a$的取值范围为________；

若$\exists x\in[0,1]$，使得$f(x)=g(x)$，则实数$a$的取值范围为________；

若$\exists x\in[0,1]$，使得$f(x)\geqslant g(x)$，则实数$a$的取值范围为________。

上述12个问题中给出的条件形同质别，涉及含参数方程、不等式的存在性问题或恒成立问题，根据方程、不等式的结构特征，恰当地构造函数，等价转化为含参数函数的值域、最值讨论，通过对上述问题的研究，可以概括出以下结论：

结论1：$\forall x\in D$，$f(x)>g(x)$恒成立$\Leftrightarrow[f(x)-g(x)]_{\min}>0$.

结论 2：$\exists x\in D$，使得 $f(x)>g(x)$成立$\Leftrightarrow[f(x)-g(x)]_{\min}>0$.

结论 3：$\forall x_1\in D$，$\forall x_2\in D$，$f(x_1)>g(x_2)$恒成立$\Leftrightarrow f(x)_{\min}>g(x)_{\min}$.

结论 4：$\forall x_1\in D$，$\exists x_2\in D$，使得 $f(x_1)>g(x_2)$成立$\Leftrightarrow f(x)_{\min}>g(x)_{\min}$.

结论 5：$\exists x_1\in D$，$\forall x_2\in D$，$f(x_1)>g(x_2)$恒成立$\Leftrightarrow f(x)_{\min}>g(x)_{\min}$.

结论 6：$\exists x_1\in D$，$\exists x_2\in D$，使得 $f(x_1)>g(x_2)$成立$\Leftrightarrow f(x)_{\min}>g(x)_{\min}$.

结论 7：$f(x)$不过第二象限$\Leftrightarrow$当 $x\leqslant 0$ 时，$f(x)\leqslant 0$ 恒成立$\Leftrightarrow f(x)_{\min}\leqslant 0$.

结论 8：$\forall x_1\in D$，$\exists x_2\in D$，使得 $f(x_1)=g(x_2)$成立$\Leftrightarrow f(x)$的值域 $A\subseteq g(x)$的值域 $B$.

结论 9：$f(x)$的图象在 $g(x)$的图象的上方$\Leftrightarrow f(x)-g(x)>0$ 恒成立$\Leftrightarrow[f(x)-g(x)]_{\min}>0$.

结论 10：$\exists a_1,a_2,\cdots a_k,a_{k+1}\in D$，使得 $g(a_1)+g(a_2)+\cdots+g(a_k)<g(a_{k+1})$成立$\Leftrightarrow kg(x)_{\min}<g(x)_{\min}$.

这类含参数不等式问题的解题思路最主要是转化，把难的、复杂的问题等价转化为简单容易解决的一个或两个函数的值域、最值问题，再借助导数工具求解。

**以研究性为原则**。就是由教师给定范围或专题，学生选题；然后学生独立搜集整理资料；经由合作与交流、反馈与修正，形成作业成果；最后在班级汇报展示，全体同学进行评价、补充与记录整理。此类作业教师给定范围，学生有更大的选择自由，完成时空跨度大，可以寻求合作伙伴，有创造性，与生活紧密结合，加速了个体的社会化，可以培养学生信息利用等能力。与传统作业比较，研究性作业有明显的优势：①研究性作业往往是综合的专题学习，学生在驾驭专题学习中容易成为学习活动的主人，有利于学生创新思维与能力的培养；②作业完成时间较长，作业反馈相应延迟，时空的广阔，有利于提高学生学习的自觉性，提高学生广泛搜集信息的意识和能力；③重视从单独完成到合作完成，有利于培养学生的合作精神；④作业过程、完成方式和评价方式等方面的开放性。如学习解析几何时，可让学生自己研究三种圆锥曲线中对称问题的解法(设点入手和设线入手)异同。也可布置相关问题的研究作业，如方程恒成立问题、方程有解问题、不等式恒成立问题、不等式有解问题，都可分离变量，再求最值或值域。那为什么不用讨论最值法？俗话说“不怕不识货就怕货比货。”分离了变量(字母参数)就可以避免繁琐的讨论。

**以创新性为原则。**即“另类”作业。学生作业是帮助学生巩固所学知识的一种手段，这是对作业狭义地理解，现在我们可以拓广这种方式，推陈出新：只要是积极健康的、促进学生发展、培养学生综合素质的由学生直接或间接参与的一切形式都可以理解为学生作业。如课堂内可让学生走上讲台。例如：让学生尝试当一回老师。对数学教材的某一节或某一点内容作出分析或讲解，笔者曾组织学生课下分组研究，并课堂展示了：三次函数、分式函数、$y=\frac{\ln x}{x}$、$y=\ln(1+x)-x$ 等函数的性质；三棱锥顶点在底面的射影分别是底面三角形各心的充要条件；三角形中各心的向量表示等，台下的同学都以浓厚的兴趣专注于全过程，实际上，他们也间接地参与了，这样不仅使尝试的学生本人得到锻炼，而且在教师必要的补充后，班级其他同学更是获得极佳的学习效果。

课堂外可让学生走进生活。引导学生关心身边的数学，善于用数学的眼光来审视客观世界中丰富多彩的现象，不仅能使学生学到数学知识，同时也能让学生感受到数学在生活及社会各领域的广泛应用。比如：让学生去打折销售的商店购物，切身感受“打折销售”问题。还可让学生互帮互学。要求成绩好的学生在适当的时间帮助成绩差的学生给以知识上的辅导、解题上的辅导。先由不自觉地在教师的安排下进行，逐渐发展为自发地帮学风气，同学相互之间取长补短，这样做不仅提高了教与学的效果，而且促进了同学们之间的友谊，发展了他们的“情商”。

### 结语

教师在布置作业时，必须充分考虑不同学生的学习水平，做到“不布置死记硬背、机械训练作业，布置启发性、思考性作业；不布置重复性作业，布置可选择性、层次性作业；不布置繁难偏旧作业，布置实践性、研究性作业”。布置的作业数量要少，质量要高，要避免进入“教师随意布置大量作业——学生应付作业——教师随意批改作业——教师再随意布置过多作业——学生再应付作业”的恶性循环，消除教师无暇顾及教学内容的研究和设计、无暇顾及研究学生的现象，从而解决学生不堪重负、疲于应付、厌学情绪滋生等问题。因此，加强作业布置的研究，避免超负荷、重复性、低水平的作业，给每个学生留有充分自主发展的余地，是提高课堂教学效率必由之路。

# 课题篇

# 问卷调查[1]:试卷评讲课学生学习情况的调查和分析

## 一、问题背景

为了更好地贯彻课堂教育模式改革,准确掌握学生在教学过程中的参与状况,有针对性的实施教育,促进中小学生学习水平的提高,我校部分教师联合对目前高中生在试卷评讲课中的现状做了一次全面的调查,力图为各位同仁提供较为可靠的数据,以期为教育教学工作者提供帮助。

## 二、问题思考

高中教学中,我们评讲试卷的基本模式为"统计三点,检查三点,归纳三点"。统计三点:分段统计考试成绩;分题统计错误人数;分项统计错误知识点。检查三点:检查学生审题的偏差;检查学生知识掌握的漏洞;检查方法应用的缺失。归纳三点:归纳试题考查的目标,归纳试题涉及的知识范围;归纳解题方法和技巧。这主要依靠教师的长期经验和主观设想,如果能知道学生的真实状况,了解学生的行为和心理,那么我们的教学效率必将得到很大的提高。于是我们对高中生的学习行为学习心理以及需求等进行摸底,期望能对我们的教学模式改革有指导意义。

---

①问卷调查是指通过制定详细周密的问卷,要求被调查者据此进行回答以收集资料的方法。所谓问卷是一组与研究目标有关的问题,或者说是一份为进行调查而编制的问题表格。它是教师在教学调查研究活动中用来收集资料的一种常用工具。教师借助这一工具对教学活动过程进行准确、具体的测定,并应用社会学统计方法进行量的描述和分析,获取所需要的调查资料。

## 三、设计调查

我们在理论学习、请教专家、同行探讨、自我思考、个别访谈的基础上，结合我们平时的教学实践，拟定了如下的调查表，对笔者所在的学校高中部三个年级九个班共490人进行了问卷调查。

## 四、数据分析

以下是调查问卷和数据分析，为了方便阅读，这里我把学生解答情况和教师分析放在每一道题，其中学生解答情况的统计数据以表格形式给出。

### 大冶一中试卷评讲课现状调查(学生问卷)

年级　　　班级　　　文理科

亲爱的同学：

你好！为了让你更加轻松愉快地学习、健康快乐地成长，并且在学习、成长的过程中学有所成，我们向你做一项调查。此调查不做任何评奖依据，也不留下你的姓名，希望你把自己最真实的想法告诉我们，让我们来实现你的愿望。谢谢合作！

一、选择题(可单选也可多选，选项填在题框内)

1. 对于试卷讲评课，你的听课方式是(　　)

A. 听课时不记笔记，但愿意听，会配合老师的节奏(例如回答)

B. 老师让记什么时，有时记有时不记，有时也不听，做自己的

C. 听课时会记下自己认为重要的内容，但常常听不到老师下面所讲内容

D. 一面听，一面把老师讲的和自己认为重要的内容记在书上

| | | 高一 | 高二 | 高三 |
|---|---|---|---|---|
| 题号 | 选项 | 选择率 | 选择率 | 选择率 |
| 1 | A | 12.4% | 21.9% | 6.5% |
| | B | 8.9% | 18.0% | 18.3% |
| | C | 26.2% | 25.1% | 24.9% |
| | D | 52.5% | 35.0% | 50.3% |

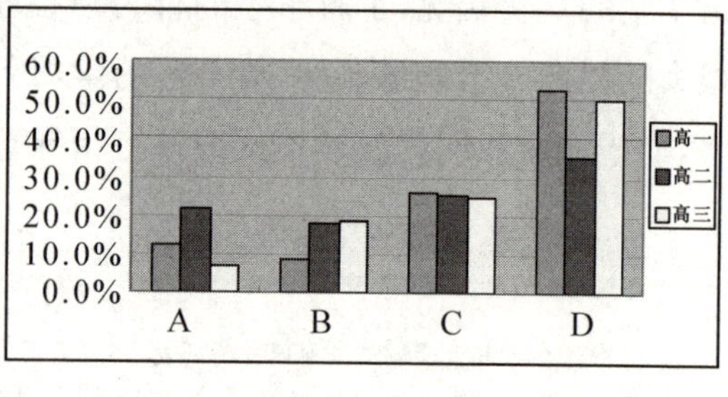


在这两个表格中，我们发现各年级的学生多数选D，高的可达52.5%，

低的为35.0%。整个高一学生听课都很认真，高二有所松懈，到高三又好了些。听课反应最不理想的是高二，所以在高二必须加强对学生的听课指导。另外，学生的普遍反应是记笔记与听课不能兼顾，看来我们老师要把握好讲题节奏。

教学过程中，学生的行为参与是我们教学获得成功的基石，如何更好地促进学生的行为参与是我们每个老师都必须思考的。教师要不断更新教育理念，改进教学方法，以学生为中心，根据学生实际处理好课程的快慢以及重难点问题，从而让学生愿意听，听得进记得住，提高试卷评讲课的效率。

2. 你在试卷评讲课中的表现是(　　)

A. 对做错的试题听得很认真，讲没做错的试题时就干别的事情

B. 基本不会走神，做对和做错的试题都听得很认真

C. 只听做对的，太难的题听不懂也不想听

D. 自认为做对了、已懂了，不用听

| | | 高一 | 高二 | 高三 |
|---|---|---|---|---|
| 题号 | 选项 | 选择率 | 选择率 | 选择率 |
| 2 | A | 33.8% | 54.0% | 53.5% |
| | B | 35.2% | 23.8% | 28.0% |
| | C | 19.5% | 8.5% | 10.8% |
| | D | 11.4% | 13.8% | 7.6% |

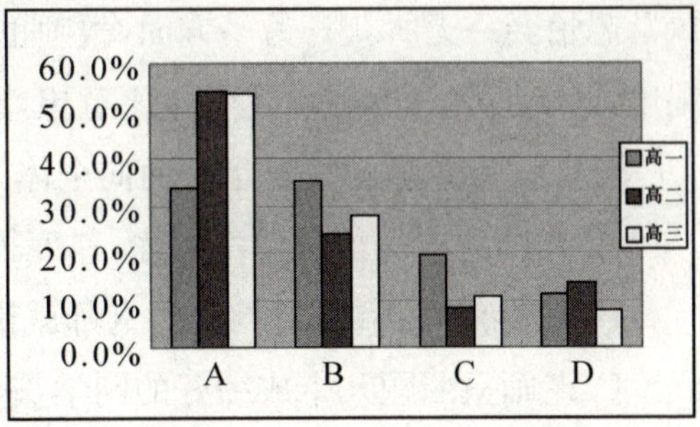


这道题各年级学生普遍选择A选项的较多，高一学生有些选择C和D，容易导致两极分化，需引起我们的重视。

由于高考是选拔性考试，高中平时练习的试卷都有一定的难度，学生学起来就有困难，这就需要教师结合学生的思维和认知规律，循序渐进地落实难题。譬如可以设置问题串、小组探究解法、师生总结等，让学生不论听哪种类型的题都有兴趣，激起学生不畏艰险的勇气。在这样的方式方法下，教师再对典型错误进行剖析，学生就更容易弄清楚错误产生的根源，更能有效避免错误的再发生。

3. 课堂上听老师讲试题时，你对老师的提问(　　)

A. 思考后回答　　　　B. 讨论后回答

C. 不思不答只跟着抄　　　　D. 听不懂，不想理

| | | 高一 | 高二 | 高三 |
|---|---|---|---|---|
| 题号 | 选项 | 选择率 | 选择率 | 选择率 |
| 3 | A | 57.2% | 59.0% | 67.5% |
| | B | 18.2% | 14.8% | 17.2% |
| | C | 19.8% | 16.4% | 9.6% |
| | D | 4.8% | 9.8% | 5.7% |

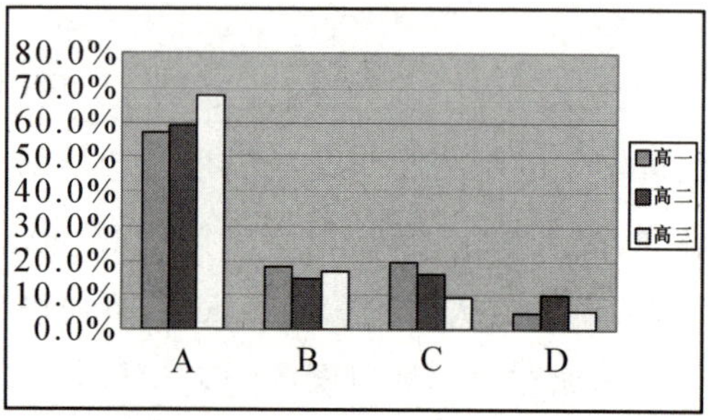


教师提问，各年级学生选择“A. 思考后回答”的比例较高，表明愿意动脑思考问题的学生较多。

教师提问是为了加深对知识的理解，引起学生的注意，也是课堂中师生交流的主要手段。如果我们积极响应，不论对错，都是收获，但若是当“耳旁风”，恐怕会一无所获。另一方面，教师也要注意设问提问的技巧，争取最大限度地调动学生的兴趣，让学生愿意想，敢想敢说。

4. 你认为老师的教学是否面向全体同学？(　　)

A. 老师力求每位学生都听懂，速度较慢

B. 只要有 70%的同学听懂，老师就讲下一个内容

C. 老师只照顾几个成绩好的同学，速度太快

D. 老师注意分层教学，对基础差的同学课后辅导；对学有余力的同学布置新的任务。

| | | 高一 | 高二 | 高三 |
|---|---|---|---|---|
| 题号 | 选项 | 选择率 | 选择率 | 选择率 |
| 4 | A | 29.5% | 45.0% | 24.7% |
| | B | 53.2% | 38.3% | 57.3% |
| | C | 9.2% | 8.9% | 13.3% |
| | D | 8.1% | 7.8% | 4.7% |

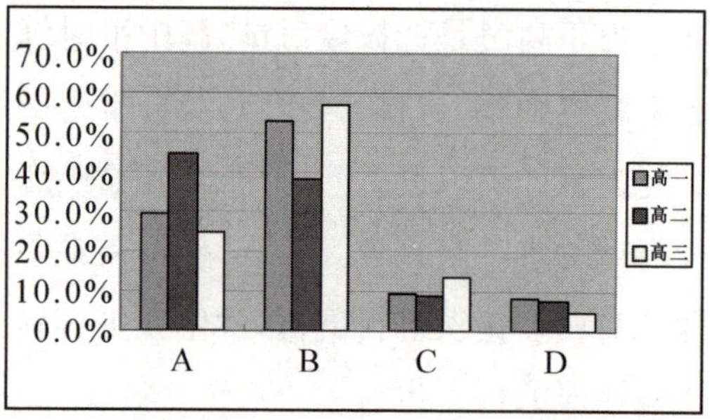

教师讲课基本上照顾了所有学生，没有为少数学生服务，大多数老师能让班上70%的学生听懂课，教师要处理好落后生与尖子生在听课时的矛盾问题，需要动点脑筋。

讲课能照顾班级的绝大多数，忽视少数学习困难生，从而造成这部分学生越来越差，是教师教学普遍的现象。限于课时以及老师精力有限，怎样做才能让尖子生更出众，又不让落后生掉队，这值得我们思考。

5. 你敢于在课堂上表达自己独特的见解吗？这样的机会多吗？（　　）

A. 敢；很多　　　　B. 敢；很少

C. 不敢；很多　　　　D. 不敢；很少

| | | 高一 | 高二 | 高三 |
|---|---|---|---|---|
| 题号 | 选项 | 选择率 | 选择率 | 选择率 |
| 5 | A | 13.4% | 10.7% | 3.6% |
| | B | 21.4% | 28.4% | 28.6% |
| | C | 27.3% | 21.3% | 15.0% |
| | D | 38.0% | 39.6% | 52.9% |

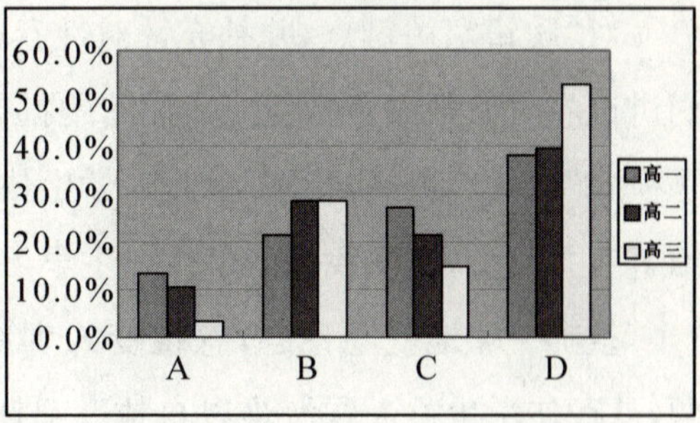


我们老师在课堂上没有给学生发表见解的机会比例很高，尤其是高三，比例高达52.9%，学生在课堂上不敢发表自己的见解以高一较突出。教师必须从学生的认知基础出发明确学习和发展的主体是学生，强化学生在教学中的主体地位，不要搞一言堂。

教师作为“学习的参与者”，在教学过程中要与学生共同学习、共同提高；教师作为“引导者、促进者”，要起到引导、促进学生体验的作用；教师作为“指导者、领导者”，要艺术地把握课堂教学过程的走向、引领着学生发展的方向；教师作为“合作者”，应在与学生的交往中，忘记自己是老师，而把学生视为志同道合的朋友。

6. 做错的试题你希望老师（　　）

A. 只简单提示一下

B. 讲清关键点，并补充针对性专题材料和练习

C. 老师抄答案，自己消化

D. 讲清思路，归纳解题模式，供以后使用

| | | 高一 | 高二 | 高三 |
|---|---|---|---|---|
| 题号 | 选项 | 选择率 | 选择率 | 选择率 |
| 6 | A | 4.0% | 4.7% | 2.7% |
| | B | 38.8% | 40.8% | 39.1% |
| | C | 2.2% | 24.4% | 4.3% |
| | D | 55.1% | 30.0% | 53.8% |

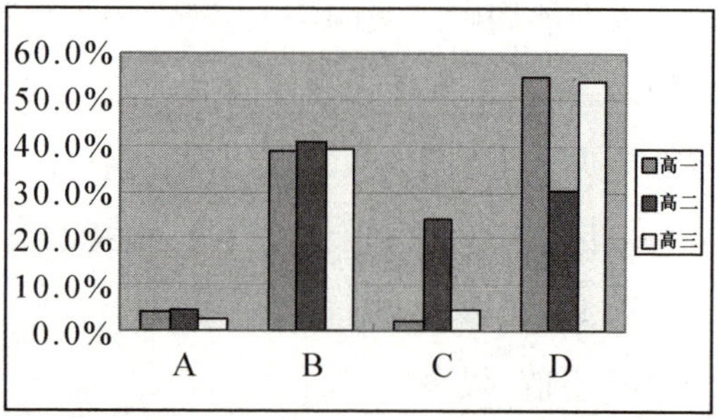


对“B. 讲清关键点，并补充针对性专题材料和练习”的呼声较高，可见我们讲试卷时学生大多希望把一类问题都搞清楚。同样对“讲清思路，归纳解题模式”的呼声更高，特别是高三，学生快要高考了，有的题目还需要老师详细解答并归纳，表明我们的学生自主学习意识不够。

教师一味地就题论题，忽视变式训练，容易导致学生跟着老师一味做题，从而使学生跳入题海难以自拔。只注意解法的优化，忽视通性通法，容易出现学生想到而解不出或解答不完整的情形。教师在错题上，除了要设计好教法，还必须指导学法。“授人以鱼，不如授人以渔”，教师要不断提醒自己，不仅要教会学生怎么解，还要教会学生怎么想，久而久之，学生才能真正学会学习。

7. 你比较喜欢哪一种试卷讲评课方式？（　　）

A. 老师讲授，学生主要听讲和记录

B. 老师提供答案，学生自己纠正，自己感悟总结

C. 针对学生暴露的做错或做错的思维过程，老师点评关键点

D. 自查纠错，合作交流，小组展示优美思维过程，老师点评

E. 老师只对问题关键进行精讲，以节省时间给我们消化整理

F. 老师补充变式，归纳讲解典型问题通法，以免要自己总结

| | | 高一 | 高二 | 高三 |
|---|---|---|---|---|
| 题号 | 选项 | 选择率 | 选择率 | 选择率 |
| 7 | A | 10.3% | 7.6% | 6.8% |
| | B | 5.0% | 15.1% | 3.6% |
| | C | 35.9% | 30.3% | 37.5% |
| | D | 15.0% | 12.5% | 6.8% |
| | E | 17.6% | 16.1% | 21.9% |
| | F | 16.2% | 18.4% | 23.5% |

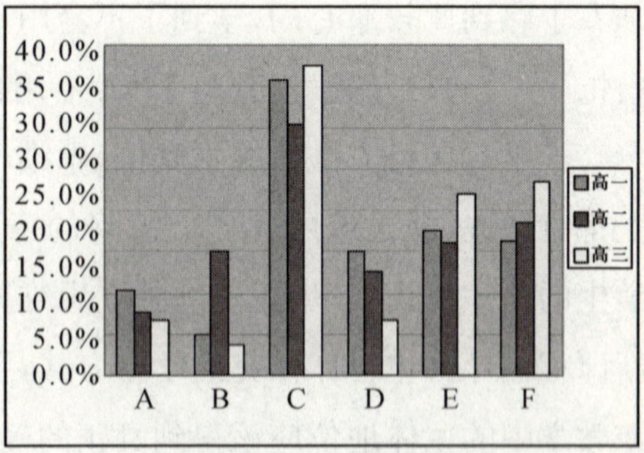


我们学生多数倾向“C. 针对学生暴露的做错或做错的思维过程，老师点评关键点”，可见找出错误和找准方法是学生共同的心声。其次，“E. 老师只对问题关键进行精讲，以节省时间给我们消化整理”的呼声也较高。

老师在试题评讲时，要善于对题目进行变式引申，要善于举一反三，这样才能使学生“既见到树木，也见到森林”，达到事半功倍。

8. 通过课堂试卷讲评你是否掌握了相应的学习方法？（　　）

A. 了解、学习到了科学的学习策略和方法，并且能够熟练应用

B. 学到了一些学习策略和方法，但能够掌握和应用的不多

C. 课堂没有学到多少学习方法，仍沿用自己的方法

D. 能够在熟练应用所学方法的基础上自主探索出新的学习策略与方法

| | | 高一 | 高二 | 高三 |
|---|---|---|---|---|
| 题号 | 选项 | 选择率 | 选择率 | 选择率 |
| 8 | A | 19.0% | 12.4% | 10.7% |
| | B | 60.8% | 58.6% | 62.4% |
| | C | 9.0% | 18.3% | 16.1% |
| | D | 11.1% | 10.8% | 10.7% |

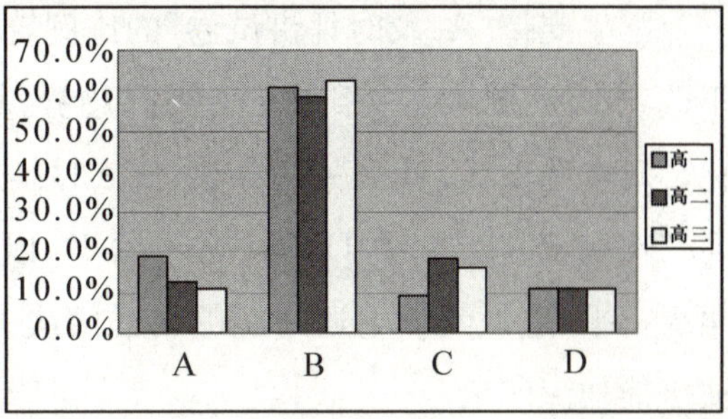


选择“A. 学到科学的学习策略和方法，并且能够熟练应用”的学生中，高三学生最少，说明我们的课效率不高。另外，选择“B. 学到了一些学习策略和方法，但能够掌握和应用的不多”的也以高三学生最多。这两条是我们教

师看了感到比较寒心的，学到了不会用或者没地方用，多少让我们教师觉得白忙乎了。高二的学生倾向于“C. 沿用自己的方法”，这有好也有坏。

学生对题目方法掌握不到位，思维习惯有缺失，在学习方式方法和认知上都有缺失，缺乏运用各科目思想的意识，模式化的套路给得太多，忽略了学生的主体意识，学生正确的独立思维方式与发现能力没有得到根本改变。新课程倡导自主合作探究的学习方式，强调学习和发展的主体是学生，学生在教学中的主体地位应该得到真正的确认和尊重。

9. 考完试后你希望（　　）

A. 及时评讲试卷

B. 及时批阅，自己消化，过一段时间再评讲

C. 我只关注分数，什么时候公布答案什么时候评讲无所谓

D. 考完后马上公布答案，以便自己订正错误查找原因

| | | 高一 | 高二 | 高三 |
|---|---|---|---|---|
| 题号 | 选项 | 选择率 | 选择率 | 选择率 |
| 9 | A | 23.9% | 33.0% | 47.2% |
| | B | 31.1% | 29.0% | 16.5% |
| | C | 5.3% | 13.6% | 4.0% |
| | D | 39.7% | 24.4% | 32.4% |

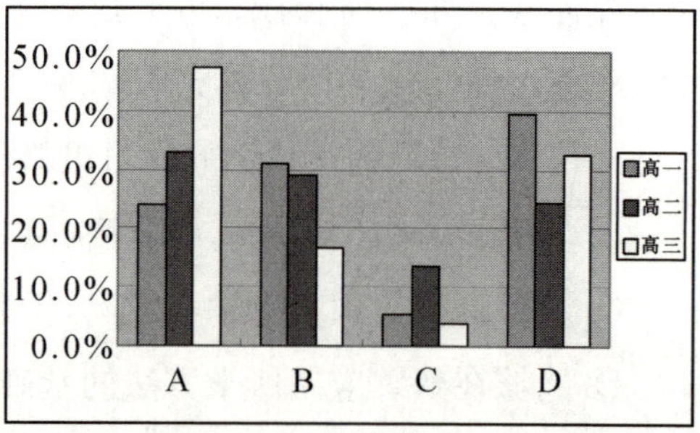


学生支持“A. 及时评讲试卷”的比例较高，由高一到高三越来越强烈，对于选项B，反倒从高一到高三有下降趋势，其实高三更应该强调学生自己消化。对于选项“C. 我只关注分数，什么时候公布答案什么时候讲评无所谓”，高二比例较高。选项“D. 马上公布答案，以便自己订正错误查找原因”三个年级持平，这说明学生还是能够自己解决的事，有的人愿意很快做，趁热打铁更能加深印象。

我国的中学生在学习过程中普遍对教师有依赖心理，缺乏学习的主动性和钻研精神。上课时，许多学生的学习只是跟着老师的节奏被动地学习，

没有计划性，老师讲什么，自己就学习什么，完全不能围绕学习内容积极主动地进行思考。有时注意力不集中，对要点没听到或没听全，不是想办法加以补救，而是得过且过，这种被动学习的局面怎样改观值得我们思考。

10. 考完试后，试卷讲评之前这段时间(　　)

A. 只关注能得多少分，不关心错题

B. 等待老师批阅，不必自己操心

C. 关注做错或没做出试题的原因，并与同学讨论

D. 关注错题，并自己订正总结原因

| | | 高一 | 高二 | 高三 |
|---|---|---|---|---|
| 题号 | 选项 | 选择率 | 选择率 | 选择率 |
| 10 | A | 11.9% | 17.6% | 7.9% |
| | B | 11.9% | 23.9% | 16.5% |
| | C | 41.3% | 35.1% | 45.1% |
| | D | 34.8% | 23.4% | 30.5% |

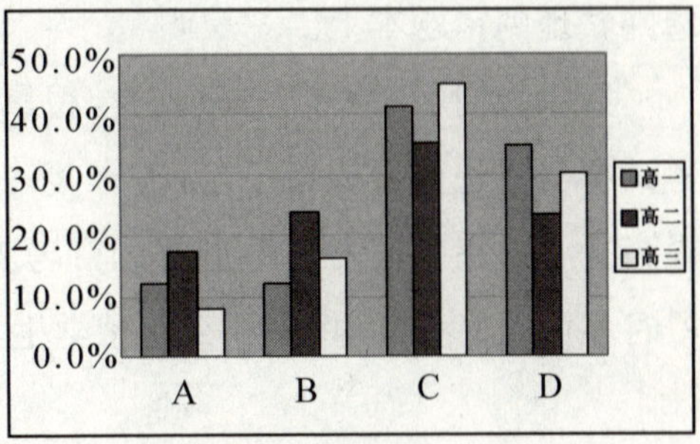


高二学生选择“A. 只关注分数，不关心错题”的比例在 17.6%左右，这种现象非常不好。而“B. 等待老师批阅，不必自己操心”的选择率也偏高，就比较糟糕了。

学生积极参与学习的因素不高，学习中理性思维能力不强，不能很好地把握学习的意义，有明显跟从老师为主的趋势，对知识缺乏深刻的理解，使得知识的掌握停在表面。要注意调控学生行为参与的延续性，重视学生的课后行为参与，形成良性循环，提高学生学习积极性。

11. 试卷讲评完后(　　)

A. 试卷放在一边，基本不再翻阅

B. 抄一遍，完成任务即可

C. 将错题抄在错题本上，有时间就做，没时间就不做

D. 自己查阅相关的资料力争将试卷弄透并整理到错题本上

| | | 高一 | 高二 | 高三 |
|---|---|---|---|---|
| 题号 | 选项 | 选择率 | 选择率 | 选择率 |
| 11 | A | 16.2% | 27.4% | 19.2% |
| | B | 3.7% | 13.4% | 1.4% |
| | C | 40.8% | 41.9% | 35.6% |
| | D | 39.3% | 17.3% | 43.8% |

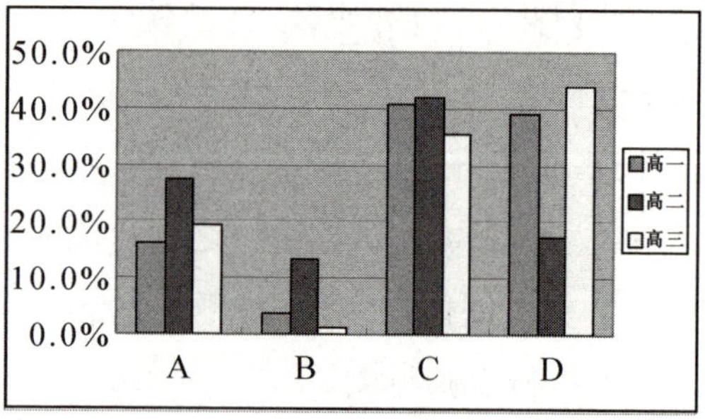


此题选择选项ABC的比例较高，尤其是高二，这不能起到试卷检测的效果，试卷整理比较好的是高一和高三，高三有43.8%的学生力争将试卷弄透并整理到错题本上。

如果我们平时养成整理试卷，积累经验，积累错因的好习惯，把每次月考试卷与错题分析放在一起，期末复习时就可以查阅一下，明确复习重点，提高复习效率。把第一轮复习的月考卷与错误分析保存下来，在第二轮复习时就可以更有针对性，那么还愁学生考不出好成绩？

# 对比实验[①]:及时讲评 PK 延时讲评

## 一、问题背景

试卷评讲课是我们日常教学过程中的一个重要环节,是学生查漏补缺的一个良机,是学生完善巩固已有知识体系的一个平台。别小看试卷评讲课,它也存在高效的问题,不同的讲评时机,不同的讲评方式,对学生的学习效果是有影响的。

## 二、问题猜想

刚考完试的学生,对试题解答情形的记忆还非常明晰,思维和心理状态也是兴奋的,他们对考试成绩和未知解答充满了渴望。及时讲评可以趁热打铁,教师们都感觉比延时讲评效果好。除了及时讲评,还有一种是延时讲评,本文就用对比实验的方式,收集数据来比较一下两者的讲评效果,看看到底什么样的讲评时机更有效。

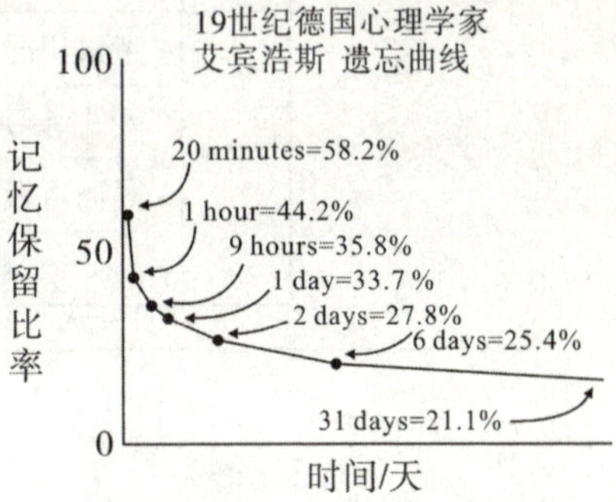


## 三、对比实验

我选择了两个班,进行了为期三个月的跟踪对比实验,这两个班是数学

①对比试验是一种特别的收集证据的方法。通过有意识地改变某个条件来证明改变的条件和试验结果的关系。对比试验一般设置两个或两个以上的试验组,通过对结果的比较分析,来探究各种因素与实验对象的关系。试验完成后再对其全过程进行对比研究,综合比较对比试验条件的差异(因),以及试验结果的不同(果),得出研究对象某性质(果)是由什么因素(因)造成的。

单科成绩几乎一样的普通班级，人数也一样。我分别对这两个班采用不同的试卷讲评模式。一个班是及时讲评，当天阅完试卷翌日发卷讲评，讲评课预留时间做当堂检测，检测内容为讲评试题的同类题和变式题各一道；一周后进行隔周检测，检测内容为讲评试题的错题回练、同类题和变式题各一道，进一步依据学生答题情况检测讲评效果。另一个班是延时讲评，也是“试卷不过夜”，老师在学生答错的地方和关键处也都用红笔划上记号，供学生自己订正参考，翌日发完试卷后第三天才讲，同样进行当场检测和隔周检测，检测内容也完全一样。下面将随机挑选的三道题目的检测数据呈现如下：

**对比试验试题 1：** 18. 已知数列$\{a_n\}$的各项均为正数，对任意的正整数$n$满足$a_{n+1}^2=a_{n+2}a_n(n\in\mathbf{N}^*)$.

(Ⅰ)若$2a_1+3a_2=1$，$a_3^2=9a_2a_6$，求数列$\{a_n\}$的通项公式；

(Ⅱ)若$a_1\cdot a_n=3^{n-1}$，$b_n=\log_3 a_1+\log_3 a_2+\cdots+\log_3 a_n$，求$b_n$.

| | | 及时讲评 | 延时讲评 |
|---|---|---|---|
| (Ⅱ) | 考试情况 | 26.8% | 28.2% |
| | 变式练习 | 32.6% | 45.8% |
| | 隔周重做 | 78.3% | 85.3% |
| | 数据为答对人数比例 | | |

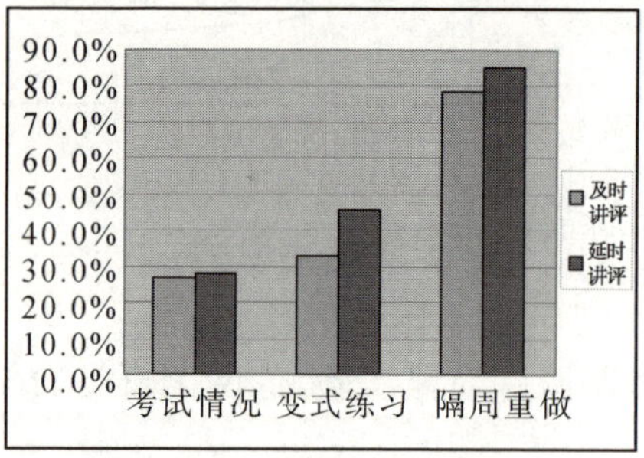


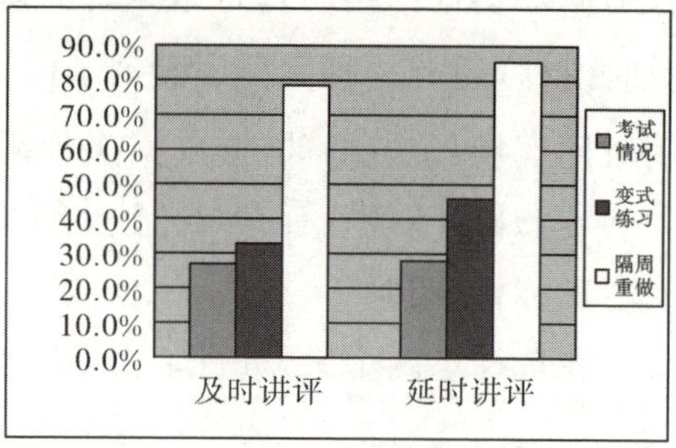


**情况说明：**及时讲评班第 18 题第(Ⅱ)问第一次考试正确率是 26.8%，变式练习正确率为 32.6%，隔周重做正确率为 78.3%；延时讲评班这道题第一次考试正确率是 28.2%，变式练习正确率为 45.8%，隔周重做正确率

为 85.3%。学生的掌握情况对比鲜明，及时讲评班变式练习和第一次测验结果基本持平，没有什么起色。而延时讲评班学生的进步就要明显得多，说明还是要给学生一个整理错题及自己反思的空间。隔周重做上，两个班的正确率差距就要小很多。

**对比试验试题 2：** 19. 设数列$\{a_n\}$中 $a_1=\dfrac{2}{3}$，$a_{n+1}=\dfrac{2(n+1)a_n}{a_n+n}$.

（Ⅰ）求证：数列$\left\{\dfrac{n}{a_n}-1\right\}$是等比数列；

（Ⅱ）求数列$\left\{\dfrac{n^2}{a_n}\right\}$的前 $n$ 项和 $S_n$。

| | | 及时讲评 | 延时讲评 |
|---|---|---|---|
| （Ⅱ） | 考试情况 | 16.0% | 2.8% |
| | 变式练习 | 13.3% | 27.2% |
| | 隔周重做 | 75.0% | 80.6% |
| | 数据为答对人数比例 | | |

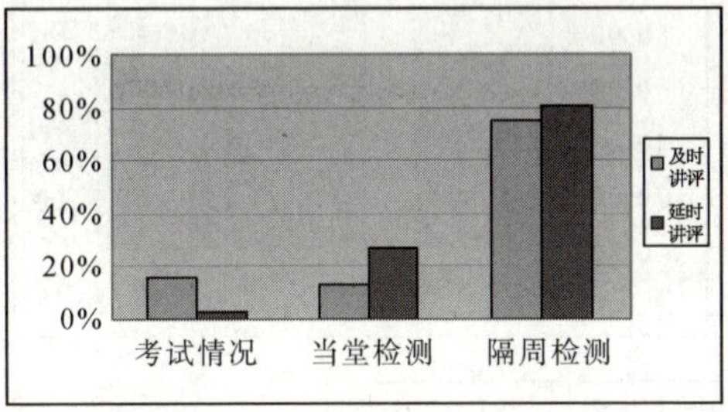


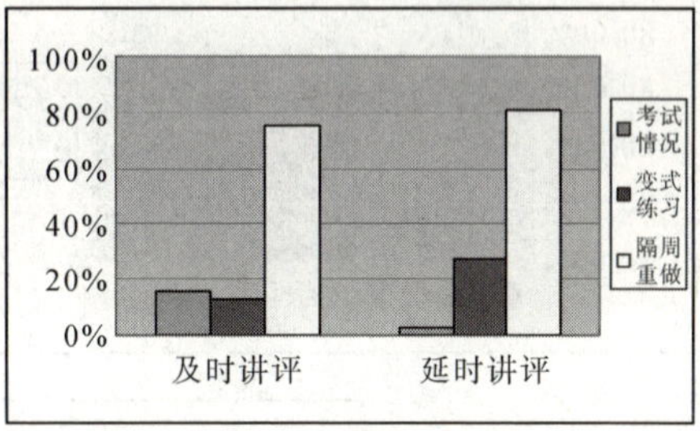


**情况说明：**及时讲评班第 19 题第（Ⅱ）问第一次考试正确率是 16.0%，变式练习正确率是 13.3%，隔周重做正确率为 75.0%。延时讲评班第 19 题第（Ⅱ）问第一次考试正确率是 2.8%，变式练习正确率为 27.2%，隔周重做正确率为 80.6%。

这里要说明一下为什么及时讲评班第二问的正确率下降了，原因是变式通项公式更加复杂，增加了计算量，从而提高了整个题的难度，而且评讲试卷当天是学生考完物理第三节晚自习，学生可能对这个课有着抵触心理，导致效果全无。这进一步说明学生是学习的主体，老师要善于激发学生的学习兴趣，把握讲课时机。

**对比试验试题 3：** 20. 数列$\{a_n\}$中，$a_1=8$，$a_4=2$，且满足$a_{n+2}-2a_{n+1}+a_n=0(n\in\mathbf{N}^*)$，

（Ⅰ）求数列$\{a_n\}$的通项公式；

（Ⅱ）设$b_n=\dfrac{1}{n(12-a_n)}(n\in\mathbf{N}^*)$，$S_n=b_1+b_2+\cdots+b_n$，是否存在最大的整数$m$，使得任意的$n$均有$S_n>\dfrac{m}{32}$成立？若存在，求出$m$；若不存在，请说明理由.

| | | 及时讲评 | 延时讲评 |
|---|---|---|---|
| （Ⅰ） | 考试情况 | 55.40% | 34.70% |
| | 变式练习 | 51.10% | 59.50% |
| | 隔周重做 | 86.50% | 89.40% |
| | 数据为答对人数比例 | | |

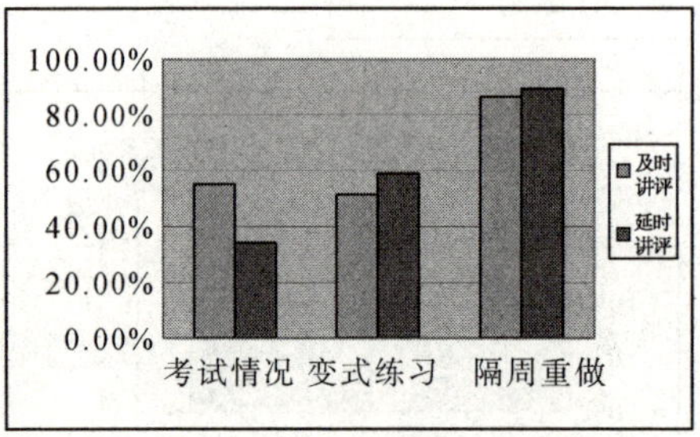


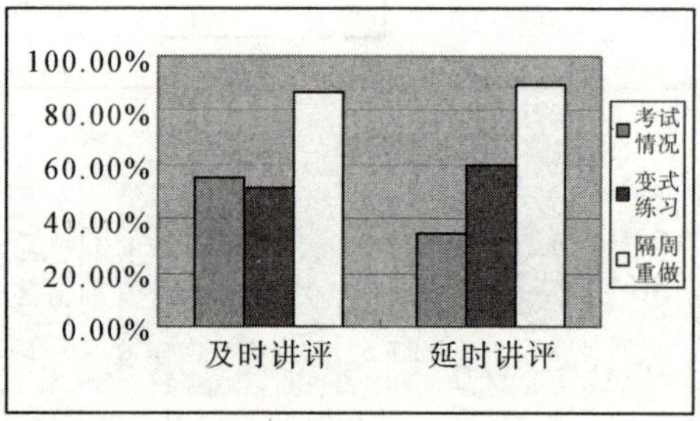


| | | 及时讲评 | 延时讲评 |
|---|---|---|---|
| （Ⅱ） | 考试情况 | 28.60% | 5.60% |
| | 变式练习 | 17.80% | 32.80% |
| | 隔周重做 | 66.70% | 77.50% |
| | 数据为答对人数比例 | | |

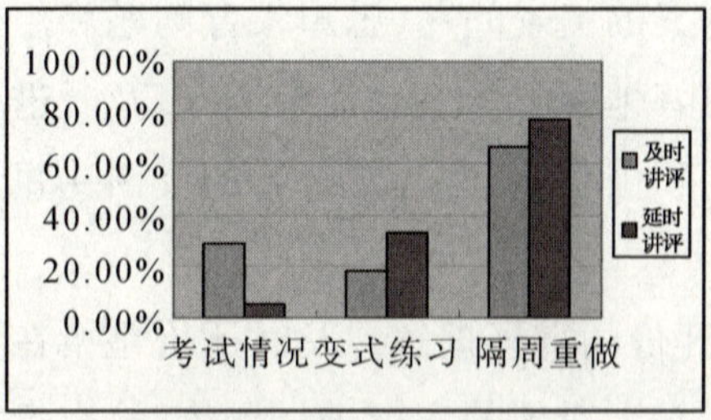


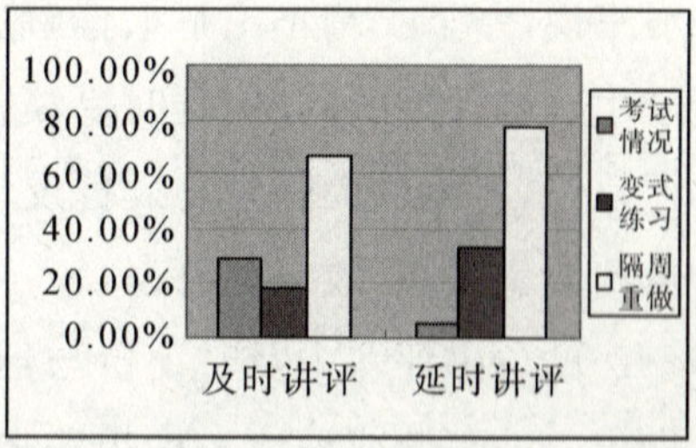


**情况说明**:及时讲评班的第 20 题第(Ⅰ)问第一次考试正确率为 55.4%,变式练习正确率为 51.1%,隔周重做正确率为 86.5%;第(Ⅱ)问第一次考试正确率为 28.6%,变式练习正确率是 17.8%,隔周再练正确率为 66.7%。延时讲评班第 20 题第(Ⅰ)问第一次考试正确率是 34.7%,变式练习正确率是 59.5%,隔周重做正确率是 89.4%;第(Ⅱ)问第一次考试正确率是 5.6%,变式练习正确率是 32.8%,隔周重做正确率是 77.5%。通过这些数据我们可以看出延时讲评更加适合学生,正确率上升幅度要大一些,个别题学生则要进步得更加快一些。

**四、问题研究**

1.及时反馈与延时反馈的辩证理解。反馈是教学过程的重要环节,行为和反馈之间的联系越紧密,学习就会越快发生。教学实践表明:不论是课堂提问、课题探究,还是作业批改、试卷讲评等评教评学环节,不同的反馈方式和反馈时机,决定着反馈效果。终结性评价反馈,即使对结果的评价客观公正,也未必能促进学生学习,有时还会打击学困生积极性;而发展性评价反馈,着眼点放在学生的未来,通过细致地观察并准确地判断每位学生的不同特点及其发展潜力,针对其优势和不足,给予激励或者具体的、有针对性的改进建议,往往能指导促进学生更大的进步。德国教育家第斯多惠曾说:“教学的艺术不在于传授本领,而在于激励、唤醒、鼓舞。”试卷不过夜,当天改完翌日分发就是及时反馈。及时反馈贵在迅速及时,趁热打铁,把同学已激起的思维高潮推向更高一层、更深一步,极大地增强学生的学习积极性;延时反馈,贵在有时间反复琢磨,功多底深,反馈信息准确性高,时效性长,为改进信息再次输入的内容方式提供实践依据,更能结合学情,有的放矢。

一般来说，一下子拿不出解最佳解决方案的突发问题、思想教育问题和想留给学生自主探究的问题，延时反馈能更好地唤醒学生。其余情况，及时进行学习反馈，才能最大限度地发挥反馈的积极功能，尤其是每天的反馈比每周的反馈效率更高，效果更好。

2.试卷讲评课中及时评价与延时评价的辩证理解。及时评价是指在学生做出一件事情或说出一种想法之后，马上对他的言行进行评价，给出肯定或否定的结论；而延时评价则相反，不去急于对他的言行进行评价，作出肯定或否定，而是让他们处于一种自然发展的状态，在这个状态中，让学生有充裕的时间和空间进行大胆地思考，获取更多的创造性灵感。

辩证地看，讲评课中的及时评价，会限定学生思维、剥夺学生的创新意识。在试卷讲评课中，很多教师在开讲前就已经有了一个心理的限定，如“这张试卷要在两节课内讲完”，于是我们时常可以看到如下一些场景：对于讲评课中学生的任何“节外生枝”，教师总是习惯于给学生一个及时（及时到了即时的程度）评价，一旦学生稍有一点出格的表现，就及时地给予纠正，对进入教师思维的框框马上肯定，否则马上换人，学生每走一步都在老师的“细心呵护”之下。这种过了头的及时评价起到了传统意义上的指点迷津、答疑解惑之功，节约时间，但往往会给学生一个思维定势，使学生丧失对失败的感悟和反思，扼杀学生的创造性思维和自主创新思想。在试卷讲评过程中，学生对某一个问题的见解可能不成熟，但学生的思路是原生态的，应该积极保护，尽管在实施中会遇到困难，但如何解决困难恰恰是教师在课堂上要给予引导和帮助的。试卷讲评效益的最大化不取决于解决问题的多少，而是让学生学会处理问题的方法和本领；不取决于教师讲了多少错题，而在于学生学会了多少思想方法。如果一种思想方法过早地由教师给以定性，不仅会抑制学生新思想的涌现，也会阻碍学生原有的思想的深入，在这种模式下培养出来的学生仿佛是一个模子里铸出来的，他们对问题的理解往往会单一化、表面化，不能触及问题的核心本质。因此试卷讲评课中，教师的及时评价越多，给学生的思维框框就越多，学生头脑中新奇的想法就越难自由地表现出来，创新也就无从谈起。教学的真谛是在于激发学生的创造性思维,在于培养学生的问题意识,而作为及时评价补充的延时评价能给学生一个自由思维的空间和时间,使之可以从不同角度、不同方面来质疑问题、思考问题、解决问题,这有利于培养学生的发散性思维、求异思维、多向思维等。适当地延时评价,也有利于创设宽松、和谐的教学氛围,使学生可以轻松自如地思考问题,静下心来探究问题的本质。在这样的氛围里,学生的思维将会空前活跃,学习积极性、学习效率大幅度提高,学习潜能能最大限度地得到挖掘。

数学家克莱因提倡:"留给学生自由活动的空间,他获得的就不仅仅是一个问题的解决、一种方法的掌握,而是一个人从整体意义上对科学活动的领悟。"从本质上说,这种领悟离不开积极意义的探究空间和时间。根据心理学理论,人们新颖独特的见解常出现在思维过程的后半段,因此,在试卷讲评中,教师可依据试卷统计分析中发现的典型缺漏,创设深入问题核心本质的"牛鼻子"问题情境,并依据学情适时以"层层递进问题链"或"螺旋上升变式题组"为台阶,吸引学生积极参与探究,时刻吊住学生的胃口,为了揭开结果,学生必然孜孜不倦地探求。教师在此过程中对学生的念头、直觉、思维方法和思维习惯,不要过早地、匆忙地给予评价,应适时地应用延时评价,留出充裕时间,让学生大胆思考、驰骋想象、相互启发,让学生头脑中新颖的想法和观念在没有"看守"的情况下蜂拥而出,实现试卷讲评的终极目的。

3. 及时讲评试卷的必要性与优越性。"时过然后学,则勤苦而难成"。如果在学生测试完后,将试卷扔在一旁,一拖再拖,甚至等到学生对问题情境已渐渐淡忘,这时学生就会淡忘试题内容和解题思路,寻找正确答案的积极也会降低,不利于对错误的纠正和知识的弥补。时间一长,学生很多思维的火花早已灰飞烟灭,这样很难引起学生的共鸣,还会扼杀学生寻求正确答案及错因的积极性。

其实,数学测试是学生独立思考最强的数学实践,学生完成一套试卷要经历识记、理解、分析、试误、顿悟、解决问题等复杂的思维过程。考试时其思维最集中、最活跃,会产生很多解题的念头和想法,即使是试卷上做错了甚至没有做的题,他们都曾有过若干思维的火花。

交卷后，学生对自己的答卷有着很深的印象，一般都急于知道自己的分数和疑难问题的正确解法，同学之间或许讨论过，但他们更迫切希望从拥有“权威和标答”的老师那里印证自己的答案。此刻学生的思维可以说都处在一个活跃阶段。及时进行试卷讲评，能大大提高学生的积极性和专注度，学生对于试卷所考查的知识点非常熟悉，对自己存在的问题了如指掌，此时讲评必然事半功倍，既能能激发学生进一步探索问题的积极性和主动性，巩固和深化四基，构建知识体系和思维方法体系，又能让学生对所做的题目、答题时所犯的错误留下更深的印象。教师要利用好学生这样的一种心理需求，要在考试结束之后及时阅卷，及时总结并争取在第一时间就能够下发试卷。

4. 及时讲评试卷也存在不足。要提高试卷讲评课的有效性，就必须恰当把握讲评时机，要把握好讲评的时机。首先，及时讲评会剥夺学生反思和矫正的机会。有些教师一直认为刚测验完一份试卷，趁学生的脑海里还留有印象，将最后一道题或者错误率可能较高的题马上进行分析，这样做是剥夺了学生自我反思和矫正的权利，只是将教师的思路告诉了学生，而在教师还未对学生的解题情况进行批阅和分析的情况下，教师是没办法站在学生的角度进行分析和讲评的，当然也达不到提升学生解题能力的效果。因此，一定要给学生时间，引导学生学会反思。另外，从学生角度来看，绝大多数学生在拿到一份批改后的试卷后，首先关注的是分数，其次关注到“这道题我错了，正确答案应该是什么?”至于“错在哪里，为什么错”的问题，他们根本来不及细想。在行为上一般表现为：在试卷讲评课上学生不能集中注意力听教师的讲评试卷，左右同桌之间小声地交流分数、答案等。可想而知，这样的试卷讲评课还会有什么质量呢? 讲评过的题目学生还会一错再错，也就有因可循了。

通常有效的做法是在进行试卷分析之前，首先要求学生将错题整理在错题本上进行“自主订正”(个人或小组合作)，并反馈给教师进行批改。通过这一环节，一是给学生充分的时间和空间经历一个自我检查和反思过程，弄明白在哪些知识点上是可以进行自我矫正的，从而能够印象深刻地牢记自己错误,避免下次再犯。二是使教师通过对学生“自主订正”结果的反馈,比较明确地确定本次试卷分析的重点和难点,从而使试卷分析的过程更具有针对性。

5.延时讲评试卷的优越性与具体做法。延迟是自动化控制理论中的一个术语,所有的教育教学活动都必须建立在受教主体产生自省反应的基础上,教育教学活动才能产生实效。在试卷讲评过程中,教师讲评必须在学生对答卷自我不满并产生修改冲动的基础上的一种状态。

(1)留出时间,引导学生自主纠偏,反思数学本质。大部分学生拿到试卷后,首先关心的是自己的分数,接着便会主动关注做错的题目。对于一些因为审题不仔细而做错或算错的题目,学生多半会为此懊恼和自责,教师不必多费口舌;对于某些当时不会做的题目,比如概念不清、公式不牢,一时卡壳等,也能通过查阅课本和资料,掌握或基本掌握问题的解决方法,教师也不必急于开始讲评;对于做错的题目、不熟练的思维方法、不习惯的思维方式,教师应该鼓励学生对其进行积极回顾反思。忽略反思环节,将会使学生错过许多在解题方面受到更多教益的机会。现代心理学告诉我们,认知结构中如果没有起固定作用的观点,那么知识的同化与顺应就难以实现。相比之下,反思解题进行反馈调控比获取更为重要,这实际是一个解题学习的强化过程,一个增加解题的可供联想储备信息的过程,通过反思,有利于学生进行深层次的建构。罗增儒教授曾倡导:“解题教学在简单模仿、变式练习、自我领悟的基础上,再进行‘自觉分析’”,并且认为“进行解题过程中的‘自觉分析’是从质上促进理解,从量上缩短‘自觉领悟’过渡时间的有效途径,是促使理解进入深层结构的有力举措,是显化‘隐形知识’的一个逻辑铺垫。”交卷后,引导学生及时反思回顾答卷过程,必要时与思维水平差不多的同学合作交流、深入探究,做好考情分析,带着问题听老师讲评。

(2)留出时间,深入卷情分析,纳入“学情档案”。著名教育心理学家奥苏伯尔在他的名著《教育心理学——认知观点》的扉页上写道:“假如让我把全部教育心理学仅仅归结为一条原理的话,那么我将一言以蔽之曰:影响学习的唯一最重要的因素,就是学习者已经知道了什么。要探明这一点,并应据此进行教学。”一切教学活动都必须建立在了解学情的基础上，试卷讲评也不能例外。一份试卷，就是一份丰富的资源，足以让我们教师收获很多：学生的亮点与不足、教学得失与教学改进等。首先是对试卷的分析，分析相应试题的命题思路、考查角度和答题思路与技巧统计，教师还要对班级整体水平与个体情况进行分析。其次，考试质量分析，包括对题目的分析评价和对学生答题情况的评价，对存在的问题进行统计分析，哪些出错率较高，哪些出错率较低，要查明原因；哪些不需要讲，学生自己都能订正；哪些属于学生的恐慌区，即使讲了学生也掌握不了，这次讲评帮学生渗透哪一方面？渗透到什么程度？归类集中，以便在讲评时分清轻重缓急，避免抓不住重点、分不清主次。再次，针对性指导。教师是“熟练工”，学生是“学徒工”。在卷情分析时，教师要有意识地把自己的思维“还原”或“稚化”到学生的思维水平上，从学生的思维水平和角度去审视学生出现的问题，尊重学生的个性差异，给出贴合不同学生实际的个性化指导评价。最后，将学生错漏统计分析的结果，纳入“学情档案”，记下是哪些学生在一些重要问题中出现了解题错误，以便对学生提供具体的帮助，指出解题中普遍存在的问题及典型的错误，分析出解题错误的主要原因及防止解题错误的措施，诊断学生的知识缺陷及思维障碍，初步明确矫正方案。

(3)深入过程，积累感悟。教育家第斯多惠说过：“一个坏老师奉送学生真理，一个好老师则教学生发现真理。”可以充分利用学生的“错误资源”，深挖问题结症，给学生一个自由的空间，让他们去想象、去思考，在探索的过程中形成自己对数学的理解，在与他人交流的过程中逐渐完善自己的想法，这样集聚学生思维精华，不但有利于问题得到解决，而且更有利于学生创新。对于压轴题，明辨学生的思维症结，让他们带着疑问去重新面对问题，这样无疑对自己的不足之处就更加了解，同时对解决问题的思路进行一次矫正。教师的讲评仍不能越俎代庖，应着力于启发学生分析题干可能允许的解题范围、角度与方法，认清题目中正误的比较点，辨析设置的迷惑点，重点剖析学生解答中的错误，要让学生在错误中学会思考，在失败中积累经验。正确的解题思路、到位的解题方法、明辨数据的取舍等这些能力，不是学生一朝一夕就能掌握的，需要学生在错误的基础上再订正再训练。延时讲评就是让学生有所思、有所感、有所获。如果采用及时讲评，问题虽然解决了，但那是教师帮学生解决的，成就的是教师而不是学生，学生的思维受到教师牵制，是“被思考”“被讲解”。任何一项技能、本领的习得都需要一定时间的巩固和内化，对错题进行“档案”跟踪，改变其考查方式，进行延时补偿训练，能更好地巩固讲评效果。

(4)花苞心态，静待花开。波利亚说：“教师在课堂上讲什么固然重要，然而学生想什么更是千百倍重要，思想应该在学生脑海中产生出来，而教师仅仅应起一个助产婆的作用。”当学生答错时，等一等再纠错，给学生一次自己纠错的机会，让学生反省错误的原因。是知识的学习有断层，还是知识的理解和记忆有偏差？是思维方法有缺失，还是公式的前提条件不成立？学生只有意识到错误原因并且养成自我纠错的意识，才能一生二，二生三，最终触类旁通。当学生理解有异议时，等一等再明示，给学生一次深思的机会；当遇到典型的困惑时，等一等再提示，给学生一次提高的机会。通过延时评价，给学生的自我提升搭建好合适的台阶，这是一个教师教学格局高低的标志之一，更是能否让学生达成最后一跃的关键所在。当问题难以及时解决或学生提出意料之外的“高论”“怪论”时，等一等再否定，给学生一次展示的机会。由于教师囿于教学经验的定势及思维能力的限制，对于有些问题的解决往往单一化或模式化，认为自己的解法是正宗的、最好的，学生提出的解法都是稀奇古怪的想法，不具有普遍性和可行性。这种做法忽视学生的感受，不利于学生的创新意识及思维能力的培养。请记住不要轻易否定学生，恰当延时评价，给学生、给自己一个思维的空间，有时能收获意外的惊喜。

## 五、问题结论

“试卷不在多，而在精；试卷不在频，而在评。”试卷讲评的本质是思维过程的交流与碰撞，是以教师和学生都作为主体，以试题为中介的交流。只有在老师讲解之前学生已经深入地钻研了试题，他才能有“资本”与老师进行平等的对话、交流，他才能真正成为学习的主体。而“及时”的讲解，学生可能还并未弄透题目及相关内容，可能还没来得及深入思考。因此，无法和老师平等对话，只能被动接受，无法形成真正的思维碰撞与共鸣！通过对比试验数据我们可以看出延时讲评更加适合理普通班学生，其正确率上升幅度要大一些，个别题学生则要进步更快一些。

通过两种讲评时机的对比，可以看出试卷讲评并不是越及时越好。不需要学生深度参与的简单试卷可以采取及时讲评；一些试题需要学生深度参与的试卷，可采用“及时反馈＋学生独立思考超强纠错＋师生双方充分准备”的延时讲评，反而能收到更好的效果，能够给学习进展较慢的学生充足的时间进行相关的知识归纳梳理和答卷过程的反思回顾，能够给学习进展较快的学生更多的时间进行讨论与反思。这样，不同层次的学生都能通过作业讲评得到应有的发展。这种延时讲评，实现滚动学习的效果，不同层次的学生都可以通过试卷得到应有的发展，从而实现数学素养的不断提升。

# 一课三反思[①]:“双曲线及其标准方程(第一课时)”的修改过程及其反思

## 一、双曲线定义

### (一)首次教学设计

#### 1.引入研究对象

师:前面我们学习了椭圆,掌握了椭圆定义、标准方程及其性质,今天,我们学习一种新的曲线——双曲线。(板书:双曲线)

师:双曲线是种什么样的曲线呢?为了让大家对双曲线有一个初步的印象,我先带大家到法国巴黎的香榭丽舍大街上走一走。(屏幕显示:埃菲尔铁塔图片。)

师:这是世界著名建筑埃菲尔铁塔。当年法国工程师埃菲尔在设计这座铁塔的时候,人们对它嗤之以鼻、不屑一顾。多年以后,埃菲尔铁塔以其简洁而又壮阔的气势征服了全世界的人们,成为法国标志性的建筑。在它简洁而又壮阔的气势背后,是什么东西在支撑着它呢?是数学。

师:请大家看一看它的轮廓线,注意观察。(屏幕显示动画:埃菲尔铁塔渐渐隐去,抽象出轮廓线,补成完整的双曲线。)

---

①一课三反思,是指针对同一教学内容,由同一教师或不同教师进行多次教学实践,不断反思改进的教学研究活动。它是一种基于实践反思的研讨式活动,可以通过“一课三反思”比较不同的教学策略、尝试新的教学方法和组织形式、研讨教学中的困惑、存在的问题及目标的价值取向等等。“一课三反思”可以帮助教师在教学中不断反思,对自己的教学行为、教学结果进行审视和分析,从反思中吸取经验教训,不断改进自己的教学实践,把教学经验上升到理论高度,不断内化新课程理念和提高数学专业素养。

师:这就是我们今天要研究的双曲线。(学生对双曲线有了一个初步的印象。)

师:在我们熟悉的现实生活中处处蕴藏着优美的数学。这种曲线到底有哪些性质,怎样给它下一个严格的定义?这是我们今天要着手探索的问题。

2.类比实验

(运用几何画板设计)圆 $F$ 内一点 $E$,圆 $F$ 上一动点 $P$,当 $P$ 点在圆周上运动时,线段 $EP$ 的垂直平分线 $M$ 所扫过的区域是什么图形?——椭圆型的包络!(如图 1)改变实验条件:将 $E$ 点移到圆外,其他条件不变,再观察这条垂直平分线扫过什么样的区域?——双曲线型的包络!(如图 2)

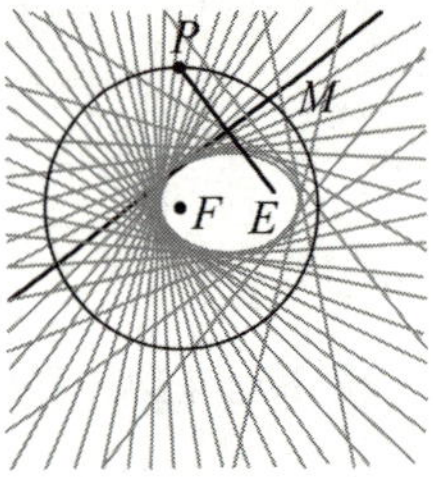


图 1

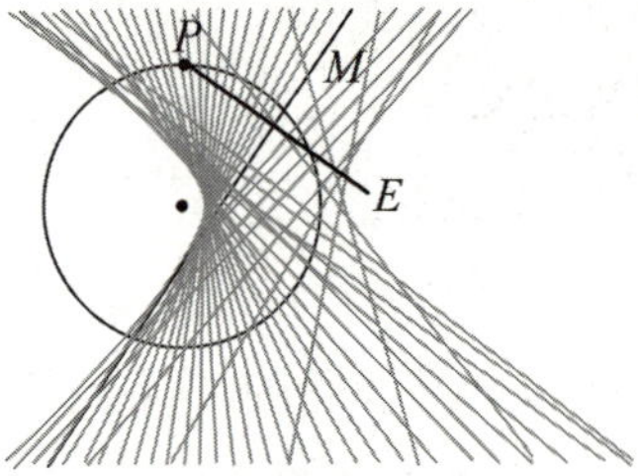


图 2

3.建构实验

师:现在我们进入实验室,实验准备是:线段 $BC$,在 $B$、$C$ 所在直线上取点 $A$,在 $x$ 轴上取关于原点对称的两点 $F_1$、$F_2$,现以 $F_1$ 为圆心,以 $AB$ 长为半径作圆 $F_1$,以 $F_2$ 为圆心,以 $AC$ 的长为半径作圆 $F_2$。需解决的问题是:当 $A$ 点在 $BC$ 所在直线上运动时,两动圆 $F_1$、$F_2$ 的交点 $P$、$P'$ 形成什么样的轨迹曲线?请思考。(屏幕显示利用几何画板生成的图形。如图 3 所示。)

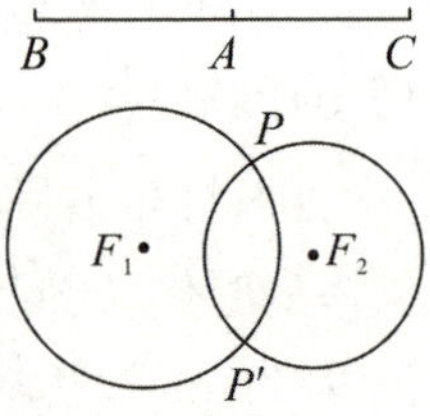


图 3

生 1:轨迹是圆。

(教师引导分析,并鼓励敢于猜想的学生。)

生 2:轨迹是椭圆。

师:为什么是椭圆?

生2:由圆的半径和线段之间的关系,可知 $A$ 点在运动过程中,始终有

$|PF_1|+|PF_2|=|BC|$为定值，由椭圆定义知，$P$ 点轨迹是椭圆。

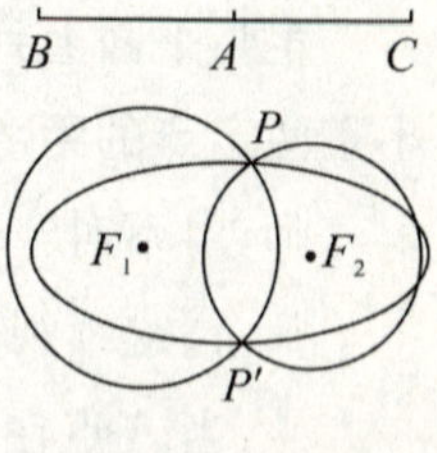

图 4

师：大家说是不是椭圆。

生(绝大部分)：是。

师：我还是请这位同学上来验证一下。

(生1操作电脑，用鼠标点击动画按钮，显示动画(图4)，$A$ 点在 $BC$ 所在直线上运动，两动圆的交点形成椭圆轨迹。)

生：确实是椭圆。

师：请大家观察屏幕上的数据，$BC$ 的距离显然大于 $F_1F_2$ 的距离，符合椭圆定义的要求。但是当 $A$ 点运动到 $BC$ 或 $CB$ 的延长线上的时候，两圆没有交点。为什么？

生2：当 $A$ 点在 $BC$ 的延长线上的时候，圆 $F_1$ 的半径与圆 $F_2$ 的半径之差等于$|BC|$，大于两圆圆心的距离，所以圆 $F_1$ 包含圆 $F_2$，没有交点。同理，当 $A$ 点在 $CB$ 的延长线上的时候，圆 $F_2$ 包含圆 $F_1$，也没有交点。

师：很好！看来大家对椭圆的定义和实验的整个变化过程已经非常熟悉了。现在请同学上来继续做实验，请你改变实验条件：如线段 $BC$ 的长，或者 $F_1$、$F_2$ 的距离，再观察实验现象。

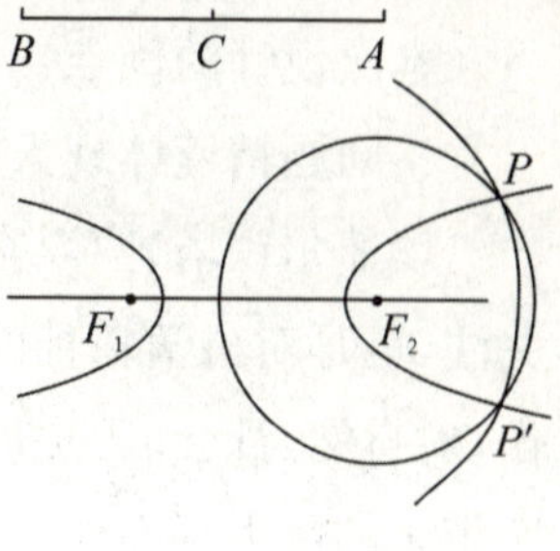

图 5

(生3操作电脑：拉长 $BC$ 线段，屏幕上出现更大的椭圆。)

师：拉长 $BC$ 线段，实际上是增大了椭圆的什么？

生(全部)：长轴($2a$)。

师：请你继续尝试改变实验条件。

(生3操作电脑：缩短 $BC$ 线段，屏幕上出现较小的椭圆，继续缩短，此时$|BC|<|F_1F_2|$，屏幕上出现如图 5 的双曲线，学生感到惊讶！)

师：为什么这时得到的却是双曲线？你能不能给双曲线下一个定义呢？

(让学生继续操作电脑得到不同的双曲线，并让学生讨论。)

生4：平面上到两定点距离之差为定值的点的轨迹是双曲线，而且差值小于两定点的距离。

师：对不对？（有的学生同意，有的学生摇头。）

师：请继续观察！

生：当 $A$ 点在 $BC$ 的延长线上的时候，$|PF_1|$ 与 $|PF_2|$ 的差等于正的 $|BC|$，当 $A$ 点在 $CB$ 的延长线上的时候，$|PF_1|$ 与 $|PF_2|$ 的差等于负的 $|BC|$，因此加上“差的绝对值”。

师：很好！正是绝对值保证了双曲线有两支。（教师板书双曲线定义。）

师：这里，大家通过数学实验，与椭圆类比，自己探索出双曲线的定义，这就是一种由此及彼的创造方法，这个定义是你们自己劳动的成果，是你们智慧的结晶！通过实验我们发现了当 $|BC|>|F_1F_2|$ 时，轨迹是椭圆，当 $|BC|<|F_1F_2|$ 时，轨迹是双曲线，那么当 $|BC|=|F_1F_2|$ 时，轨迹是什么曲线呢？我将课件放在这里，请同学们课后研究。

4. 教学反思

本次设计的优点：

①问题情境体现人文底蕴

埃菲尔铁塔、罗浮宫扶梯的展示及其轮廓的抽象，是对世界文化遗产的关注，也是对科学精神的弘扬。可以想象，我们的学生将来不管从事什么工作，对自然、社会、历史以及人类本身的关注和热爱，对自然科学给人类社会所带来的巨大正面作用的深刻理解，是他们所需要的共同素质。

②计算机课件体现动态交互

一般演示课件只能如实反映事物变化过程，成为教师的一个配角，无法反应学生的思维活动，学生仍是被动接受课件演示结果，这个《几何画板》软件制作的课件完全打破了这一局限，提供给学生的是可自由试验，动态交互的实验环境，并可留给学生课后进一步实验、研究的余地，与学生的思考、探索融为一体。

本次设计的不足：

学生操作电脑得到了双曲线型的包络、双曲线，但学生却不知为什么会得到它们，此时有些惊讶，有些不明其理；另一方面，多媒体给人太丰富的信息，剥夺了学生想象和深入思考的时空，使人肤浅，电脑操作结束后，较难在学生大脑中留下深刻的烙印。

（二）第二次教学设计

1. 折纸实验引入

师：大家经常做物理实验、化学实验、生物实验，可是你们做过数学实验吗？生：没有。

师：那么，我们今天一起来做一个数学实验。请拿出刚发下来的印有圆$F_1$的白纸，按如下步骤操作：第一步：在圆$F_1$外取一定点$F_2$；第二步：在$\odot F_1$的上任取一点$P_1$；第三步：将白纸对折，使$P_1$和$F_2$重合，并留下一条折痕；第四步：连接$P_1$和$F_1$，并延长交折痕于点$M_1$；第五步：再在圆周上任取其他点，将上述步骤二至四步重复4～6次，便可得到一个点列$M_1, M_2, M_3, \cdots$，这个点列能连成一个很美的图形，大家想欣赏它吗？请迅速动手折纸，看谁折得又快又好。

（教师巡视，帮助困难学生。5分钟后，用幻灯机展示学生成果。）

师：第一位同学将点列连成的图形是开口向左的一支曲线（如图6）、第二位同学将点列连成的图形是开口向右的一支曲线（如图7），咦，怎么不同呢？

师：第三位同学怎么连成了两支曲线（如图8）？第四位同学怎么也连成了两支曲线（如图9）？

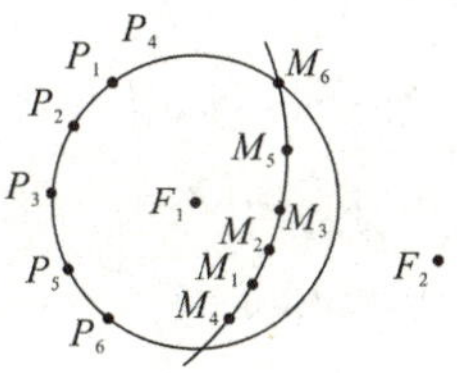


图6

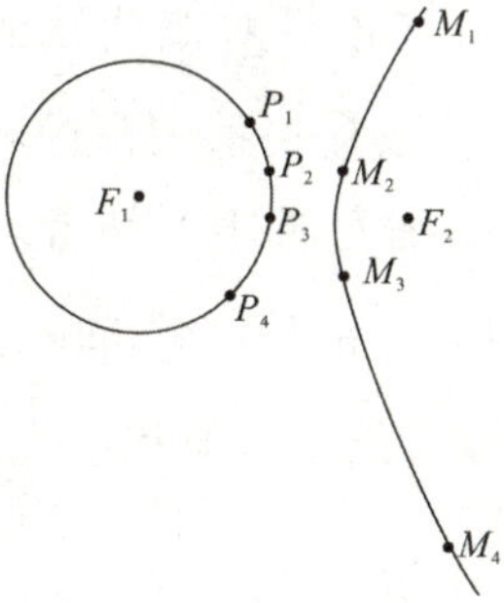


图7

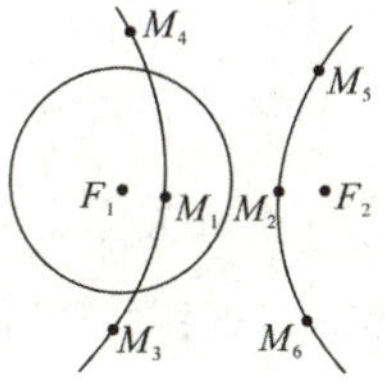


图8

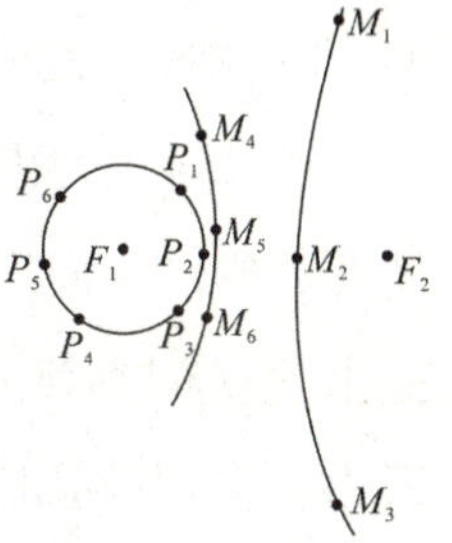


图9

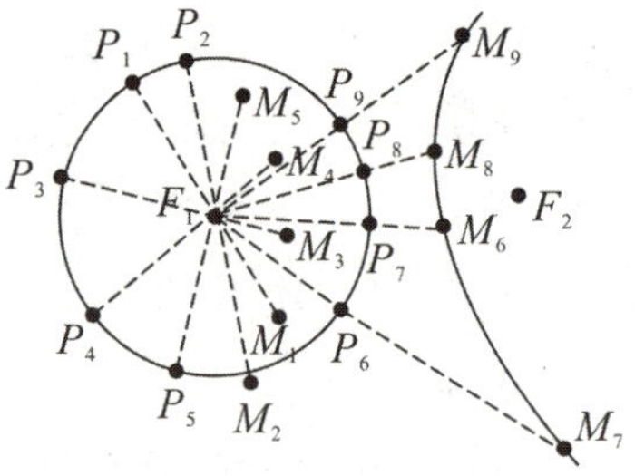

图 10

师：除此之外，还有没有同学连成了其他图形？全都拿上来。这些不同的图形到底哪个更准确呢？生：第三、第四位同学连成的图形正确。师：那么，以第一、第二位同学为代表的其他作图结果，为什么不够全面呢？我们对比这四位同学的作图痕迹，第一、第二位同学在圆 $F_1$ 上取点时，把所取的点都密集在圆 $F_1$ 的一段弧上，不像第三、第四位同学那样在圆的四周都取了点。那么，第三、第四位同学的结果是否就不具有片面性？我们知道对于知式作图问题，取点越多，所作的图形就越精确。要能知道正确答案，我们就只有遍取圆周上所有的点，但这非人力所能及，我们还是请电脑帮忙检验结果。（出示动画如图 10。）

**2. 定义的探究**

师：看来第三、第四位同学的结果是正确的。这两支曲线有什么特征？叫什么名称合适呢？

生：从课件显示的图形上看，作图形成的两支曲线虽然开口相反，位置不同，但形状相同。该叫双曲线。

师：名副其实！这节课我们就一起来研究双曲线及其标准方程！（同时板书课题），我们已经通过折纸实验，获得了对双曲线的数学直观，这还不够，我们知道，数学是研究空间形式和数量关系的一门科学，如果我们还能类比椭圆定义，用一个数量关系来刻画双曲线上动点的属性那就太好了。请奇数排同学向后，偶数排同学不动，4～6 人一组，回顾折纸全过程，从中挖掘出动点 $M$ 所满足的数量关系。（课件给出折痕和连线，再让学生思考。）请通力合作，共同研究这个问题。

师：在同学们探讨出双曲线的定义后，再请同学们填写下表，对比双曲线与椭圆定义的差异。

| | 定义差异 | $a$、$c$ 关系 |
|---|---|---|
| 椭圆 | 和 | $a>c$ |
| 双曲线 | 差的绝对值 | $a<c$ |

师：这里 $2a<2c$ 同学们很容易忽视，为了更好地理解双曲线，请同学们课后思考：在折纸“实验”中，我们若将定点 $F_2$ 取在圆周上，则动点 $M$ 的轨迹是什么图形？若将定点 $F_2$ 取在圆内，则动点 $M$ 的轨迹又是什么图形呢？科学既要异想天开又要细致入微，当我们将定点 $F_2$ 取在圆外时，虽然，第三、第四位同学连成的都是两支曲线，但在我看来，它们仍然有细微的差别，你们能看得出来吗？

生：开口程度不一样。

师：我发给大家的是同样大小的白纸，在相同位置印有一个相同的圆，即具有相同的圆心和相同的半径。可是用它折出来的曲线，为什么开口程度却不一样呢(摊开双手)？

生：点 $F_2$ 的位置不同。

师：点 $F_2$ 位置的改变会引起双曲线什么性质的改变呢？作为一个思考题，留给同学们课后去研讨。

3. 教学反思

设计的优点：

荷兰著名数学教育家汉斯·弗赖登塔尔反复强调，学习数学的唯一正确的方法是实行“再创造”，也就是由学生本人把要学的东西自己去发现或创造出来。然而，数学教材中“定义——定理——推论”的逻辑叙述方式，掩盖了数学创造的思维过程，因此，笔者创设了适合“在做中学”“在玩中学”的思维情境，激发了学生的学习兴趣，让学生在创造中学习，在发现中获取，在成功中升华。

对建构主义来说，活动是第一位的，强调要在“做中学”，由于主体自身的智力参与，特别是主体高水平的智力参与，使外部的活动过程内化为主体内部的心理活动过程，并从中产生出主体的个人体验。该设计通过折纸活动引导学生探究双曲线的定义及其内涵，充分体现了新课标的精神：以学生为主体，吸引学生动手实践、自主探索、合作交流。学生以积极主动、勇于探索的学习方式体验了双曲线的形成过程，学生对所学内容会理解更深记忆更牢。

设计的不足：

这节课的问题情境体现人文底蕴不够，课件无法反应学生的思维活动，交互性不够。

(三)第三次教学设计

**1. 生活感知导入**

列举双曲线(暂不点明是何曲线)在工业、建筑、城市交通、生活中的应用。(多媒体展示。)

**2. 折纸实验**

与第二次教学设计中的“折纸实验”完全一样。

**3. 归纳类比、形成定义**

问题：设$|F_1F_2|=10$，$r=5$，如何用一个数量关系来刻画曲线上动点$M$的属性？

左支上动点$M$满足：$|MF_1|-|MF_2|=-5$.

右支上动点$M$满足：$|MF_1|-|MF_2|=5$.

曲线上动点$M$满足：$||MF_1|-|MF_2||=5$.

师：你能用文字语言描述等式吗？根据以上讨论，你能类比椭圆定义，试着给双曲线下个定义吗？

**4. 几何画板互动演示**

同首次教学设计之“建构实验”中双曲线形成的演示。结束后也将课件放在教室，请同学们课后研究。

注：①当$2a=0$时，轨迹是线段$F_1F_2$的中垂线；

②当$2a=2c$时，轨迹是两条射线；

③当$2a>2c$时，轨迹不存在。

5.教学反思

设计的优点：

设计了折纸实验和几何画板互动演示，创设了文化浓郁的师生良性互动环境，集中了前两次两级教学设计的优点。

设计的不足：

克服了前面两次教学设计的不足。

**二、双曲线标准方程**

三次教学设计都是在老师引导学生回顾了求曲线方程的五个步骤后，由学生类比椭圆标准方程的推导过程，自己完成双曲线标准方程的推导，再由教师用幻灯机展示学生成果，并引导学生对关键步骤进行点评，最后师生共同探讨双曲线标准方程的结构特征及椭圆、双曲线标准方程的异同。

教学反思

坚持以学生为主体。凡是学生能够想的都让学生去想，凡是学生能够做的都让学生去做，凡是学生能够说的都让学生去说，教师“导”而不“演”，创设轻松愉悦的氛围，民主的教学方式，不仅使学生品尝到类比成功的欢愉，而且也使其受到美的熏陶。

**三、双曲线应用举例**

(一)首次教学设计

1.实践应用

学生完成课本例题后，介绍地震震源的测定方法。

2.资料展示

介绍双曲线在生产、生活中的应用。展示电厂双曲线型冷凝塔、大型中央空调冷却塔和罗浮宫大厅楼梯扶手的图片。

3.教学反思

设计的优点：

研究了双曲线标准方程后，动画展示使用双曲线测定地震震源的方法，最后介绍双曲线在科学、生产、生活中的应用，与埃菲尔铁塔形成呼应，让学生感觉到数学就在我们的身边，感受到数学与生活生动的互动效果。

设计的不足：

在双曲线定义的第一课时就讲地震震源的测定方法，对学生而言有点难。

(二)第二次教学设计

1. 教学设计

师：生活中很多地方应用了椭圆，同学们知道生活中哪些地方应用了双曲线吗？其实生活中很多地方应用了双曲线，有兴趣的同学可以查阅资料，比如利用互联网、电子图书等，体会这些地方应用双曲线有什么优点？这里举几个例子。(多媒体显示)

(1)工业生产中：这是双曲线型冷却塔，将物理的流体力学与数学完美结合。(如图 11)

(2)城市交通中：这是北京为缓解城市交通拥堵，正准备修建双曲线形道路。(如图 12)

(3)建筑艺术中：这是法国标志性的建筑，埃菲尔铁塔，双曲线形线条，简洁而又壮阔的气势征服了全世界。(如图 13)

图 11

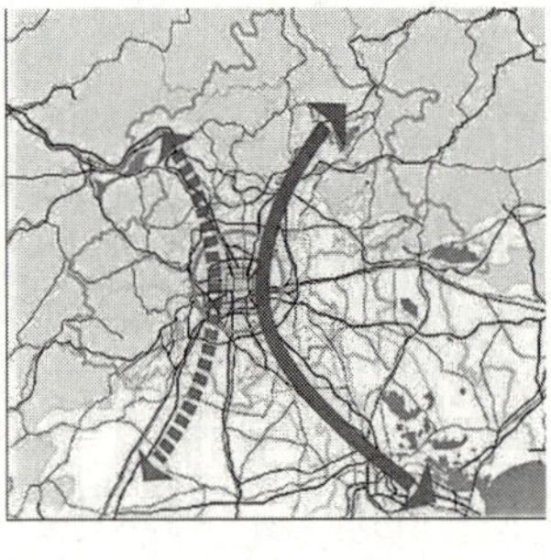

图 12

图 13

(4)在民兵演习训练中：由初中生组成的 $P$ 军某炮兵团冒着生命危险，侦察出由高中生组成的 $Q$ 军阵地，$P$ 方当机立断，火速炮击，可不久 $Q$ 军就会将炮弹比较准确地打到 $P$ 军阵地，$Q$ 军为何能这样准确呢？

原来 $Q$ 军在阵地旁建有如多媒体显示的 $A$、$B$、$C$ 三个固定的观测站，根

据听到 $P$ 军阵地任意位置 $D$ 处打炮声的时间差及声速就能确定 $P$ 军位置，如图 14。大家能用已学的知识解释其中的原因吗？请同学们分组讨论，保持上次分组的组员不变。

3 分钟后，师：哪个组已经研究出了初步成果？

生1：根据时间差和声速，便可算出 $P$ 军阵地 $D$ 到 $A$、$B$ 两点的距离之差，这是一个双曲线模型？

师：是 $D$ 到 $A$、$B$ 两点的距离之差，而非“距离之差的绝对值”！

生 2：应是双曲线的一支。

师：好。那如何确定 $P$ 军阵地的位置？

生 3：$P$ 军阵地应在以 $A$、$B$ 为焦点的双曲线的一支上，同理又在以 $B$、$C$ 为焦点的双曲线的一支上。所以这两支双曲线的交点就是 $P$ 军的准确位置。

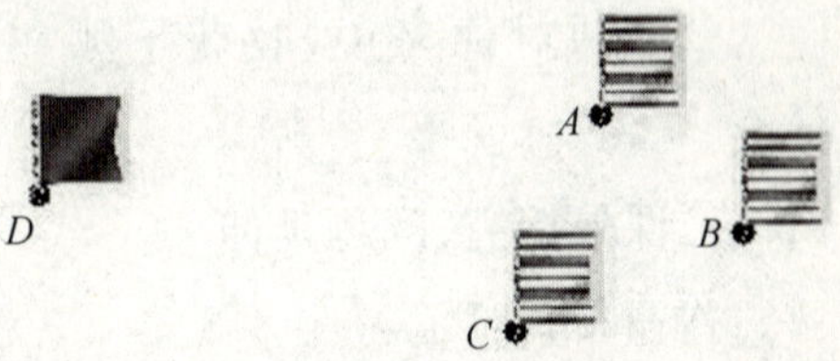

图 14

师：要是有大家在场，$P$ 军就不会如此被动，因为 $P$ 军战士都是初中生，没有 $Q$ 军战士的文化程度高。这充分印证了“落后就要挨打”这句名言。

2. 教学反思

设计的优点：

第四个例子既巩固了双曲线的定义，又渗透了爱国主义教育，心理学研究表明：情感是人的意识和潜意识行为最深层的动力因素，它能使人的注意、感知、思维都倾向于某一研究对象，促使其潜能得到最佳发挥。

设计的不足：

在双曲线定义的第一课时就讲第四个例子，对学生而言有点难。设计大胆、超前，不讲究常规的小结和练习，对学生要求较高。

(三)第三次教学设计

1. 应用导析、能力拓展

问题：已知双曲线的焦点为 $F_1(-5,0)$，$F_2(5,0)$，双曲线上一点 $P$ 到 $F_1$、$F_2$的距离的差的绝对值等于 6，求双曲线的标准方程。

变式 1：已知两定点 $F_1(-5,0)$，$F_2(5,0)$，平面上一动点 $P$，满足 $|PF_1|-|PF_2|=6$，求点 $P$ 的轨迹方程。

变式 2：已知两定点 $F_1(-5,0)$，$F_2(5,0)$，平面上一动点 $P$，满足 $|PF_1|-|PF_2|=10$，求点 $P$ 的轨迹方程。

变式 3：已知双曲线的焦距为 10，双曲线上一点 $P$ 到两焦点 $F_1$、$F_2$的距离的差的绝对值等于 6，求双曲线的标准方程。

**2. 回顾反思、归纳巩固**

这节课对你来说，收获了哪些知识、方法和数学思想？请谈谈你的体会。

**3. 课外探究、问题延伸**

作业布置：$P_{108}$ 习题 8.3 第 1、3 题

探究：（选做）分层探究

①若 $a\in\mathbf{R}$，研究方程 $\sqrt{x^2+(y-4)^2}-\sqrt{x^2+(y+4)^2}=2a$ 表示什么曲线？

②平面内到两个定点的距离之积为定值的点的轨迹是什么？

**4. 教学反思**

对于课本例题，运用一题多变的方法可培养学生思维的灵活性及应变能力。设计必做和选做题，既能巩固所学知识，又能给学有余力的同学以更大的发展空间，体现了因材施教的原则。整个教学环节都很完整。

# 分工合作[①]:搞好高三集体备课的不二法门

目前很多学校的集体备课都流于形式,导致很多教师都不愿参加,而每周集体备课质量的好与坏,直接影响着下一周整体教学水平的高与低。特别是在“时间紧、任务重”的高三复习中,集体备课质量的好坏直接决定着全校复习备考的整体效果。然而,笔者到各地讲学时,有意识地了解到许多兄弟学校的集体备课只是同组教师坐在一起,对对进度,聊聊天,简单安排一下试卷命题人和研究课主讲人就完事;少数公认为甚好的集体备课其实也是存在着诸多误区:集体备课成了“教案之和”,“承包式”分工合作,装订成册;集体备课成了“网上资料的拼盘”,全是“拿来主义”;集体备课成了“个人独裁”,备课组长唱独角戏,其他教师“出工不出力”;集体备课成了“模式教育”,“标准答案式”的教学方法、教学手段、教学流程,缺乏个性。这种缺乏集体智慧(最多也只是浅层次的“分工合作”)的集体备课的结果往往令人痛心:很多深爱学生的老师,正是用自己的“孤军奋战”去摧毁自己的目标,年复一年,都是如此,竟然全无知觉。“三个臭皮匠,抵个诸葛亮”。本文倡导

①分工合作:改善教师之间各自为战、相互封闭状况的重要途径是集体备课,它是同伴之间基于合作探究而寻求教学真义的平台,它能促进教师之间相互交流合作与取长补短,从而实现优秀教学资源与教学经验的共生共享,凝聚群体智慧生成和创造新的教学,从而提升同组教师的整体素质,同时也激活了教师资源,有助于文本资源的开发、促进课程改革的深入发展、提高教育教学的质量。集体备课确实是一种最直接、最便捷、最经济、最有效的教学研究和教师校本培训的方式.然而,日常集体备课也存在着重“教”轻“研”、重“教”轻“学”、教师教学风格与教学个性的丧失、教师“坐而不合”和管理的过分标准化、形式化等问题。

在集体备课中发挥集体智慧，在高三复习的各方面分工合作、智慧共享。实践证明，这样的集体备课既有利于教师个人的发展，又有利于提高复习备考质量。下面就高三复习的几个关键环节介绍一下笔者的具体做法，以其推广。

**一、在复习资料的删、补中分工合作，在沟通交流中优势互补**——帮助同组教师克服个人偏好与随意性，实现优势互补。

有些教师总喜欢按自己的理解来安排进度，或干脆“讲到哪里算哪里”，对自己感兴趣的部分，搞得过深、过难，过于系统化，耗时过多，而发现时间不多，且有许多内容未复习完时，又急急忙忙赶进度，“将几堂课的内容压缩到一堂课来讲”，使后面部分炒了“夹生饭”，这显然是不科学的，同时也是严重违反学生的认知规律和教学规律的。

笔者组织的集体备课，不仅可以帮助同组教师克服个人偏好、克服随意性，而且还可以让同组教师优势互补。具体做法如下：

“每章提前备课，每周轮流主备，集体研讨，优化学案，师生共用”。主备教师提前一周将“复习资料的删减与补充‘绝密材料(为了学生的重视与自信)’”草稿拿出；我初审后提前三天(周一数学晚自习前)张贴于数学组办公室，全体组员可以直接在草稿上提出修改意见；周四集体备课时，形成统一意见并制成正式文本；并于相关内容上课前一天将“绝密材料”发至学生，第二天师生共用这一文稿实施课堂教学；课后，教师要在“绝密材料”上填写“课后记”，学生填写“学后记”，用作下次集中备课交流时的补充。统一的“绝密材料”可帮助教师克服个人偏好、克服随意性。

“绝密材料”要求提前备课，集体讨论，轮流执笔，并由骨干教师把关审核，既培养了新教师，又发挥了学科带头人的作用，对教学资源进行了有效的整合，最大化地实现了教学资源共享，并真正实现了“教师跳进题海，帮助学生跳出题海”。“绝密材料”提前发给学生，使学生有目的地进行课前预习，培养了学生的自主学习精神和分析问题、解决问题的能力，带着问题走进教室，极大地提高了学习效率。“绝密材料”中的练习安排，分普及题“人人要做”和提高题“供同学选做”，较好地体现了面向全体因材施教的思想，使得学习后进的学生也有事可做，同样得到锻炼和提高。

笔者组织的集体备课，要求主备教师围绕下列问题进行提前研究：①学生情况分析（共性特点和本校学生实际）；②高三复习目标和复习要求；③复习的主要内容（包括重点、难点、关键和发展智力、培养能力方面的要求）；④采用的教学方法及其理论依据；⑤复习环节是否合理，能起什么作用，理由；⑥“绝密材料”的设计理由。集体备课时，其他教师可从以下几个方面进行优势互补：一是查找高三复习中发现的问题、困惑，然后各抒己见，集思广益；二是展示教师的复习机智，介绍成功的复习备考个案及体会，供大家借鉴学习；三是阐释对教材及备考资料编写意图的理解，对复习备考模式展开辩论，相互取长补短；四是谈论教师个人对教材及备考资料的处理设想，挖掘有益的教学补充内容。例如练习题设计、活动拓展、自编补充素材等；五是探讨教师的教学心得，开阔其他教师的教学视野；六是讲述复习备考中的趣事、烦心事、交流教书育人的体验，共享教师职业的幸福。

注意事项：①备课组长在集体备课时，要注意营造轻松民主、自由和谐的气氛，用各种方式给老师以交流的机会，并提供热情鼓励和支持，特别是要注意对组内老师鼓励、引导，形成互相尊重、互相欣赏、互帮互助、合作分享、乐于沟通交流的气氛。教师个人的隐性知识只有通过对话，才能被激活，变得逐渐明晰，所以教研活动应该为老师们创设一个良好的对话环境，让大家能畅所欲言。

②每一次集体备课前，根据工作计划，要精心策划，不打无准备之仗。该备课组长自己准备的自己准备：当发言偏题时，如何相机调控；当研讨停留表面时，如何及时提升；当意见过散时，如何适时归纳；当老师有问题时，如何准确答疑；当发言者之间需要衔接时，如何恰当过渡；当出现不同的解决问题的策略时，如何科学总结；当发言者暂时卡壳时，如何精彩点拨。该让备课组成员准备的就让成员准备：可以有计划地安排一些教师在备课活动中做到“有备而来”，准备一些发言提纲，准备一些有价值的论题……从问

题引导学习，不断使日常的教学工作问题化，凭着群体大脑资源的再投入与撞击，解决新问题，以差别推动进取，不断使每个教师在各自能力发展上有所跨越。备课活动前进行提醒、审核，做到安排紧凑，努力让每一位参加集体备课活动的教师都有收获，让有事请假缺席的教师感到遗憾，让所有教师对集体备课形成一种期待。

**二、在把握备考方向时分工合作，并对各自研究成果共享**——被“时间紧、任务重”压得喘不过气的高三复习常常使师生疲倦不堪，一般教师都没有足够的时间与精力从多方面去研究各知识板块的备考方向，这种靠教师“单枪匹马”无法做好的事情，可通过分工合作来避免重复劳动，实现资源共享。

高三复习备考中，许多老师要求学生掌握自认为很重要、其实却超纲的内容，这样做既加重了学生负担，也加重了老师负担，偏离了正确的复习方向，当然考不出什么好成绩。还有些教师热衷于猜题押题，偶有所成便沾沾自喜。但笔者认为，猜题押题可偶尔为之，但那只能算作偏门，绝非正道。现在的高考题确实是在求新求变，常有30分题目防不胜防，但笔者认为万变不离其宗，占120分“核心利益”的基础题目有章可循。其所考查的内容和范围有《考纲》为凭，其考查的要求和说明有《考试说明》可依。因此，要准确把握高三复习备考的正确方向，至少要做好如下几个方面的研究：①认真研读《考试说明》和《考纲》——明确“考什么”“考多难”“怎样考”这三个问题。②高考试题“五”研究：历年试题——整体研究找共性；近年试题——重点研究找趋势；相同试题——对比研究找变化；不同试题——分类研究找差别；外省试题——集中研究找动态。仔细琢磨历年高考试题的命题特点，及其稳定性和变化趋势，熟悉高考命题的题型和要求，对了解命题的走向，把握复习方向有很好的导向意义。要想从高考试题及其变迁中解读隐含信息，就至少要对近三年的高考试卷进行整体研究，明确命题形式、题型分布、知识点的覆盖规律、每年命题的创新亮点、思想方法的考查切入点、能力考查的力度等，与我们前面所梳理的知识网络进行对照，看哪些知识考查的频率比较高，哪些能力得到重视，知识和能力在考查上有哪些取舍规律等方面，都要进行深刻的研究。③认真研究考试评价。每年高考对于考生易错的基本知识与技能往往会连续考，但对考生虽然错得多，省考试院却评价“难度设置不合理”的过难试题，下一年一般不再考（数列不等式等压轴题除外），因此，除关注试题本身之外，更应关注考试院等权威部门对当年的试题评价。如湖北卷2008年的立体几何解答题一反常态，不便于建系，熟悉向量（坐标）法的考生不知所措，该题得分率与当年最后一道数列不等式压轴题相当。笔者刚开始认为2009年会继续考难——因为回归传统方法考查学生逻辑推理能力也并不过分，但后来一想18题位置，是不是命题人送分没送到位？再后来看了一份湖北省考试院的《试题评价报告》，上面说：“正因为立体几何题的难度设置不合理，从而直接影响了文理两卷的解答题的难度。今后应进一步降低立体几何解答题的难度，使其稳定在中等题或容易题的位置上。”这样的评价就为我们指明了立体几何解答题的复习方向，2009年的高考立体几何解答题，正是按这一评价来命题的。2008年湖北卷压轴题不仅是近5年湖北卷中容易的，也是全国各地试卷中较容易的压轴卷，2009年是否会考更难？《试题评价报告》为压轴题的复习备考指明了方向：“数学试卷中易、中、难三类试题的比例保持在4∶4∶2的比例为宜。应尽量杜绝难度值低于0.2的试题出现”。④认真揣摩新课改及其理念。目前新课标卷突出能力立意命题与时俱进的特点，围绕对数学知识、理性思维、数学应用与创新和数学人文价值等四个方面的考查设计试题，不但对新增内容适度创新，而且对传统知识呈现的形式有所改变；设计体现数学文化的试题背景；充分考查学生采集和处理信息的能力；体现新课程标准的一些理念。开发了一些融知识、方法、思想、能力与素质于一体的背景新颖、内涵深刻、富有新意的创新题，真正考查出考生的学习潜能和个性品质。

做好以上任何一个方面的研究，都需要花费大量的时间与精力。2009年6月《中国数学教育》杂志约笔者写一篇《2009年高考数学试题解析——数列》，要求对2009年全国及各地共有39套高考试卷数列部分进行分析和研究，笔者花了整整7天时间才完成一万多字的约稿。若是要求每一位忙于高三教学的教师对每一个知识板块都进行分析，那就真不知一共要花多少时间——必然会影响教学质量。其实完全没有这个必要，可通过全组教师分工合作，来完成以上各方面的研究：将1个人15周才能做完的事情，分解成15个人1周做完，最后再将这15个人的研究成果共享，从而实现合作共赢。

**三、在组卷、命题时分工合作，依据教师专长扬长避短**——克服大量"重复"的泛泛练习，通过分工合作来实现高效训练。

任何高三复习都离不开考试，而试卷要么是大家争相使用的名校联考试卷——缺乏针对性的"拿来主义"，要么就是高三教师轮流出卷，而每位教师命制的试卷可能存在一些自己都不曾觉察的"特色"：凭教师个人喜好出题，即个人喜欢什么题就出什么题！个人认为什么题好就出什么题，而不是"学生缺什么才补什么""学生缺多少才补多少"，不缺的猛补，反而掩盖了你要补的东西。这样的多套试卷严重缺乏针对性与系统性，只能是低效的泛泛而练。笔者采取备课组全体教师分工合作、扬长避短的方式命题，成效十分显著。

笔者针对近几年高考试卷特点，根据备课组各位教师的特点和专长，老中青搭配——有经验教师负责选题和编题、刚上高三的年轻教师负责做题，将我校高三17位数学老师分成八组，分别负责：选填题、三角题、立体几何题、应用题（含概率统计题）、导数题、解析几何题、数列不等式题、组卷，第一组专门负责"（第一轮复习）45分钟选填题限时训练""（第二轮复习）选填题满分训练"和每周套卷训练中的选填题，第2至7组长期负责本专题中的解答题，如负责应用题的老师，要负责在第一轮复习试卷中，就将函数、导数、不等式、三角、数列、解析几何、立体几何、概率等应用题全部都考查到。组卷组老师负责试卷印制前检测整套试卷的难易程度和对前7组老师的供题建议，以及考后及时的考点统计和学生暴露出的"知识与能力"缺漏统计，供前7组老师下次供题参考。这样的组出来的多套试卷，既有较强的系统性，又由于每组老师只负责一个板块，这样既责任明确，还有利于老师集中精力“不重不漏”地搞好自己的板块。

由于有了分工合作，所以每位教师就可以集中宝贵的时间和精力，将自己负责的部分做充分的研究。很多教师都明白突破解析几何题的关键是字母运算，于是都很注意加强运算能力的训练，而常常忽视解析几何中简化计算的各种技巧——这也是运算能力的一个方面。因此，笔者提醒解析几何组教师，一方面要加强对学生运算能力的训练，以提高学生运算的正确率和速度。另一方面，还要使学生掌握解析几何中速算的要领和“简化计算”的各种技巧，当没有这方面的好题可供选择时，就必须自己编这方面的试题——该组教师由于只需负责这一板块，也就有时间和精力从各个角度来编制本校学生迫切需要的试题。

笔者在多年的教学、高考监考和高考阅卷中发现的许多考生存在的一些共性问题，因此，提醒组卷组教师要有意识地选题：针对考生运算能力差，我们就可以有计划、有步骤地围绕“准确、熟练、合理”六个字选题；针对考生缺乏答题经验与策略（读不懂题或读题草率，观察题目特征不准确；不管难易程度，依次解答，不懂得取舍，浪费时间和精力，造成了后面能做的题没有时间做，开了天窗；或在遇运算量较大的题目时，不讲策略、不理性思维、不去寻求更好的解法或算法），可进行读题专项训练和“审题慢、答题快”的解题习惯训练，以及考试技巧的先练后讲；针对考生心理素质差（许多考生在遇阅读量较大或计算量较大一点的题就畏惧，缺乏坚强的意志品质，不但影响本题的解答质量，甚至还影响到后面能做的题目的解答质量），可将压轴题或学生惧怕的解析几何题前置，或有意识地让试题的整体难度和试题的难度分布情况有所变化，提高学生面对意外情况时的心理承受能力，并尽量不让学生产生“压轴题恐惧症”……

**四、在研究课中分工合作，在反思交流中取长补短**——分工合作可缩短教师个人成长时间，实现齐头并进。

为了提高复习效率，笔者组织备课组成员积极开展研究课活动：对常规复习课、习题课、试卷讲评课等重要课型进行横向“同课异构”,探讨高效的课堂模式。首先,为了不束缚大家的思维,组织几位教师轮流主讲,备课组其他教师带着问题来参与听课:将全组听课教师分为教学目标组、教学过程组、学生参与组、教学效果组、教学中存在的问题组、新理念组等,在听课时,带着任务参与观察和思考:教学目标的完成情况、学生的参与情况、教学的实际效果、教学中还存在着的问题与不足、新教学理念的使用情况及其效果。课后,先由讲课教师谈自己的教学设计及其原理和反思,然后由听课组教师共同探讨存在问题及其改进措施,笔者常常引导大家从新的角度和高度去思考问题,创造性地运用已知信息,提炼出具有更新价值的精华。这个过程中,笔者非常重视教师教学思想的交流,引导教师广泛地进行愉快的思想碰撞。因为教学思想是教师组织课堂活动的基础,只有教师的教学思想通达,才有可能根据课堂教学的具体情况而随机应变,为更加适应学生的学习而及时地调整教学进程和手段。

然后,针对横向“同课异构”中暴露出的某些问题,再开展纵向“一课三反思”活动。全备课组根据“同课异构”中暴露出的某些问题及其课后讨论结果,合作完成教案,由一位骨干教师执教后,再在集体备课活动中进行反思,弥补不足,然后进行第二次执教、反思,一而再,再而三,整个研究课过程做到全员带着问题参加、带着问题思考、带着问题交流,全员都有收获。

最后,再将“同课异构”与“一课三反思”活动中的议论与点评、修改及反思形成电子文档,让后来再上高三的老师复习到这一课时看一下电子记录,对自己是个很大的启发,站在别人的肩膀上会看得更高远。这样,在一次次的思考、实践、反思再实践的过程中,使备课组内的每一位教师在教学上得到了帮助和提高,可形成大家齐头并进的好势头。这种共享性的研究课制度,通过日常化、制度化的共同探讨,集中整个备课组的智慧,相互取长补短,在提高复习效率的同时,也可加快教师自身的发展。“基本教学+课例比较+实践反思”是造就有经验教师和专家教师的必由之路。

**五、在集体备课中分工合作,在个体教学中“和而不同”**——集体备课要与个人备课和谐共生,和而不同。

"教学有法,而无定法",由于各班学生都有其各自的特殊性,教师也各有自己个性化的教学风格和特长。"和而不同"的集体备课要在充分酝酿、日趋完善的集体备课智慧的基础上,能动地发挥教师个体潜能,保证在多次修订集体教案中显现教师个人的教学魅力。这样教师把集体备课与个体备课有机的进行结合,根据自己的教情、学情,批判地吸纳集体生成的智慧,修正原先的复习备考思路,解决制约教学的诸多问题,设计并撰写自己"匠心独运"的复习备考实施方案,对集体备课成果,"宜统则统,宜分则分",可防止出现"千人一面"的模式和格局。

萧伯纳说,你有一种思想,我有一种思想,交流后每个人都拥有两种思想。"一枝独秀不是春,百花齐放春满院。"在高三复习备考中,分工合作式的集体备课不仅可以更好地起到传统的传、帮、带的作用;还可以通过分工合作,互通信息,交流体会,取长补短,相互借鉴,共享成果,既提高高三复习的针对性与有效性,避免"大量重复"的无用功,又让每一位教师都有思想上的收获与专业方面的提高,全体备课组成员都在合作中"庀千山之木于一台,汇百家之流于一体",从而实现多赢共进。

**附**

## 大冶一中高三年级集体备课要点

时间：　　年　月　日　　　　　　　第　周　　　　　　学科：

<table>
<tr><td colspan="2">项目</td><td colspan="5">要点</td></tr>
<tr><td colspan="2">考勤(未到)</td><td colspan="5"></td></tr>
<tr><td rowspan="3">复习进度</td><td>复习内容</td><td colspan="5"></td></tr>
<tr><td>学情描述</td><td colspan="5"></td></tr>
<tr><td>考点清单</td><td colspan="5"></td></tr>
<tr><td rowspan="2">盲点、痛点突破</td><td>盲点填补计划</td><td colspan="5"></td></tr>
<tr><td>痛点填补方法</td><td colspan="5"></td></tr>
<tr><td colspan="2">资料检查时间与方式</td><td colspan="5"></td></tr>
<tr><td rowspan="4">测试</td><td>批改方式</td><td></td><td>命题老师</td><td></td><td>测试时间</td><td></td></tr>
<tr><td rowspan="2">知识点</td><td colspan="5"></td></tr>
<tr><td colspan="5"></td></tr>
<tr><td>薄弱内容</td><td colspan="5"></td></tr>
<tr><td rowspan="2">上周复习总结</td><td>还需强化的漏点</td><td colspan="5" rowspan="2"></td></tr>
<tr><td>需进一步突破的顽点</td></tr>
<tr><td colspan="2">中心发言人及发言要点</td><td colspan="5"></td></tr>
<tr><td colspan="2">诊断补偿卷安排</td><td colspan="5">命题人：</td></tr>
<tr><td>下周中心发言人</td><td colspan="6"></td></tr>
</table>

(集体备课拍照上传到年级组群)　　　　　　　　备课组组长签名：

# 物化成果[①]:高三测试的常见误区及其高效训练原则

每每步入高三复习阶段,就会有大量的复习资料和信息试卷迎面扑来,学生高三一年所做的试卷比高一、高二两年所做的试卷总和还要多,而教师在命制试卷时生怕漏掉了某道“好题”或“信息题”,于是有意无意中“宁可重复十遍,也不漏掉一道(信息题)”,试图通过大量“重复”试卷来引导学生多做、反复做,在大量“重复”的过程中完成“覆盖”高考考点和知识点的工作,结果极大地加重了师生的负担,摧残了学生的身心健康。为了扭转这一局面,减轻师生负担,全面提高教学质量,教师在组织测试时需走出以下常见误区。

误区 1:“考考考,老师的法宝。”老师往往过于重视做题数量,忽视做题效果。通常泛泛而练,忽视练习的针对性与有效性,忽视讲评的有效性与艺术性。

高效训练原则(1):用试卷引导复习方向。要想引导学生回归课本,就不能仅仅停留在口头上。笔者曾多次告诫学生近几年湖北卷总有 94 分至 115 分试题源于课本,并具体指明某道高考试题是由课本第几册第几页第几题经过哪种方式变形而来。两个月后一调查没几个学生看——都说以后会

①课题物化成果,是指课题研究团队聚焦于课题某一方面,经过一段时间的团队实践思考、反复探讨修订、反复研究总结而获得的成果,以看得见摸得着的著作、论文、研究报告等文字或产品等物化形式呈现出来。成果往往具一定的研究价值和实践价值,能对某一领域的发展起到指导性和推动性的作用;物化则有利于成果的应用和推广。

抽时间看的。于是笔者又建议学生在每次大考前将课本"概率统计"内容通读一遍,两个月后的调查结果仍不够理想,于是笔者提前告知学生:"下周试卷有一道解答题源于课本概率统计,非大家熟悉的导数、期望",事后一调查,几乎全班学生都抽空通读课本了"概率统计",没看的同学因不会做线性回归大题而恶补了一下"概率统计"教材。强调或抱怨都不如试卷的导向性——提前告知学生准备远比事后抱怨好!同样可通过试卷的命制来引导学生回归资料、回归阅读延伸材料。

**高效训练原则(2):研究高考。**有的教师认为,只要埋头苦干就会取得好成绩的,从而忽视高考命题趋势和动向,没有领会考试的特点和要求。一句话,不了解考情。为了加强练习的针对性与有效性,而不至迷失复习的正确方向,除了应该认真研究《普通高中数学课程标准》外,还应从以下几个方面研究高考题:(1)历年试题整体研究——找共性;(2)近年试题重点研究——找趋势;(3)相同试题对比研究——找变化;(4)不同试题分类研究——找差别;(5)外省试题集中研究——找新意、找动态。仔细琢磨历年高考试题的命题特点,及其稳定性和变化趋势,熟悉高考命题的题型和要求,对了解命题的走向,把握复习方向有很好的导向意义。要想从高考试题及其变迁中解读隐含信息,就至少要对近三年的高考试卷进行整体研究,明确命题形式、题型分布、知识点的覆盖规律、每年命题的创新亮点、思想方法的考查切入点、能力考查的力度等,与我们前面所梳理的知识网络进行对照,看哪些知识考查的频率比较高,那些能力得到重视,知识和能力在考查上有哪些取舍规律等方面,都要进行深刻的研究,明确"考什么""考多难""怎样考"这三个问题。每年高考对于考生易错的基本知识与技能往往会连续考,但对考生虽然错得多,教育部考试中心却评价"难度设置不合理"的过难试题,下一年一般不再考(压轴题除外),因此,除关注试题本身之外,更应关注教育部考试中心等权威部门对当年的试题评价。

**高效训练原则(3):只有查明了弱点,才可能弥补盲点。**通过细致有效的交流,我发现很多学生在高考复习时,重知识与解题技巧,轻数学能力和数学思想方法的培养，重多练多做题，见多识广熟能生巧，轻归纳小结，形成能力，重如何多得分，轻防过失性丢分，如何少丢分，这些倾向是应纠正的。细节就是分数，从阅读、审题习惯到运算、推理乃至书写及卷面布局都要强化规范。还应明确三类题的不同训练方法："基础题目"不复习学生也能做出，只需知识熟练过程；"中档题目"只需要适当复习学生就可以过手，不需要时间反复练；"难题"必须是学生能力形成后才能解决的问题，不是靠教师复习能够达到，也不是靠题海战术可以解决的。

熟悉考情后就可以针对学生不足组织专题训练，如速度专题训练、准确率专题训练、规范化专题训练、考试技巧专题训练、考场心理专项训练等。为了弥补训练不足，还可搜集一些专题研究的文章，含数学史、数学文化、数学应用的文章以"数学简报"形式发给学生课外阅读。

**高效训练原则(4)：陈题与原创题和试卷结构、难度及障碍的设置都需要理性规划**。如果我们在选编习题、试题时，如果一味地选用资料上的陈题、现题，会让那些做海量习题的同学尝到甜头，会将高考复习推进"题海战"，大量的学生热衷于记题背题，将数学学成了历史地理。这样的学生一旦遇上高考试题中的新题就会傻眼，或者牵强附会将自己做过的和此题有些相似的题目的解法硬套在此处。因此，在选编习题、试题时应尽量提高原创题的比重，增加学生面对新题的机会，提高学生分析问题和解决问题的能力。另一方面，为了提高学生的适应能力，笔者在编制月考试题时，有意识地让试题的整体难度和试题的难度分布情况有所变化，提高学生面对意外情况时的心理承受能力，并尽量不让学生产生"压轴题恐惧症"。

误区2："分分分，学生的命根。"

学生都很注重练习结果的对与错，考试分数的高与低，一些学生常为平时大考考试结果的好与坏高兴或痛苦一个周，甚至伤心流泪，却不知道抽几个小时去深究自己对与错的深层原因，避免下次再犯同样的失误。对此，教师应多作指导。

**高效训练原则(5)：不能让学生用"粗心大意"来掩盖深层次原因，而应**

指导学生统计多套试卷的失分点。实践证明，很多学生都对自己习以为常的“粗心大意”的频发程度及其造成的巨大分数损失惊讶不已！痛定思痛后，就会下定决心自觉完成老师布置的任务：对每套试卷认真分析，从“概念不清、似懂非懂，审题失误、找不到解题着手点，概念或思想方法的应用有问题，知识点之间的迁移和综合有问题，运算错误、粗心大意，不熟练、时间不够，策略不当、逻辑混乱”等几个具体方面去总结失分原因，矫正错误，比较实际得分与应该得分的差距，建立“错题档案”，在做错的试题旁边写明做错的原因，通过边查边改，重复犯的错误一定会越来越少。同时，随着自我认识的不断完善，也有利于考试时增强自信心，消除紧张情绪。其次教师从解题的策略、思维的层次、题目的类型、知识点的分布等方面去讲评，指出学生解题过程中根本性的失误，着力解决学生解题中常犯的“会而不对，对而不全，全而不美”的毛病。

**高效训练原则(6)：缺锌不缺钙时，不能补钙却不补锌。**教师不能“想当然”地认为学生缺什么题就补什么题，更不能凭个人喜好，喜欢什么题就出什么题！笔者已经带过多届实验班，每届实验班都有许多同学止步于120、130分，无法突破140分，为此笔者统计这些学生连续5次考试中出现的错误，竟然发现他们主要失分在处于送分题位置的三角题。真是“不统计不知道，一统计吓一跳”。统计后就可以发现学生真正缺什么，学生也就会积极参加训练。现代教育理论认为只有“有内驱力的训练才是有意义的”，进行高考复习练习的学生必须是主动积极，认真踏实才会有好效果，如果被动让教师拖着走，效果不好。

**高效训练原则(7)：准确定位，因材施练。**只有准确定位，才能准确把握试题的深度与广度，避免学生在时间、精力、精神等多方面的浪费。只有准确定位才能准确把握命题的尺度，既要避免挖得过深、拔得过高、范围过大，造成浪费；也要避免试题落点过低、复习范围窄小，形成缺漏。有所不为(如成绩差的学生放弃难题)是为了更好地有所为！

**误区3：师生都忙于试卷讲评和练习，盲目地做一套又一套的试卷。**哪怕每套试卷的立体几何题全都做对，还是接着对立体几何题一题不落地接着练；哪怕每套试卷的解析几何题全都做错了，下套试卷还是接着错。停下来，揭示问题就能帮助学生明确下一阶段复习该做什么，而对那些全都做对的题型就不必再反复练，自觉回避“大量重复”。

**高效训练原则(8)：指导学生自己对多套试卷做知识、能力缺漏统计，为命题提供参考。**高三试卷比较多，可指导学生对已经做过的多套试卷做知识、能力缺漏统计，如引导学生对已经做过的10套标准化试卷做各类问题缺漏的统计分析，看看这10套试卷中的10道导数压轴题，哪几道做错了，具体错在什么地方？它属于分类讨论问题，还是属于导数为零无解问题？是属于不等式恒成立问题，还是属于不等式的证明问题？等等。这样既有利于学生明确后面复习该具体做什么，又有利于教师命卷的针对性。比如，对那些学生全都做对的题型就不必再高频率地重复练习；针对全班学生的通病和共性的不足，可命制一些针对性很强的专题试卷；针对学生某个具体的细节问题，命制“阅读延伸”+“配套练习”式的专题试卷。实践证明：学生带着问题做针对性很强的试卷时，效果非常好！

要想提高练习的质量，就要把握好命题或选题的原则，即诊断性练习保证准确、反馈性练习保证及时、巩固性练习保证系统、探究性练习保证实用、综合性练习保证滚动、模拟性练习保证前瞻。对学生易错易混的地方，要反复强调，多次重复。另外还要考虑到学生的心理承受能力，不能使学生烦，所以天天练比集中练好。

笔者熟悉考情、统计失误后，针对学生的不足，自创薄弱环节专项训练、审题训练(深入本质读题)、数学地表达训练、速度专题训练、满分训练、准确率专题训练、规范化专题训练、考试技巧专题训练、考场心理专项训练等。为了弥补教学不足，还搜集一些关于数学史、数学文化、数学应用的专题研究文章以“数学简报”形式发给学生课外阅读。

**高效训练原则(9)：错题回练卷。**学生缺漏可通过试卷来寻找，但找出来后没过几天就被学生抛置脑后，教师每周可以从学生错得较多的练习题中精选具有典型性、代表性的错题，命制一套错题回练卷，将学生错误彻底解决。

**高效训练原则(10)：学生供题卷。**学生自己出题考自己，可将学生平时遇到的“好题”或学生自己探究过的问题，集中起来，从中选出代表性较强的“好题”组成一套题型和题量都不拘一格的试卷，并标明每道试题的供题者，这样既可以调动供题者积极性，又可为深究者明确资料来源。第一轮复习时每个知识版块都可以精选一套学生供题卷，并依据每个知识版块的重要程度来决定学生供题卷的题量，这样既发挥了学生的集体智慧，又可以对教师角度命出来的试卷做一个学生角度的补充。

我经常鼓励学生自己出题考自己，如用废弃的草稿纸搓成“直线”或用一次性筷子自制高考常考的四类立体几何模型：正方体、三棱锥、四棱锥、三棱柱，研究透了每类立体几何模型中的点、线、面、截面中的角与距离，高考题就被抓住了，而不需要经常重复练习自己已经会了的题目。

**误区4：有些学生在受到“屡做屡错”煎熬后，专挑自己会的题做，另一些学生却又走进另一个极端，对自己做错的难题纠缠不清，而不管自己的能力有没有达到这个水平，也不管这道题是否为偏题、怪题。**而对“会而不对，对而不全”的错误很容易原谅自己，也不肯多花时间来避免这种在各科都会反反复复犯的错误。教师对这类题的讲评也是常规讲解、缺乏针对性。

**高效训练原则(11)：偏题、怪题不讲。**平时练习中，偶尔会有个别偏题、怪题，对它们不论学生做错人数有多少，都应尽量少讲，甚至不讲，最好不给学生做，因为几乎每年哪怕是高考压轴题的前一、二问也都相对容易拿分，这启迪我们在高考复习备考中，应重视基础，抓好基础知识和基本方法的落实是根本；培养能力、提高素质是核心；注重知识、能力的形成过程是关键。“做题不在多，理解则灵；难度不在大，有意才行”，而偏题、怪题往往需要花大量的时间和精力才能弄懂，但稍加改变就又不会了，还不如将这些时间和精力用于研究怎样使知识的运用更加灵活自如，怎样使思维更加敏捷以节省解题时间等课题。即使是没有超纲的难题，如果做错的学生人数太多，正好说明学生还没达到这种水平，一时不可能理解透，这种题也不必详讲。“有所不为”是为了集中时间和精力更好地“有所为”。

高效训练原则(12)：命题时有意识、有计划地对学生能力障碍进行分步分解训练：运算能力先限时训练，后满分训练，最后两者结合进行和谐训练；解析几何、数列不等式、应用题等学生惧怕的试题，可有意识地降低难度(设置中间步骤或直接选用偏易的中档题)，置于前 19 题训练中，帮助学生克服恐惧、提升学生信心于“无痕”。

误区 5：很多教师第二轮复习仍像第一轮复习那样，照本宣科地讲，只不过是试题综合性强一点、难度大一点。学生也感觉经过第一轮复习之后，该复习的也已经复习了，只是盲目地听老师讲几道能够“概括几章内容”的综合题。

高效训练原则(13)：第二轮复习前先组织学生强化训练 10 套标准化试卷，再引导学生对这 10 套试卷做统计分析，如这 10 套试卷中的 10 道解析几何题，哪几道做错了，具体错在什么地方？是运算问题、是范围问题、还是最值问题？等等。这就明确了第二轮复习该做什么，而对那些全都做对的题型就不必再反复练。让每位学生都认识到自身不足后，教师再针对全班学生的不足，准备一些针对性很强的专题，将学生的通病一个个治好。目前市面流行的第二轮资料存在一个疏漏：它死盯近年高考的热点及其综合性，而忽视使用它的学生个体的不足，殊不知这些不足是任何复习资料都无法解决的问题，只能靠教师引导学生自己找出来，当学生实实在在地看到不足后，第二轮复习才会更加积极主动。实践证明，找到不足后训练的效果非常好。

误区 6：试卷练习过频。刻意练习和反思整理是学好数学的两条腿，练习过频自然就让学生没时间反思整理，相当于只有一条腿走路，当然走不快也走不远，还会抹杀很多学生“反思”“探究”的良好习惯。

高效训练原则(14)：反思梳理。试卷练习过频，不仅影响“要以分喜，要以分悲”的考生心理，从而分散查缺补漏、治跛培优的注意力，而且让学生没时间反思，刻意练习和反思总结是学好数学的“两条腿”，大量的“重复”练习，学生只能疲于应付，长时间的疏于整理当然不利于提高。只有还课于生，让合作交流，让学生自己探索、感悟数学的思想、精神和方法，才能建构好学生自己的知识体系和思想方法体系，从而提升学生的数学素养。

总之，教师在命题时应以“老三论(系统论、信息论、控制论)”和“新三论(耗散结构论、协同论和突变论)”来调控命题方向、内容及其结构形式——通过设定考试目的，传递教学信息，反馈调整，减少盲目性和无效训练，使高三一系列的试卷练习及其讲评活动达到最优化的动态平衡系统。从而在试卷命制方面真正实现一切为了学生，为了一切学生，为了学生的一切。

# 学法指导篇

# 高中数学学法指津

高中一年级的新同学们，当你们踏进心目中神圣的高中校门，漫步在优美的校园时，我想你们会暗下决心：力争在新的环境以新的面貌迎接新的挑战。其实，高一是整个高中学习成绩波动最大的一个时期，很多同学都是初中所在班级或所在学校，甚至所在乡镇的第一名，但进入高中后，能否成为现在班级的第一名都是问号，所有同学在新的环境应有新的定位。我曾见到有的学生中考成绩很好，但到高三却听不懂数学课；也见到有的学生中考成绩较差，高考却能考上清华北大，这些同学学习成绩的转折点就是在高一。也有些同学学习很努力，可就是考不出好成绩。对很多高中生来说，用在数学方面的时间要远远多于其他科目，但依然有相当一部分同学数学成绩不理想，很多同学感觉数学的投入似乎要远远低于回报。为了大家更好地学好数学，少走弯路，我和大家交流一下：

**一、高中数学课的设置**

高中数学内容丰富，知识面广泛，包含集合与常用逻辑用语、一元二次函数、方程和不等式，函数、三角、向量、复数、统计、概率、数列、立体几何、平面解析几何、导数等内容。一般地，在高一、高二全部学习完高中三年的知识内容，高三进行全面复习。

**二、初中数学与高中数学的差异**

1. 知识差异。初中数学知识少、浅、难度小、知识面窄。高中数学知识面广，难度大。就拿大家熟悉的函数来说，初中主要研究简单具体的函数在整个定义域的图象和性质，而高中主要研究复合函数在定义域的某个子区间的部分图象和性质，有时还含有字母参数。高中主要研究复合函数、含参函数、分段函数和抽象函数。高中有些问题是纯方程或纯不等式的问题，但常常要借助函数及其图象才能解决。在已知函数 $f(x)$ 的定义域求函数 $f(x+1)$ 的定义域或已知函数 $f(x+1)$ 的定义域求函数 $f(x)$ 的定义域时，会在同一道题中出现两个完全不同的 $x$，这一点令人很不习惯。还有些高中数学知识不是一下子就能理解的，它需要一个长期的过程。又如极限定义也不是一两周能够理解透的。

**2.学习方法的差异。**初中的教学内容和初中生的年龄决定了他们更擅长模仿和形象思维。而这远远不能适应高考的要求，高考要求学生有创新意识和较强的抽象思维能力。现在的高考立意鲜明，背景新颖，设问灵活，强调“以能力立意”命题，对知识的考查侧重于理解和应用，尤其是综合和灵活的应用，以此来检测考生将知识迁移到不同的情境中去的能力，从而检测出考生个体理性思维的广度和深度，从而检测出考生已有的和潜在的学习能力。

**3.学生自学能力的差异。**初中较少的教学内容和初中生较小的年龄决定了初中学生自学能力低，他们听课时，只需要熟记结论就可以做大多数题目，不需要自学。但高中的知识面广，教师要讲尽各类题型是不可能的，只能通过讲解较典型的一两道例题帮助学生学会解决这一类题型，学生如果不自学、不做大量的阅读理解，是无法掌握解题方法的。另外，随着高考改革的不断深入，数学题型的开发也呈现出多样化的特点，近年来出现的应用型题、探索型题和开放型题，都对学生的自学能力、理解能力、创新能力提出了更高的要求。

**三、学好高中数学的建议**

初中与高中有着如此大的差异，如果继续用初中的学习方法和学习习惯来学习高中数学是很难取得良好效果的。我们一开始就应养成如下良好的学习习惯。

1. **课前预习**。对所学知识产生疑问，产生好奇心。

2. **听课中要配合老师讲课**。听课中重点解决预习中的疑问，及时回答老师的课堂提问，培养比老师超前思考的习惯。

3. **听课中注意老师讲解的数学思想、精神和方法**。多问为什么要这样思考，这样的方法是怎样产生的？

4. **记数学笔记**。要记录对概念的不同理解，数学规律，教师为备战高考而加的课外知识，自己平时遇到的好题以及对好题的研究成果。

5. **笔记回看，整理题型体系**。学会总结归类：①从数学思想分类；②从解题方法归类；③从知识应用上分类。

6. **回归课本，回归基础**。弄清基本概念、基本原理是活用知识灵活解题的前提；"三基"扎实是"会就对对就满分"的前提。

7. **学有余力的同学，可争做数学课外题**。加大自学力度，但每周只做1～3道难题，时刻思考，做完了还要回味和总结。

8. **收集整理并记忆数学规律和数学小结论**。

9. **与同学建立良好关系**。争做"小老师"，形成数学学习"互助组"。相互交流学习经验和数学小结论。

10. **整理知识体系**。由于高中知识点较多，若不能将所学知识条理化、系统化，则到用时就不能及时提取。

11. **建立数学纠错本**。把平时练习和考试中容易出现错误的知识或推理记载下来，以防再犯。争取做到找错、析错、改错、防错，达到能从反面入手深入理解正确东西，能由果朔因把错误原因弄个水落石出，能完整解答问题，推理严密。

12. **错题回练**。隔一段时间，可将错题本中的题再做一遍，仍然做不出来时，作个"＊"号标记，下次再做，直至做对为止，避免"屡做屡错"，也避免专做会做的题。

13. **定期查缺补漏**。每个周末定时梳理该周所学全部知识，解决其中遗留问题，不能让问题越积越多。已掌握的内容也要反复巩固，消灭前学后忘。

14. **回看过去。**反思成功经验和失败教训，摸索出一套适合自己的学习方法。

习惯是经过重复练习而巩固下来的稳重持久的条件反射和自然需要。建立良好的学习数学习惯，会使自己感到有序而轻松。高中数学的良好习惯应是：多质疑、勤思考、好动手、重归纳、注意应用。

# 高中数学审题策略

审题是解题的第一步，细致深入的审题是解题成功的必要前提。著名数学教育家波利亚说“最糟糕的情况是学生没有弄清问题就进行演算和作图。”事实上，学生常常对此掉以轻心，致使解题失误或陷入繁冗之中。如何全面地、正确地把握问题的已知、所求、领悟问题的条件与结论提供的信息，是解题迅速的必要条件。审题宜从以下几个方面进行。

## 一、明确问题的条件与结论

要明确问题的条件与结论，需做到以下五点：①全面、深刻、确切地理解题目的明显条件；②不要遗漏题目中的“次要”条件；③要尽可能把已知条件直观化、形象化；④善于把已知条件作适合解题需要的转换；⑤要充分挖掘隐含条件。具体例析如下：

1. 审视条件。条件是解题的主要材料，充分利用条件间的内在联系是解题的必经之路。审视条件要充分挖掘每一个条件的内涵和隐含的信息，发挥隐含条件的解题功能。

**例 1**. 求函数 $f(x)=\log_{0.5}(x^2-2x-3)$的单调区间.

**错解**：$u=x^2-2x-3=(x-1)^2-4$ 在$(-\infty,1]$上是减函数，在$[1,+\infty)$上是增函数. 又 $\log_{0.5}u$ 是减函数，所以函数 $f(x)$的递增区间是$(-\infty,1]$，递减区间是$[1,+\infty)$.

**错因分析**：上述错解忽略了函数 $f(x)$的定义域，其定义域是$(-\infty,-1)\cup(3,+\infty)$，而不是$(-\infty,+\infty)$.

**正解**：函数 $f(x)=\log_{0.5}(x^2-2x-3)$的定义域是$(-\infty,-1)\cup(3,

$+\infty)$，$u=x^2-2x-3=(x-1)^2-4$ 在 $(-\infty,-1)$ 上是减函数，在 $(3,+\infty)$ 上是增函数.

又 $\log_{0.5}u$ 在 $(0,+\infty)$ 上是减函数，所以根据复合函数的单调性，函数 $f(x)$ 的递增区间是 $(-\infty,-1)$，递减区间是 $(3,+\infty)$.

**点评**：定义域是建立函数关系、研究函数性质的基础，忽略函数定义域的存在与作用，就有可能出现错解。

2. **审视结论**。结论是解题的最终目标，解决问题的思维很多情形下都是在目标意识下启动和定向的。审视结论要探索已知条件和结论间的联系与转化规律，善于从结论中捕捉解题信息，确定解题方向。

**例 2.** 已知 $5\sin\beta=\sin(2\alpha+\beta)$，求证 $\dfrac{\tan(\alpha+\beta)}{\tan\alpha}=\dfrac{3}{2}$.

**分析**：从角的关系入手，首先考虑结论中的两个角是 $\alpha+\beta,\alpha$，而已知条件中的两个角可以用 $\alpha+\beta,\alpha$ 来表示，然后再运用两角和差的正余弦公式即可。

证明：$\because 5\sin\beta=\sin(2\alpha+\beta)$，$\therefore 5\sin[(\alpha+\beta)-\alpha]=\sin[(\alpha+\beta)+\alpha]$，

$\therefore 5\sin(\alpha+\beta)\cos\alpha-5\cos(\alpha+\beta)\sin\alpha=\sin(\alpha+\beta)\cos\alpha+\cos(\alpha+\beta)\sin\alpha$，

即 $4\sin(\alpha+\beta)\cos\alpha=6\cos(\alpha+\beta)\sin\alpha$.

$\therefore \dfrac{\tan(\alpha+\beta)}{\tan\alpha}=\dfrac{3}{2}$.

**点评**：等式、不等式证明题的基本思路是盯住目标，消灭条件等式与结论等式之间的差异，达到使两等式之间的“异”转化为“同”。常用方法有：代入法、消去法、综合法、分析法等。

3. **审视结构**。结构是数学问题的搭配形式，某些问题已知的数式结构中常常隐含着某种特殊的关系。审视结构要对结构进行分析、加工和转化，以实现解题突破。很多数学难题的思路就隐藏在数式结构中。

**例 3.** 已知 $x,y,z\in\mathbf{R}$，且 $x+2y+3z=6$，求证：$x^2+2y^2+3z^2\geqslant 6$.

**简证**：设 $\boldsymbol{m}=(x,\sqrt{2}y,\sqrt{3}z)$；$\boldsymbol{n}=(1,\sqrt{2},\sqrt{3})$，则 $|\boldsymbol{m}|^2=\left(\sqrt{x^2+(\sqrt{2}y)^2+(\sqrt{3}z)^2}\right)^2=x^2+2y^2+3z^2$，$|\boldsymbol{n}|^2=\left(\sqrt{1^2+(\sqrt{2})^2+(\sqrt{3})^2}\right)^2$

$=6$,又已知 $\boldsymbol{m}\cdot\boldsymbol{n}=x+2y+3z=6$,故由 $|\boldsymbol{m}|^2\geqslant\frac{(\boldsymbol{m}\cdot\boldsymbol{n})^2}{|\boldsymbol{n}|^2}$ 知结论成立.

**点评:**当已知条件中的结构类似于向量数量积的结构时,可用构造向量的思想来求解,要注意所构造向量的模为常数时的处理。

4. **审视数值**。数值是数学运算中最基本的单元,特殊的数值往往能暗示解题的方向。审视数值要善于观察、分析数值,从数值本身的变化,数字与数字之间的联系去寻找解题的思路,获得优美的解法。

**例 4.** 求 $\frac{\sin 7^\circ+\cos 15^\circ\sin 8^\circ}{\cos 7^\circ+\sin 15^\circ\sin 8^\circ}$ 的值.

**分析:**解此题的关键是能否抓住题中各角之间的内在联系。如题中含有角 $7^\circ$、$15^\circ$、$8^\circ$,发现它们之间的关系是 $15^\circ=7^\circ+8^\circ$,故可将 $7^\circ$ 拆成 $15^\circ-8^\circ$.

**解:** $\frac{\sin 7^\circ+\cos 15^\circ\sin 8^\circ}{\cos 7^\circ+\sin 15^\circ\sin 8^\circ}=\frac{\sin(15^\circ-8^\circ)+\cos 15^\circ\sin 8^\circ}{\cos(15^\circ-8^\circ)+\sin 15^\circ\sin 8^\circ}=\frac{\cos 8^\circ\sin 15^\circ}{\cos 8^\circ\cos 15^\circ}$

$=\tan 15^\circ=\frac{1-\cos 30^\circ}{\sin 30^\circ}=2-\sqrt{3}$.

5. **审视范围**。范围是对数学概念、公式、定理中涉及的一些量以及相关解析式的限制条件。审视范围要适时利用相关量的约束范围,从整体上把握问题的解决方向。

**例 5.** 已知 $\tan(\alpha-\beta)=\frac{1}{2}$,$\tan\beta=-\frac{1}{7}$,且 $\alpha,\beta\in(0,\pi)$,求 $2\alpha-\beta$ 的值.

**误解:**由 $\tan\beta=-\frac{1}{7}$,$\tan(\alpha-\beta)=\frac{\tan\alpha-\tan\beta}{1+\tan\alpha\tan\beta}=\frac{\tan\alpha+\frac{1}{7}}{1-\frac{1}{7}\tan\alpha}=\frac{1}{2}$,得

$\tan\alpha=\frac{1}{3}$,所以 $\tan 2\alpha=\frac{3}{4}$. 于是有 $\tan(2\alpha-\beta)=\frac{\tan 2\alpha-\tan\beta}{1+\tan 2\alpha\tan\beta}=1$.

由 $\alpha,\beta\in(0,\pi)$,得 $2\alpha-\beta\in(-\pi,2\pi)$,所以 $2\alpha-\beta=-\frac{3\pi}{4}$ 或 $\frac{\pi}{4}$ 或 $\frac{5\pi}{4}$.

**正解:**由于没有对 $\alpha$ 和 $\beta$ 进行范围限制,因此扩大了 $2\alpha-\beta$ 的范围. 由上知 $\tan(2\alpha-\beta)=1$.

因$-1<\tan\beta=-\frac{1}{7}<0$,知$\frac{3\pi}{4}<\beta<\pi$,所以$-\pi<-\beta<-\frac{3\pi}{4}$.而$0<\tan\alpha=\frac{1}{3}<1$,知$0<\alpha<\frac{\pi}{4}$,得$0<2\alpha<\frac{\pi}{2}$.于是$-\pi<2\alpha-\beta<-\frac{\pi}{4}$.可得$2\alpha-\beta=-\frac{3\pi}{4}$.

**点评:**对于给值求角的问题,我们要特别小心,要根据题目要求尽可能紧缩角的范围。

**二、灵活地进行符号语言、图形语言、日常用语的转换**

数学有三种语言:符号语言、图形语言、日常用语,它们是数学知识、数学思维的载体,在解题过程中选择哪一种语言进行思维又是因题而异,因人而异,而且各种语言之间又是互相渗透,如果各种语言不能熟练掌握或者不能灵活运用,就会使本来不难的变难、变繁。

由于数学语言的高度概括性使具抽象程度提高,或者有时信息或问题表述及比较含蓄,应通过思考将其转译为自己熟悉的便于理解和应用的问题或信息。可试图将问题换个说法,说给自己听,说的时候应注意:①隐晦的语言说得明确些;②繁复的问题说得简要些;③抽象的问题说得具体些;④表象的问题说得深实些;⑤难于正面说的问题从反面去说。

**例 6.** 已知集合$A=\{(x,y)\mid x^2+mx-y+2=0\}$和$B=\{(x,y)\mid x-y+1=0,0\leqslant x\leqslant 2\}$,如果$A\cap B\neq\varnothing$,求实数$a$的取值范围.

**分析:**从代表元素$(x,y)$看,这两个集合均为点集,又$x^2+mx-y+2=0$及$x-y+1=0$是两个方程,故$A\cap B\neq\varnothing$的实质为两个曲线有交点,我们将其译成数学语言即为:"抛物线$x^2+mx-y+2=0$与线段$x-y+1=0(0\leqslant x\leqslant 2)$有公共点,求实数$m$的取值范围."

**解:**由$\begin{cases}x^2+mx-y+2=0,\\x-y+1=0(0\leqslant x\leqslant 2),\end{cases}$得$x^2+(m-1)x+1=0$. ①

$\because A\cap B\neq\varnothing$,$\therefore$方程①在区间$[0,2]$上至少有一个实数解.

首先,由$\Delta=(m-1)^2-4\geqslant 0$,得$m\geqslant 3$或$m\leqslant -1$.

当 $m\geqslant 3$ 时，由 $x_1+x_2=-(m-1)<0$ 及 $x_1x_2=1$ 知，方程①只有负根，不符合要求；

当 $m\leqslant -1$ 时，由 $x_1+x_2=-(m-1)>0$ 及 $x_1x_2=1>0$ 知，方程①有两个互为倒数的正根，故必有一根在区间 $(0,1]$ 内，从而方程①至少有一个根在区间 $[0,2]$ 内.

综上，所求 $m$ 的取值范围是 $(-\infty,-1]$.

**例 7.** 已知 $f(x)=x^2+2x+1$，存在实数 $t$，使得当 $x\in[1,m]$ 时，$f(x+1)\leqslant x$ 恒成立，求 $m$ 的最大值.

**解析：** 直接求解较复杂，译成图象语言可轻松获解. 将 $f(x)=x^2+2x+1$ 的图象进行左右平移，问题转化为当 $t$ 为何值时，对于 $x\in[1,m]$，$f(x)=x^2+2x+1$ 图象恒在 $y=x$ 的下方.

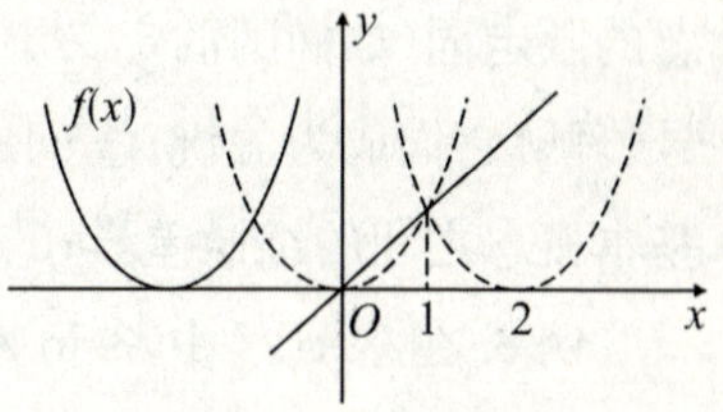


结合右图可知，当 $f(x)=x^2+2x+1$ 图象向右平移，且当右半部分第一次经过点 $(1,1)$，继续向右平移时，才会出现 $x\in[1,m]$，$f(x+t)\leqslant x$ 成立，继续向右平移；

当 $f(x)$ 图象左半部分经过点 $(1,1)$，再向右平移时，有 $f(x+t)\leqslant x$ 恒成立，所以，$m$ 的最大值应为 $f(x+t)$ 与 $y=x$ 的除点 $(1,1)$ 外的交点的横坐标. 由 $(1+t)^2+2(1+t)+1=1$，解得 $t=-1$（舍去）或 $t=-3$，再由 $f(x-3)$，解得 $x=1$ 或 $x=4$.

故 $m$ 的最大值为 4.

**点评：** 每一个几何图形中都蕴含着与它们的形状、大小、位置密切相关的数量关系；反之，数量关系又常常可以通过几何图形直观地反映和描述，数形结合的实质就是将抽象的数学语言与直观的图形结合起来，使抽象思维和形象思维结合起来，在解决代数问题时，想到它的图形，从而启发思维，找到解题之路；或者在研究图形时，利用代数的性质，解决几何的问题。实现抽象概念与具体形象的联系和转化，化难为易，化抽象为直观。思考问题时要善于从条件的结构特征中寻找一些和图象相关联的信息源，以便为解决问题作好形的铺垫。

**三、关键字句的斟酌**

为了考核学生观察能力，分析能力，检查学生对概念中各项条件的理解，了解学生对基本技能和逻辑推理的掌握程度，在数学题编拟时，往往要变换概念的表现形式，精简命题从条件到结论的中间环节，肢解命题的各项条件之间的联系，隐去问题涉及的数学思想及背景，审题时需透过字句挖掘这些本质与规律。所谓关键字句，主要包括以下五个方面：①概念中容易疏忽的限定词(如椭圆的定义中 $2a>2c$)；②问题中比较陌生的抽象的词语、记号、理解它们成为关键；③问题中易疏忽的特殊位置和可能情况；④相近的基本概念之间的细微差异；⑤定理、公式成立的每一项前提或条件。

**例 8.** 在$\triangle ABC$中，$3\sin A+4\cos B=6$，$3\cos A+4\sin B=1$，则$\angle C$的大小为________.

**解：**由$\begin{cases}3\sin A+4\cos B=6,\\3\cos A+4\sin B=1\end{cases}$平方相加得 $\sin(A+B)=\dfrac{1}{2}$，

$\therefore \sin C=\dfrac{1}{2}$，$\therefore C=\dfrac{\pi}{6}$或$\dfrac{5}{6}\pi$.

若$C=\dfrac{5}{6}\pi$，则$A+B=\dfrac{\pi}{6}$.

$\because 1-3\cos A=4\sin B>0$，$\therefore \cos A<\dfrac{1}{3}$，又$\dfrac{1}{3}<\dfrac{1}{2}$，$A>\dfrac{\pi}{3}$，$\therefore C\neq\dfrac{5}{6}\pi$.

$\therefore C=\dfrac{\pi}{6}$.

**点评：**条件 $\cos A<\dfrac{1}{3}$ 比较隐蔽，不易发现。

**例 9.** 反比例函数的表达式为 $y=(m-1)x^{m^2-2}$，则 $m$ 的值为________.

**解：**依题意有 $m-1\neq 0$，$m^2-2=-1$，解得 $m=-1$.

**点评：**本题将 $m$ 隐含在反比例函数的系数之中，能否挖掘出 $m-1\neq 0$ 至关重要，解题时若忽略这一点，则会出现错解。

**四、对问题整体性的理解及结构的把握**

审题的成功与否要求我们能摆脱问题的外表的特征、细节，具体的数字，重点审明它的结构的内在联系，注重对问题整体性的联想与考察。

1. 整体思维。人们在研究某些数学问题时，往往不是着眼于问题的各个组成部分，而是有意识地放大考察问题的“视角”，将需要解决的问题看做一个整体，通过研究问题的整体形式、整体结构或作种种整体处理后，达到顺利而又简洁地处理问题的目的。像这种从整体观点出发研究问题的心理活动过程，心理学上就叫做整体思维。它是一种较高级的思维活动，具有思维的简约性和跳跃性。

**例 10.** 求$(\sin^2\theta+6\sin\theta+3)(8+6\sin^2\theta-\cos^2\theta)-2\sin^2\theta-12\sin\theta-3$的极值($\theta\in\mathbf{R}$).

**解析：**记原式为 $y$，令 $x=\sin^2\theta+6\sin\theta+3=(\sin\theta+3)^2-6$，得当$-2\leqslant x\leqslant 10$时，有 $y=x(x+4)-2x+3=(x+1)^2+2$. 故当 $x=-2$，即 $\sin\theta=-1$ 时，$y_{\min}=3$；当 $x=10$，即 $\sin\theta=1$ 时，$y_{\max}=123$.

2. 审视方法。方法是解题的手段，数学思想方法是问题的主线。审视方法，选择适当的解题方法，往往使问题解决事半功倍。审题的过程还是一个解题方法的抉择过程，开拓的解题思路和适宜的解题方法能帮助我们事半功倍。

**例 11.** 已知下列三个方程：$x^2+4ax-4a+3=0$，$x^2+(a-1)x+a^2=0$，$x^2+2ax-2a=0$ 至少有一个方程有实根，求实数 $a$ 的取值范围.

**解：**设已知条件中三个方程的判别式分别为 $\Delta_1$，$\Delta_2$，$\Delta_3$.

法一：正面解决需要分下列七种情况讨论：

① $\begin{cases}\Delta_1<0,\\ \Delta_2<0,\\ \Delta_3>0.\end{cases}$ ② $\begin{cases}\Delta_1<0,\\ \Delta_2>0,\\ \Delta_3<0.\end{cases}$ ③ $\begin{cases}\Delta_1>0,\\ \Delta_2<0,\\ \Delta_3<0.\end{cases}$ ④ $\begin{cases}\Delta_1>0,\\ \Delta_2>0,\\ \Delta_3<0.\end{cases}$

⑤ $\begin{cases}\Delta_1>0,\\ \Delta_2<0,\\ \Delta_3>0.\end{cases}$ ⑥ $\begin{cases}\Delta_1<0,\\ \Delta_2>0,\\ \Delta_3>0.\end{cases}$ ⑦ $\begin{cases}\Delta_1>0,\\ \Delta_2>0,\\ \Delta_3>0.\end{cases}$

将上述七个不等式组的解集求并集，即可得 $a\leqslant-\frac{3}{2}$ 或 $a\geqslant-1$.

法二：若问题的反面成立，则三个方程都没有实根，此时有

$$\begin{cases}\Delta_1=16a^2-4(1+4a+3)<0,\\ \Delta_2=(a-1)^2-a^2<0,\\ \Delta_3=4a^2+8a<0,\end{cases}\text{即}\begin{cases}4a^2+4a-3<0,\\ 3a^2+2a-1>0,\\ a^2+2a<0,\end{cases}\text{解之得}-\frac{3}{2}<a<-1.$$

∴方程至少有一个实根的 $a$ 的取值范围是 $a\leqslant-\frac{3}{2}$ 或 $a\geqslant-1$.

法三：依题意，$\Delta_1\geqslant0$ 或 $\Delta_2\geqslant0$，$\Delta_3\geqslant0$，解得 $a\leqslant-\frac{3}{2}$ 或 $a\geqslant-1$.

**点评**：解题时这三种解法应择优选用。法一：从正面入手，需分七种情况讨论，繁琐易错；法二：从反面入手，只需对一种情况的结果求补集运算；法三：源于对数学基础知识的深刻理解，及在此基础上的灵活运用。数学中的“或”有“只居其一”和“兼而有之”两层涵义，利用这一点可简洁求解。

注意有些资料中的误解：“原命题等价于 $\Delta_1+\Delta_2+\Delta_3\geqslant0\Rightarrow23a^2+22a-11\geqslant0$”. 因为 $\Delta_1+\Delta_2+\Delta_3\geqslant0$ 可以推出至少有一个 $\Delta_i\geqslant0(i=1,2,3)$，虽 $\Delta_1>0$，$\Delta_2+\Delta_3<0$ 满足题意，但当 $|\Delta_1|<|\Delta_2+\Delta_3|$ 时，推不出 $\Delta_1+\Delta_2+\Delta_3\geqslant0$，所以 $\Delta_1+\Delta_2+\Delta_3\geqslant0$ 与原命题并不等价，故此解法不妥。

**五、审题的几个注意点**

审题还需注意以下几点：①审题要慢、答题要快。审题速度不宜太快，而且最好采取两次读题的方法，第一次为泛读，大致了解题目的条件和要求；第二次为精读，根据要求找出题目的关键词语并挖掘题目的隐含条件。②要善于变换。当明确已知条件和求解对象后，如果尚不能生发解题思路，必须变换已知条件或结论的形式，使它们产生有机的联系。③要善于联想。联想是接通思路的桥梁，如果我们在审题中无法套用现成解题模式，必须进行广泛的联想。④要善于挖掘隐含条件。审题的一个关键在于：发现题材中的“机关”——题目中的一些隐含条件，往往是该题“价值”之所在，也是我们失分的“隐患”。⑤要善于启动逆向与创新思维。当解一个数学问题的思

维受阻时，适当改变思维角度，适时启动逆向思维与创新思维，往往能跳出常规思维的框框，突破思维障碍。

**例 12.** 已知 $3\sin^2\alpha+2\sin^2\beta=2\sin\alpha$，则 $\sin^2\alpha+\sin^2\beta$ 的取值范围为________.

**错解：**由 $3\sin^2\alpha+2\sin^2\beta=2\sin\alpha$ 可得 $\sin^2\beta=\dfrac{2\sin\alpha-3\sin^2\alpha}{2}$.

于是 $\sin^2\alpha+\sin^2\beta=\sin^2\alpha+\dfrac{1}{2}(2\sin\alpha-3\sin^2\alpha)=-\dfrac{1}{2}\sin^2\alpha+\sin\alpha$

$=-\dfrac{1}{2}(\sin\alpha-1)^2+\dfrac{1}{2}$.

$\because -1\leqslant\sin\alpha\leqslant1$，$\therefore$ 当 $\sin\alpha=1$ 时，$\sin^2\alpha+\sin^2\beta$ 有最大值 $\dfrac{1}{2}$；

当 $\sin\alpha=-1$ 时，$\sin^2\alpha+\sin^2\beta$ 有最小值 $-\dfrac{3}{2}$.

**剖析：**上述解答中没有挖掘如何求 $\sin\alpha$ 的取值范围这个隐含条件，事实上：由 $\sin^2\beta=\dfrac{2\sin\alpha-3\sin^2\alpha}{2}$ 且 $0\leqslant\sin^2\beta\leqslant1$，得 $0\leqslant\dfrac{2\sin\alpha-3\sin^2\alpha}{2}\leqslant1$，解得 $0\leqslant\sin\alpha\leqslant\dfrac{2}{3}$. 因此，当 $\sin\alpha=\dfrac{2}{3}$ 时，$\sin^2\alpha+\sin^2\beta$ 有最大值 $\dfrac{4}{9}$；当 $\sin\alpha=0$ 时，$\sin^2\alpha+\sin^2\beta$ 有最小值 0. 故 $\sin^2\alpha+\sin^2\beta$ 的取值范围为 $\left[0,\dfrac{4}{9}\right]$.

**点评：**数学是思维严谨、逻辑性强的一门学科，数学问题的解决需要严肃认真的科学态度，稍不留心就会出错，正所谓“细节决定成败”。

综上所述，解题时要养成认真审题、周密思考的良好习惯，学习捕捉题中有效信息的技能，不断增强洞察力和显化隐含条件的能力，只有这样才能挖掘出隐含条件，为顺利求扫除障碍。

# 借故事理解数学，让学困生柳暗花明

有些学生高一期间非常努力地学习数学，但就是成绩平平，甚至在高二就放弃了对数学的努力，他们会感觉再多努力也是白费，不学也罢。笔者发现这些学生可能右脑发达，擅长形象思维。针对这一特点，我在平时教学中，打了许多形象的比方，讲了许多形象的故事。这些形象的故事有助于创设轻松、愉悦的学习氛围，不仅帮助学生理解抽象的数学本质，而且还激发学生学习数学的兴趣，促进学生“亲其师，信其道”。笔者多届带普通班、文科班的教学实践表明：借故事谈数学的效果非常好！本文略举几例，以期抛砖引玉。

**一、在新课引入中，讲相关故事，可激发学生探究兴趣。**

数学故事、数学典故有时反映了知识形成的过程，有时反映了知识点的本质，用这样的故事来创设问题的情境不仅能够加深学生对知识的理解，还能提高学生对数学的兴趣，提高数学的审美能力。如借助飞矢不动、龟兔赛跑等数学悖论引入极限，可极大地调动学生的探究热情，并真切地感受到无限与有限的巨大差异。又如讲等比数列的前 $n$ 项和公式前，可虚构如下情景故事引入：“一个穷人到富人那里去借钱，原以为富人不愿意，哪知富人一口应承了下来，但提出如下条件：在 30 天中，富人第一天借给穷人 1 万元，第二天借给穷人 2 万元，以后每天所借的钱数都比前一天多一万，但借钱第一天，穷人还 1 分钱，第二天还 2 分钱，以后每天所还的钱数都是前一天的两倍，30 天后互不相欠。穷人听后觉得挺划算，本想就此定下来，但又想到此人是吝啬出了名的，怕上当受骗，所以很为难。请同学们帮穷人出个主意好吗？”教师根据教材内容的特点和实际需要讲一些改编的、有趣的故事片段，使学生在听故事的同时，进入到新课意境。在学习空间几何体侧面展开图时，以“小虫觅食”为名呈现：已知圆锥底面直径 $AB=20\text{cm}$，母线 $SA=30\text{cm}$，$C$ 为母线 $SB$ 的中点。今有一小虫沿圆锥侧面从 $A$ 点爬到 $C$ 点觅食，问它爬过的最短距离应是多少？学生一定会有解决问题的冲动和战胜困难的激情，让原本平淡的问题变得妙趣横生。

**二、在知识学习过程中构造与学生关联的故事，可激发学生学好数学的热情。**

在讲授均值不等式时，创设与学生关联的故事情境：“再过几年大家就大学毕业上班了，也不用再吃食堂了，自己开火做饭就得买菜，红菜薹的价格每天在变，每天买一块钱的红菜薹和每天买一斤红菜薹，哪种买法更实惠？”和“一天你遇到一个商家，用一个有问题的天平（天平的两臂之长略有差异，其他因素忽略）来称红菜薹的质量，他说只要把红菜薹放左右盘中各称量一次，再把所得结果相加除以 2 即可得到红菜薹的质量，你认为可行吗？如果不行的话，你能否找到一种用这台天平称量红菜薹重量的正确方法？”在讲授平面的三个公理时，我给学生讲了这样一个故事：“老师将学校分给我的旧房子重新装修，请了一个铺地板砖的泥工和一个做木门的木工，他们都完工后，木门开关时与地面摩擦。木工怪泥工的地面没有铺平，泥工怪木工的门没有安好。同学们，今天学完平面的三个公理后，请同学们帮我设计方案，检测地面有没有铺平。同学们学完线面垂直、面面垂直后，再帮我设计方案，检测门有没有安好”。学生在真实的生活情境中被需要，学习劲头更足。为了让学生感受指数增长速度，如果仅提问：“有多大？”学生可能漠不关心——其思维没有进入数学学习的情境。如果换用一种学生感兴趣的故事情境进行设问：“某人听到一则谣言后 1 小时内传给 2 人，此 2 人在 1 小时内每人又分别传给另外 2 个人，……如此下去，一昼夜能传遍一个多少人口的城市——十万、百万甚至更多？”那么学生的直观判断和实际的计算结果间的巨大反差会使学生对指数增长速度留下非常深刻的印象。

**三、在知识发生、发展、形成过程中引入故事，可帮助学生理解数学**

**本质。**

学生理解反证法有困难，使用起来很不习惯，为了帮助学生认同这种方法，理解其原理，笔者引导学生注意一个事实，那就是下至七八岁的小朋友，上至七八十岁的老太婆都会熟练地使用反证法，我们当中也有很多同学小时候用过反证法：当你的哥哥或姐姐心爱的玩具等不见了时，常常怀疑是你拿去了，其实你真的没拿，但他（她）硬说是你拿了，你从正面怎么解释都无效，于是很有数学天赋的你，那么小就知道活用反证法，说了一句让人不能不信你的话："我骗你不是人！"这六个字为什么有这么大的力量？因为他使用了反证法：设这句话中的"我"为 $A$，"你"为 $B$，则这句话的数学逻辑是：若 $A$ 欺骗了 $B$，则 $A$ 不是人，非人（类）的 $A$ 说的话 $B$ 却能听懂，说明 $B$ 与 $A$ 同类：不是人。因此，$B$ 若还不信 $A$ 就等于承认自己不是人。这与 $B$ 是人矛盾，从而 $A$ 没骗人。当从正面怎么解释都很难证明的事，从反面六个字就证明了。反证法的适用范围和使用方法与此完全相同。由此可见，如此高深莫测的数学都源于这么朴实的生活！

**四、在数学方法及其注意事项中引入故事，有利于学生接受并同化数学方法。**

学生在换元引入新变量，消元消去旧变量时，经常忽视变量范围而出错，不管老师讲了多少遍，学生总是屡做屡错，为此笔者引导学生反思在生活或影视中常见到这类情景：当亲人生病卧床，奄奄一息时，就是死不了，为什么？因为还有债务等事宜没有交代，等亲人赶回来，一交代完后事就咽气了，否则就会死不瞑目。在现实生活中，新旧工作的调动也都需要举行"交接仪式"。笔者及时将学生的注意力从故事引导到数学：我们在消去一个字母变量时，若不为其范围等信息举行"交接仪式"，则被消去的字母就会"死不瞑目"。笔者讲了这个故事后，换元、消元时"屡做屡错"的学生少了许多，研究函数性质时注意到定义域优先考虑的学生多了不少。

**五、在数学学习中引入故事，可借助学生体验深化数学思想方法。**

"数学是一门模式与模型的学科"，为了强调一些数学模型和可操作性步骤的重要性，帮助学生形成模型意识，结合我校农村学生较多的特点，笔者引导学生反思他们小时候的一个生活片段：男生小时候打架，打不赢时往往会往哪里跑？往家里跑。为什么要往家里跑呢？因为“家”是我们最熟悉的环境，人在陌生的环境中容易怯场或心存恐惧，而在家中就会因环境熟悉产生优越感，从而发挥最佳状态，从此以后，“回家的感觉真好！”就成了我班记住基本模型和化归基本模型的口头禅。其实，数学中有许多高深莫测的思想方法都与非常朴素的生活哲理息息相通。

**六、在数学思想中引入故事，可帮助学生理解并顺应数学思想。**

为了向学生强调数学中的化归思想，我给学生提了个生活问题：有煤气灶，自来水和水壶，怎样烧开水呢？答案很简单：第一步拧开水龙头给水壶灌水，第二步再将灌好水的水壶置于煤气灶点火即可。可是有一天，水壶里已经灌好了水，那又怎样烧开水呢？学生异口同声地回答：直接将水壶置于煤气灶点火即可，我说错！学生都很惊讶，我接着说：数学家绝不这样做，而是将水全部倒掉，这就化归为原始的烧开水模型，再按那两个步骤操作准没错。

为了向学生渗透正难则反思想，笔者讲了一个从齐民友教授那里捡来的故事：武大数学系有位老师下海搞电脑开发，一次出席公司董事会讨论公司的发展，要不要开发电脑 CPU，所有的董事都反对，因为全世界的 CPU 都被美国垄断了，中国的 CPU 技术比美国至少落后 50 年，现在搞 CPU 的开发既没前途，又没“钱”图。只有这位数学老师认为要研发 CPU，这位数学老师只用一句话就说服了所有董事改变了立场：“中国粮食生产的成本比国际粮食的进口价还要高，但中国能否不生产粮食？”笔者及时引导学生剖析：这里首先将其他董事的观点：“不赚钱的项目就不投入”看作一个真命题，然后举出一关系到国计民生的反例证明这个命题为假命题，从而说服所有董事。如今华为的手机芯片产量已经居世界第一。

**七、在数学精神中引入故事，可帮助学生回归数学理性思维。**

“数学是文科的生命线”，但文科生十有八九学不好数学，因为他们长期受文科的影响，容易以文科的思维来学数学。为了说明这一点，笔者拿徐志摩的诗《再别康桥》开涮:“轻轻的我来了……轻轻的我走了,挥一挥手,不带走一片云彩……”这首诗的意境很美,中国人都熟悉,笔者在深情地念完这几句后,及时引导学生关注——如果用数学思维来理解这首诗,就成了另一番景象:你来干吗?还轻轻的来,是不是来偷东西的哟?学好文科需要感性,若诗仙李白稍有理性,那他面对不足几百米的庐山瀑布就绝对想象不出“飞流直下三千尺,疑似银河落九天”的“绝妙意境”。但感性的另一个极端可能就是“好美的一朵花呀!”走近一看原来是牛屎粑!学生在笑声中了解了文、理科思维的差异。在以后的学习中,很多学生听完笔者形象直观的讲解后,能有意识地运用自己的左脑理性地思考与总结——这样左右脑没有偏废,而是并重发展的学生自然差不了。

**八、讲故事的几点注意及两个反例。**

有效的故事情境应当满足两个条件:一个是与学生的生活经验有关,适合做数学课程与学生经验之间的接口——有助于学生的理解与反思;另一个是能成为学生理解数学和作出反思、发现的载体——需教师及时引导学生的“故事体验”。然而,有些故事情境容易偏离学生主体、背离教学主题、脱离数学属性、远离理性思考,我们在创设故事情境时应注意以下几个方面:

**1. 注意所讲故事与数学相关、对数学有效。**为了突出“新、奇、趣”而去挖空心思地创造迷人的故事情境,结果却将学生的注意力吸引到故事情境中的非数学信息,从而背离主题;要警惕这种“本末倒置”的做法。故事要服从和服务于数学,只有当学生遇到晦涩难懂的数学知识或难于同化的思想方法时,才借助通俗易懂的相关故事,将其中学生难以体会到的数学本质,形象地展示给学生,帮助他们深入理解和体会。另一方面,任何事物都有多面性,因此对所讲故事要站在数学的角度,及时引导学生体会其中所蕴含的数学本质。不能为了讲故事而讲故事,更不能讲完故事不作分析、引导。如笔者做市优质课评委时,见到“随机事件及其概率”的一种引入是:

师:第二次世界大战中,美国曾经宣称:1 名优秀数学家的作用超过 10

个师的兵力。同学们可知这句话的由来吗？

1943 年以前，在大西洋上英美运输船队常常受到德国潜艇的袭击，当时，英美两国囿于实力受限，又无力增派更多的护航舰艇，一时间，德军的“潜艇战”搞得盟军焦头烂额。为此，有位美国海军将领专门去请教了几位数学家，数学家们运用概率论分析后发现，舰队与敌潜艇相遇是一个随机事件，按数学角度来看这一问题，它具有一定的规律。一定数量的船（如 100 艘）编队规模越小，编次就越多（如每次 20 艘，就要有 5 个编次）；编次越多，与敌人相遇的概率就越大。比如 5 位同学放学都回自己家里，老师要找 1 位同学的话，随便去哪家都行。但若这 5 位同学都在其中某一家的话，老师要找几家才能找到，一次找到的可能性只有 20%。美国海军接受了数学家的建议，命令船队在指定海域集合，再集体通过危险海域，然后各自驶向预定港口。结果奇迹出现了！盟军舰队遭袭被击沉的概率由原来的 25%降低为 1%，大大减少了损失，保证了物资的及时供应（同时呈现多媒体课件）。

新课引入故事不能为了讲故事而讲故事，像本节课这样的引入故事的确生动有趣，但学生在学完本节课后还无法解决这个故事中的情境问题，显得有点花哨。与其这样还不如省掉这个故事情境，直接开门见山地进入课题，因为引入故事情境一方面是为了激发学生的探究兴趣，另一方面故事情境还应能为当节课数学知识的形成或理解服务。这个故事不能帮助学生理解随机事件及其概率。

2. 注意所讲故事还应简洁、引入时机恰当。在讲故事时，要注意简洁，不能冲淡数学主题。还应注意引入故事的时机要适当，如笔者首次讲授“数学归纳法”的片段如下。

师：同学们，今天老师要与你们一起做个实验。大家可能奇怪，你个数学老师只是拿了 6 块“长方体”形的橡皮擦，能做什么实验呢？我说，能做，而且还要从教室做到操场、从中国做到外国，当然，这还需要大家的生活经验和会想问题的头脑。

师：我将这 6 块“长方体”形的橡皮擦都立在讲台上，我们当然可以一块一块地把它们全部推倒(对应完全归纳法)。现在只允许推倒一块,你能保证其他五块橡皮擦都倒下吗?这6块橡皮擦应怎样摆?请同学们奇数排向后,偶数排向前,4至6人一组来讨论这个问题。

1分钟后,老师发现了一个讨论正确的组,于是请他们上讲台展示橡皮擦的摆法,并及时引导全体学生深入思考隐藏在现象背后的本质。

师:大家认为该推倒哪一块?(这个讨论的目的,是让同学们自己去总结出递推原理。为了强调数学归纳法中两个条件缺一不可,还做了以下继续提问)(多媒体演示相应多米诺骨牌游戏)

如果不推任何一块砖,这些砖能全部倒下吗?(同学们都觉得很可笑,但不认真验证第一号命题的真实性却司空见惯)(多媒体演示相应多米诺骨牌游戏)

如果在这排橡皮擦的某一段上拿走哪怕一块,那么你推第一块还能保证全部都倒下吗?(强调第二步的递推作用与不可或缺)(多媒体演示相应多米诺骨牌游戏)

师:如果是从教室摆到操场的砖块,那么,我们有两个办法把它们全部推倒,其一是逐一推倒,这时摆砖的格式没有要求;其二是只推第一块,但是要求按“前砖碰倒后砖”的规格来摆放。现在假定每一个同学,甚至世界上的每一个人都来摆砖——从教室摆到操场,从学校摆到街道,从中国摆到外国……所有这些砖块都按照“前砖碰倒后砖”的规格,没完没了地摆下去,那么你一个人还能不能一块又一块地去推倒这所有的砖块?还需不需要一块又一块地去推倒这所有的砖块?(当同学们感到既不可能、也没有必要去一块又一块推倒砖块的时候,同学们就是接触到了数学归纳法的实质了。)

笔者教后反思:这节课的一大亮点就是让学生成为故事的主人翁:上讲台按要求动手操作6块“长方体”形的橡皮擦,为学生后继学习积累了具体的生活体验。但应该何时引进“故事体验”?换言之,一开始就引进“故事体验”是否恰当?当教师展示这段“故事体验”的时候,学生既不可能认识到“经验”的作用,也不可能领会到教师的意图。在一种盲目的状态下,怎么能希望触动学生的思维呢？我们知道，这段“故事体验”的作用不在于可以得到“数学归纳法”，而在于可以给数学归纳法一个形象的解释。因而它的引进应该伴随理解数学归纳法的过程，而不应是数学归纳法提出之前的无的放矢。事实上，只有当学生可能出现理解上的困难时，我们才有必要引进这段直观形象的“故事体验”。

总之，在数学教学，特别是对于学困生，教师要依托学生生活经验，灵活创设简洁的相关故事情景，并善于引导学生借助故事体验来深入理解数学本质。好的故事情境创设能拨动学生思维之弦，激活求知欲、唤起好奇心，使看似枯燥、抽象的数学知识充满亲和力和吸引力，让数学课堂变得富有诗意。

# 高三复习不可忽视的学法指导

理科生中流行着一句话:“物理难、化学烦、数学作业做不完。”很大一部分教师也认为,只要学生学习上认认真真,“两耳不闻窗外事”地勤学苦练,高考就一定能考好。很多兢兢业业的教师也是被“海量”的资料和“信息卷”压得喘不过气来,生怕漏掉一道“好题”“信息题”,于是布置的练习不仅过多,而且大量重复,根本挤不出时间对学生进行“学法指导”,结果大量的学生都淹没在题海中不能自拔,因得不到教师及时有效的“学法指导”而长期处于“高能耗”的重复练习之中,很难有大的提高,根本谈不上数学素养与数学理性思维的提高。其实,学好数学除了必要的练习外,另一个关键就是学生自己的反思总结和对数学思想、精神和方法的体验与“领悟”,而有效的反思与“领悟”就需要有效的“学法指导”。下面谈谈被笔者多届实验班证明行之有效而被广大高三教师忽视的“学法指导”,以期抛砖引玉。

**误区1:高一高二数学成绩没起来的同学,高三就对数学失去了信心。**

**剖析:**温总理说:“信心比黄金重要!”

**学法指导:**学习任何课程,最为首要的是树立学习的信心,要相信自己有能力学好数学。有些学生总担心自己天资不好,学不好数学,这样首先在思想上就打了败仗。我们承认各人天分有区别,但主观的努力可以在一定程度上弥补这方面的不足,在学习中不要一味与别人攀比,因为各人的天赋有别,环境与条件也各不相同,学习成绩自然会有差异,一味与别人攀比,搞不好就会丧失自信心,如果说要“比”,应该比自己学习的刻苦、勤奋程度如何,是否有长足的进步。在学习中如果自己在原有的基础上得到了最大限度的提高，学习就是成功的。

还有一点值得注意，那就是要让学生明确和重视自己数学知识中的薄弱点，以便有针对性地进行复习，自我完善。只有自己最薄弱的地方得到了加强，实力才能提高，自己心里才更有底气，才更有战胜高考的信心。

误区 2：用高一高二学习新课的学习方法与习惯去进行高三复习备考。

剖析：工欲善其事必先利其器。

学法指导：指导学生课堂上力争做到“四个超前”：超前想：老师提出课题后，自己要尽量超在老师讲解之前，想出解决问题的途径和方法。超前做：老师写出例题后，自己要尽量超在老师讲解之前，发现思路，甚至做出结果。超前总结：老师做完解答后，自己要尽量超在老师讲解之前，对解答过程进行反思，做出总结。超前提问题：老师做出总结后，自己要尽量超在老师讲解之前，发现问题，提出问题，并且研究问题。“四个超前”基本思想是课堂上要使自己的思维处于非常积极的状态，主动地对信息进行多方位的搜集、分析、综合与转换。从这个过程中获得新的猜想、新的思路、新的感悟、新的创造。每天课后，指导学生要通过阅读课本和整理笔记完成两项任务：深抠理论（概念、定理、公式、法则）和深抠例题：怎么做（学会做法），怎么想（学会想的方法），为什么要这样想，还能怎么想（真正做到明理），还能怎么变（变出本质）。要知道，“会做不等于会想，会想未必明理”。只有会想，并且达到了明理的水平，才算“知其然更知其所以然”，才能举一反三，触类旁通。还需帮助学生强化六种意识：归类总结意识、三基意识、避错意识、求简意识、热点意识、和目标意识：首先消灭基础题、再攻克中档题、最后拿下大综合题、难题。

误区 3：见到一道题目一时找不到思路，就迫不及待去翻看答案。

剖析：看答案时往往觉得答案的每一步都顺理成章，但过几天再做这道题，可能就无从下手。

学法指导：先独立思考、自主探究，然后再从合作交流或答案中体会别人思路的优点。具体操作时，可先从简单习题入手，因为做简单的习题会比较轻松一些，简单的做出来之后再由浅入深。当在练习过程中遇到了难一点的题目时，要有意识地强迫自己不看答案、不看书套公式、不求助于别人（这些都是被动方法），而是静下心来，积极调动自己的大脑知识库，主动寻求解题思路。这样有计划地由浅入深地训练学生，再加上对常见题型的归类分析，再见到数学题时就会在第一时间想到该题所考查的知识点和思维方式，有得心应手的感觉。

误区 4：**做完一道题就急着去做下一道题，哪怕在这道题上花了二三十分钟，也不知道反思总结；听讲也只满足于"老师讲的是对的"教师说怎么做就怎么做，教师说有几种方法就有几种方法。**

**剖析**：教师讲的、学生做的任何题目，高考都不会考，那为什么还要讲它或做它？题目只是学生领悟数学思想、精神和方法的载体——明确了这一点就知道该怎样对待每一道数学题。

**学法指导**：正如波利亚所说，回顾是"领会方法的最佳时机"，一道题的价值不在于做对、做会，而在于你从中领悟到了什么。面对一道典型例题，可引导学生独立思考：它该从哪个角度切入，为什么要从这个角度切入。做题的过程中，必须考虑为什么要用这几个原理，而不用那几个原理，为什么要这样对这个式子进行化简，而不那样化简。做完之后，必须要回过头看一下，这个解题方法适合这个题的关键是什么，为什么偏偏这个方法在这道题上出现了最好的效果，有没有更好的解法……就这样从开始到最后，每一步都进行全方位的思考，那么这道题的价值就会得到充分的发掘。单墫教授曾说，总结可以养成抓住问题关键，直接剖析问题核心的好习惯；总结可以形成知识的整体结构网络，揭示知识之间的内在联系；良好的题感正是通过总结培养起来的，引导学生：解题，切莫忘记总结和积累。

误区 5：**"分分分，学生的命根。"学生都很注重练习结果的对与错，考试分数的高与低，一些学生常为平时大考考试结果的好与坏高兴或痛苦一整周，甚至伤心流泪，却不知道抽几个小时去深究自己对与错的深层原因，避免下次再犯同样的失误。对此，教师应多作指导。**

剖析：感性的学生需要教师理性的引导。

学法指导：不能让学生用“粗心大意”来掩盖深层次原因，而应指导学生统计多套试卷的失分点。实践证明，很多学生都对自己习以为常的“粗心大意”的频发程度及其造成的巨大分数损失惊讶不已！痛定思痛后，就会下定决心自觉完成老师布置的任务：对每套试卷认真分析，从“概念不清、似懂非懂，审题失误、找不到解题着手点，概念或思想方法的应用有问题，知识点之间的迁移和综合有问题，运算错误、粗心大意，不熟练、时间不够，策略不当、逻辑混乱”等几个具体方面去总结失分原因，矫正错误，比较实际得分与应该得分的差距，建立“错题档案”，在做错的试题旁边写明做错的原因，通过边查边改，重复犯的错误一定会越来越少。同时，随着自我认识的不断完善，也有利于考试时增强自信心，消除紧张情绪。其次教师从解题的策略、思维的层次、题目的类型、知识点的分布等方面去讲评，指出学生解题过程中根本性的失误，着力解决学生解题中常犯的“会而不对，对而不全，全而不美”的毛病。

误区 6：师生都忙于试卷讲评和练习，却忽视收集整理和“错题深究与回练”。

剖析：试卷如同一面镜子，只能“照出”学生知识、能力缺漏，而不能自动解决学生被“照出”的缺漏，而师生通过试卷和练习“照出”的缺漏，不是供师生共赏的！而是需要逐一弥补和完善的。

学法指导：错题大约可以分两种：一种是自己根本不会做，因为太难了，没有思路；另一种是自己会做，因为粗心而做错，最有价值的错题是第二种，可以在这类错题后写上自己的错误原因、注意事项，这样下次看的时候就会更有用了。剪贴试卷及资料中遇到的第二种错题及具有典型性、代表性的好题，并定期回练“星级题”。教师可引导学生隔一段时间，将试卷中做错的题或“错题集”中的题再做一遍，具体方法是：第一次做不出的题，画一个五角星，过一段时间以后再把第一次做不出来的题再做一遍，如果还做不出来，再画一个五角星，叫做“二星级题”；过一段时间后，再做一遍“二星级题”;如果仍然做不出来,再画一个五角星,叫做“三星级题”。经过这三次基本上就能全部会做了。而没有必要反复做已经做过而且做对的题。错题回练是打败“屡做屡错”的法宝。

为了发挥全体同学的集体智慧,各章考试可由学生自己命一套题,即将每位同学个人收集的好题、易错题集中编拟试卷——不必拘泥于高考模式的套卷,并标明试题提供者姓名——既是精神奖励,又是答案及变式的研讨者,从而实现资源共享。

**误区 7:学生做题上瘾,自己花两个小时整理“已经做过的题”还没什么收获时,别人已经做完了一套数学试卷,总感觉做题的成就感更明显。**

**剖析:**“题海战术”是为了做题而做题,只要是题,统统拿来做,只注重做题的数量,却忽视了做题的质量。

**学法指导:**解题训练更强调收效。学好数学就必须做题,各种类型题目的训练是必需的,但决不能搞题海战术。做题的目的是训练分析问题解决问题的数学能力,是检验学生自己对数学基本概念、公式的掌握和运用能力。因此,做题一定要强调有收效,不能做了也不理解,甚至不知道做对没有。这样的做题训练只会浪费精力和体力,还会对数学学习产生厌倦感,对意志及信心都会有影响。因此,应指导学生不能盲目地毫无针对性地做题,没有必要大量反复做同类型的题,尤其是解题后要善于归纳总结,要真正认识到理解了 10 道题的收效要大于匆忙做 100 道题,死记硬背是学不好数学的,重要的是能够举一反三、融会贯通。可引导学生在做题时不局限于每道题本身,而是能够进行发散性思考,想想如果把这一题的题目、条件改变一下能演变出什么题,从这道题中能得到什么额外收获。对同类型题,只要觉得自己已经非常熟练了,就不再继续做这种类型的题目了,转而做其他类型的题目,做的题目类型越多,视野就会越开阔,这样做题才是高效率的。

**误区 8:起极端,只做会做的题,或只做难题。**

有些学生在受到“屡做屡错”的煎熬后,专挑自己会的题做,另一些学生却又走进另一个极端,对自己做错的难题纠缠不清,而不管自己的能力有没有达到这个水平，也不管这道题是否为偏题、怪题。而对“会而不对，对而不全”的错误很容易原谅自己，也不肯多花时间来避免这种在各科都会反反复复犯的错误。

剖析：只有准确把握自己在每一知识板块的提升空间，才可能有计划地分步提高，避免低效重复。

学法指导：定位。只有准确定位，才能准确把握试题的深度与广度，避免学生在时间、精力、精神等多方面的浪费。只有准确定位才能准确把握命题的尺度：避免挖得过深、拔得过高、范围过大，造成浪费；也要避免试题落点过低、复习范围窄小，形成缺漏。有所不为（如差生放弃难题）是为了更好地有所为！今年第一轮复习一开始，笔者就组织我校高三普通班进行“删除压轴题，将之改为针对学生平时练习中暴露出弱点的强化题”的套卷训练；和选、填题的 45 分钟限时训练；以帮助学生克服自己有能力克服的困难。第二轮复习一开始，笔者就组织我校高三普通班进行“选、填题满分训练”和“前 19 题满分训练”——引导普通班学生牢牢抓住其 123 分的“核心利益”；第二轮复习恢复的压轴题，若是数列不等式的证明，普通班学生应优先考虑数学归纳法、二项式定理法和导数法，而不应优先使用技巧性很强的放缩法——教师教了多年的数学仍没有把握，一般学生在短时间内无法突破，因此普通班学生在“技巧性很强的放缩法”上耗费大量时间和精力对于绝大多数学生都是纯属浪费。在每张训练卷的页眉提醒考生：“将细心运算进行到底，将低级错误消灭彻底。”提倡“慢做会，求全对；稳做中档题，一分不浪费；舍弃全不会”，帮助学生克服“会而不对，对而不全”的惯性失误。

分解。命题时有意识、有计划地对学生能力障碍进行分步分解训练：运算能力先限时训练，后满分训练，最后两者结合进行和谐训练；解析几何、数列不等式、应用题等学生惧怕的试题，可有意识地降低难度（设置中间步骤或直接选用偏易的中档题），置于前 19 题训练中，帮助学生克服恐惧，提升学生的信心于“无痕”。

偏题、怪题不深究。几乎每年高考哪怕是压轴题的前一二问也都相对容易拿分，这启迪我们在高考复习备考中，应重视基础，抓好基础知识和基本方法的落实是根本；培养能力、提高素质是核心；注重知识、能力的形成过程是关键。“做题不在多，理解则灵；难度不在大，有意才行”，而偏题、怪题往往需要花大量的时间和精力才能弄懂，但稍加改变就又不会了，还不如将这些时间和精力用于研究：怎样使知识的运用更加灵活自如，怎样使思维更加敏捷节省解题时间等课题。“有所不为”是为了集中时间和精力更好地“有所为”。

误区 9：**师生都忽视课本，以致学生在听讲和练习时，连一些基本概念都搞不懂，更谈不上带着问题去高效学习。课本上的例习题一般都相对容易，师生容易忽略，殊不知课本例习题具有典型性、示范性和探索性。**

剖析：学生把高考中约 120 分的“核心利益”所在的基础题全都忽视了。

学法指导：课本不仅仅是内容及符号上的统一，而且是定义、定理、公式等叙述上的规范，同时很多高考试题在教材中都有原型，有的试题直接取材于教材，有的试题是由课本概念、例题、习题的改变而成，有的试题是教材中的几道题目、几种方法的串联、并联、综合与拓展，少量难题也是按课本内容设计的，不过在综合性、灵活性上提出较高要求。如每年高考试卷中都有 100 分左右的试题，源于教材，是对课本例题、习题的加工、引申而来的杰作。因此，各章复习前，应指导学生阅读课本并做复习参考题，吃透基础知识，升华对知识的理解；还应带着学生做深入数学本质的总结和课本经典例习题的拓展探究，强化例习题的迁移能力。这样学生就能带着问题高效听讲，对自己总结不妥的地方也会印象深刻。

误区 10：**教师忙于例题的教学，学生忙于题目的练习，都疏于知识体系的梳理和题型体系的归纳。**

剖析：教师忽视学生主体，舍不得还课于生。实践证明较为行之有效的提升学生数学素质的途径有三：一是经常让学生讲。有的学生会做不会讲，会讲了思维就流畅了，过程就规范了，能力就提高了；二是合作学习。你有一种思想，我有一种思想，交换后就都有了两种思想。合作交流可以把这些学生从自我封闭中解救出来。三是学生通过知识体系的整理将数学知识由教育形态还原成知识形态——只有深刻地揭示了数学知识的本质,理清了数学知识之间的逻辑关系,才能真正地理解数学,更好地利用数学解决问题。

学法指导:让全体学生参与题型体系和知识体系的归纳过程,参与领悟的过程,教师可作适当示范,并提醒学生在将体系整理到笔记本时要注意留白,因为后继复习过程中还会有体系的补充与调整。复习不是对已学知识的机械重复,而应该是教师指导下的、学生对所学知识的再加工过程,包括以下几种方式。1.整理知识体系:即是将学科的知识体系、层次、脉络进行整理,从整体上把握全局,并了解局部知识的地位和作用;2.概括知识结构:就是要把局部知识的组成要素、相互联系进行分析整理,画出结构式或关系式;3.分析知识联系:即归纳总结知识间延伸、发展、演变、传递等的纵向联系,和知识间的影响、制约、渗透、交流等的横向联系,以及多层次、多角度的多向联系;4.比较知识异同:通过纵向比较、横向比较、中心内容比较、综合比较等方法,加深对知识本质的理解;5.归纳知识特征或总结知识规律:即根据知识间的联系、比较归纳总结其特征和规律,加强对知识的理解和应用能力。最后整理出三表——知识、概念、法则一览表;题型、思路、方法一览表;解题策略与易错易混题一览表,并将整理得最好的展示给全班共享。通过这样一系列的复习活动,可以帮助学生理解和掌握基础知识,提高复习效益。到高三第二轮复习的时候再打乱原有的章节顺序,按能力专题作载体,对知识进行又一次的重组和整合,形成更高层次的复习体系,并发掘蕴含其中的数学思想、精神和方法。

误区11:教师都重视学生能力的培养,而忽视识记的强调。

剖析:数学中有许多定理、公式,还有一些模式与模型,记不住就不可能灵活运用。

学法指导:数学也需要记忆,可引导学生记住一些固定模式和可操作性步骤。数学是一门模式的学科,我常告诫学生:“基本模型是我家,快捷做题就靠它。”记住程序化的可操作性步骤，可在考前半小时内帮助基础较差的学生提高 20 分：①导数问题第一步求导，第二步令导数等于零，第三步列表——余下的什么都不会可得 4 分；②立体几何题第一步建立空间直角坐标系，第二步用坐标表示相关向量，第三步求相关平面或相关异面直线的法向量——余下的什么都不会也能得 4 分；③一般考生都惧怕的解析几何题，只有两大入手方式：设点入手＋点差法＋检验（巧法）、设线入手＋韦达定理法＋判别式 $\Delta \geqslant 0$（通法），并且“设点入手”能解决的问题一定能“设线入手”解决，因此任何解析几何设线入手讨论斜率，并用韦达定理——余下的什么都不会能得 4 分；④三角函数性质的题目都必考三角恒等变换，很多考生缺乏目标意识，想半天都没有一个明确的恒等变形的方向，其实所有这类问题都是首先将目标三角函数化为“三个一”：$y=A\sin(\omega x+\varphi)+k$ 的形式，即一个角的一种函数名称的一次式的形式，我们只有将目标三角函数化归成这种模型，才能使用课本结论灵活解题，因此解这类问题的第一步是将多角统一成一个角，第二步是将多个函数名称统一成一个函数名称，第三步是将高次统一成一次，其实完成这三步，所求性质只需套用课本结论就能出来。

# 做好培优补差工作的八大具体措施

人与人之间最小的差别是智商，最大的差别是坚持。坚持适合自己的方法，暂时的落后就会成为过去。在教学中，我们如何使数学教学适应学生个别差异做到因材施教？有哪些具体可操作的培优补差措施？让优秀的学生更优秀、让暂时落后的学生进步，并在此前提下打造高效课堂。

**一、平时复习实行分层教学**

对目标进行分解，对不同的学生提出不同的要求，使不同的学生享受成功的快乐，从而进一步提高复习的效率。研究学生的数学学习心理、摸清学生的学情，这样才能有针对性地提供给学生解决问题的思路和方法。对尖子生先练后讲，落后的学生先讲后练。对尖子生的培养，主要通过度身定做的教材、作业，进行专题训练提高综合能力，并积累实战经验，通过提供阅读材料（近期杂志）扩大知识面，感受新观点。将尖子生组成几个学习小组，交流学习的心得，通过强强结合，以求得“1＋1＞2”的效果。对学习有困难的学生先抓基础、重点和规范，稳步推进，寻找成功点，树立信心。对他们进行学习方法的指导和心理的辅导工作，而心理辅导的一个重要方面是让学生明白老师并没有看不起他，老师是真心关心他。有时，一个关心的眼神、一句问候话语，比帮他补习一节课、教会他一两个知识点作用更大，让学生明白一时的失败算不了什么。

**二、对对象生进行“档案式”管理**

从第一轮复习的第一次统考开始，笔者就对对象生的每一次考试成绩及其中暴露出来的知识与能力缺陷进行记录与统计分析，为他们建立“个人档案”。一段时间之后，笔者将每位对象生的历次考试成绩第一时间顺序列表给出，并画其出分布曲线，让他们能够及时地掌握自己学习的变化情况，有些原本目标不太明确的学生开始在数学学习上动脑筋想办法找不足，形成了你追我赶的学习风气。

**三、与对象生进行有效交流**

笔者在与对象生个别交谈时，常将其历次考试中暴露出来的知识与能力缺陷展示给他看，如：这10套试卷中的10道解析几何题，哪几道做错了，具体错在什么地方？是入手问题？是运算问题？是范围问题？是最值问题？……这就为他揭示了他自己都不一定意识到的问题，有的学生看后自己都吓一跳，“真没想到我解析几何题竟错得如此厉害！”等学生意识到自己问题的严重性后，就可能避免了一个目前学生中流行的可怕的通病：盲目地做一套接着一套的试卷，哪怕每套试卷的立体几何题全都做对，还是接着对立体几何题一题不落地接着练；哪怕每套试卷的解析几何题全都做错了，下套试卷还是接着错。揭示问题就能帮助学生明确下一阶段复习该做什么，而对那些全都做对的题型就不必再反复练，自觉回避“大量重复”。让每位学生都认识到自身不足后，教师可针对全班学生的不足，准备一些针对性很强的专题，将学生的通病一个个治好。

可通过面批和学生演板等形式，高度关注对象生的细节能力。细节就是分数，从阅读、审题习惯到运算、推理乃至书写及卷面布局都要强化规范。时刻提醒对象生牢记：①加强考试方法训练，让学生少丢分比让学生多得分更容易！②切实夯实基础，对选择题、填空题而言，会99.9%＝会0%。

通过细致有效的交流，笔者发现很多学生在高考复习时，重知识与解题技巧，轻数学能力和数学思想方法的培养；重多练多做题，轻归纳小结；重如何多得分，轻防止过失性丢分。这些倾向是应纠正的。除此之外，我们还应该帮助学生分析其各弱点的严重程度及其提升空间，由此决定弥补各缺漏的轻重缓急。所有缺漏一起抓，往往哪个缺漏都抓不好。

**四、对对象生进行针对性训练**

一切围绕提高做文章。①内容上，查漏补缺，“一个都不能少”；②途径上，练评结合，规范提高；③方式上，师生互动，合作共享；④心理上，减压减负，轻松提高。“我难人难我不畏难，我易人易我不大意”“把会做的题目做对就是最大的胜利”“把能做的都做好就没有遗憾”。是无论是作业还是测验，都注意限时性、规范性、准确性、完整性的训练，以防“隐性失分”。练习时始终把准确性放在第一位，通法放在第一位，而不是一味地去追求速度或技巧，这也是学好数学的重要基础所在。

**五、专项训练**

笔者熟悉考生及考情后就针对对象生的不足，自创薄弱环节专项训练，审题训练（深入本质读题），数学地表达训练，速度专题训练，满分训练，准确率专题训练，规范化专题训练，考试技巧专题训练，考场心理专项训练等。用微格教育的方法来帮助学生逐步弥补不足。

**六、阅读延伸**

为了弥补教学不足，还需搜集一些专题研究的文章，含数学史、数学文化、数学应用的文章以“数学简报”形式发给学生课外阅读。开拓学生数学视野，倡导理性思维。

**七、优秀是一种习惯**

这句话是古希腊哲学家亚里士多德说的。如果说优秀是一种习惯，那么懒惰也是一种习惯。高三复习不同于高一、高二新课学习，教师要通过细心的观察、亲切的交谈、定期的面批等方式，掌握对象生的思维习惯、解题习惯、生活习惯和学习习惯，帮助对象生破旧立新，养成良好的复习习惯。

学生的数学知识与能力通过复习提高到极限后，考试分数的增长点就只剩练字与规范答题。俗语说：“不怕难题不得分，就怕每题都扣分。”在高考的阅卷过程中，笔者发现许多考生的解题思路和最后结果都正确，但是由于书写步骤不严谨，不规范，导致许多失分。所以，在第一轮复习过程中要加强学生对解题步骤规范书写的练习。但是，如果每一个题都要求规范书写，那一天也就做不了几个题了。为了解决这一矛盾，笔者每天选择一个题目布置给学生，要学生认真、严谨、规范地书写在作业本上，并注意务必将解题过程写得层次分明、结构完整。然后教师提供标准答案让学生进行对照，从而达到让学生养成良好的解题习惯的目的。高考中，解法的差异，速度的差异，正体现了学生不同层次的思维水平，优秀的学生的错误往往出现在脑子中，同时又消灭在脑子中，而一般的同学的错误往往一开始就直接出现在卷面上。

**八、错题回练**

学生常常“吃了一堑，却没长一智”：只有知道如何停止的人才知道如何加快速度。管理学上有个“木桶理论”，意思是说：一只水桶盛水多少由最短板决定，而不是由最长板决定。学数学也是这样，学生的数学考试成绩往往会因为某些薄弱环节大受影响。因此，巩固某个薄弱环节，比做对一百道题更重要。

**1.错题分类整理：将错题本打造成最适合学生自己的考前复习资料。**每次考试或多或少会发生些错误，这并不可怕，要紧的是避免类似的错误在今后的考试中重现。因此平时要注意引导学生把错题记录下来，并将所有的错题分类整理，分清错误的原因：概念模糊类、粗心大意类、顾此失彼类、图形类、技巧类、新概念类、数学思想类等等，并将各题注明属于某一章某一节，这样分类的优点在于既能按错因查找，又能按各章节易错知识点查找，给今后的复习带来简便，另外也简化了“错题集”，整理时同一类型问题可只记录典型的问题，不一定每个错题都记。

**2.错题反思笔记：**错题分类整理仅是一个开始，最重要的工作还在后面，对“错题集”中的错题，不一定说订正得非常完美了，就证明你这一知识的漏洞就已经弥补好了。对于每一个错题，还必须做错题笔记和反思，具体包括三个方面：(1)记下错误是什么，最好用红笔画出。(2)错误原因是什么，从审题、题目归类、重现知识和找出答案四个环节来分析。(3)错误纠正方法及注意事项。根据错误原因的分析提出纠正方法并提醒自己下次碰到类似的情况应注意些什么。考生若能将每次考试或练习中出现的错误记录下来分析，并尽力保证在下次考试时不发生同样错误，那么在高考时发生错误的概率就会大大减少。

3. 错题统计分析：只有查明了弱点，才可能弥补盲点。但我们常常对我们的缺点并不熟知，因此教师要引导学生对错题本中的错题做统计分析，从四方面掌握自己的弱点：一是了解自己知识上的弱点。从知识的内涵（本质属性）、外延（使用范围）和发生、发展过程中提高认识水平。二是了解自己方法上的弱点。从联系、对比和一题多解中，提高运用数学思想方法的能力。三是了解自己思维上的弱点。从变换视角、逆向思维和求异思维中，提高思维的灵活性、创造性。随着高考对思维能力考查的加强，逆向思维和求异思维的地位显得更为重要。四是了解自己答题上的弱点。“会而不对”是高三数学学习的大忌，常见的有审题失误、计算错误等，平时都以为是粗心，其实这是一种不良的学习习惯，必须在第一轮复习中逐步克服，否则，后患无穷。平时做题时就要养成一个良好的读题、审题习惯，强化用数学思想和方法在解题中的指导性。很多学生不会的数学题，教师只要将题目读一遍，或者画一个图，学生立刻就有了思路，为什么？就是因为学生不会读题。做题时要“一快一慢”：就是审题要慢，答题要快——学生恰好相反！缺乏仔细审题意识，因片面审题，快速答题带来诸多失误，“再回首，再再回首”“审题快作题慢，走不通回头看，几回几转从头看，时间不够心头乱”；“一看就会，一做就错”；思维定势的影响，用“想当然”代替现实的片面意识，怀有侥幸心理，哪知道熟题“专烧熟人”；忽略题中的关键词语、条件，对题意的理解有偏差，一知半解，会做而不得分。

数学高考历来重视运算能力的考查，80％以上的考分都要通过运算得到，要能够根据题设条件，合理运用概念、公式、法则、定理，提高运算的准确性。高考时间有限，不允许做大规模的检查。因此，平时训练中就要养成注意算理的好习惯，寻求并设计合理、简捷的运算途径，提高运算的合理性与简捷性，适当注意近似计算、估算、心算，以提高运算的速度。在运算前就要明确运算所依据的理论知识，想要迅速的运算还需要对运算法则的熟练掌握，这种掌握不仅仅限于笔算，还包括口算和使用工具的技能。

4.**（定期）错题回练（互练全班易错题试卷）**：错题回练是打败“屡做屡错”的法宝。为了将错题回练落到实处，还可以安排专门教师每周组织一张错题试卷（不追求高考模式的套卷）供大家练习。

# 刷题常见误区及其有效对策

相对于中学数学，小学数学是起始课程，由相对直观、零碎、可感知的知识点组成，诸如四则运算等很多问题都有固定流程的操作模式，就如同工匠学习的技艺型手艺，像卖油翁一样“无他，唯手熟尔”，在一些小学老师的推动下，“勤能补拙”“熟能生巧”成为很多小学生屡试不爽的宝贵经验。被“舞台效应”绑架的广大师生和家长，到了思考型的中学阶段，对这一经验依然念念不忘，这一点只要看看那些初中、高中孩子们在家里写字台、书架甚至床上堆放着的一摞又一摞小山似的习题和参考书就能知道。学生也是沉溺于刷题而无法自拔，深陷刷题误区而不自知。

**误区 1：刷题无度，不分白昼黑夜。**

**现象：**“刷题就像一副兴奋剂。”我们把学习与训练混为一谈，搞不清什么是学习、什么是训练。甚至把学习变成了训练！一些同学，没事就刷题，不知道干什么就刷题，不知道怎么学也刷题。总感觉刷题很有成就感，两个小时就可以实实在在地刷完一套试卷，但若是用两个小时做反思梳理，则看不到任何显性的物化成果。不少学生经常“挑灯夜战”，刷题刷到凌晨，甚至刷题刷得睡着了……

**剖析：**“只要学不死，就往死里学”，这类高三励志口号，不幸被很多同学不折不扣地践行。两眼一睁，学到熄灯。漫无目的地刷题看似刻苦，其实是“假努力”。人们总是误认为用在学习上的时间越多成绩就越好，花在刷题上的时间越多解题就越厉害。而埋身题海就会觉得“时间永远不够用”，很容易使人疲倦。人生不应该是充满痛苦疲劳的拉锯战，有效学习不在于用了多少时间，而在于真正学会了多少，有效的刷题不在于刷了多长时间，而在于有的放矢地刷会了什么。熬夜时大脑已经处在过度疲劳的阶段，学习效率不会太高，也影响视力，关键的是会影响到第二天的学习状态，第二天犯困精神面貌不好，思维呆滞不灵活，上课听讲效率不高，作业也没有效率，做题很难深入。为了延长一两个小时的学习时间，而熬夜低效学习，并且翌日最宝贵的上课时间不在状态，甚至错过老师画龙点睛的说破与点拨，是学生个人花10倍时间都难以获得的，得不偿失。真正的学霸懂得劳逸结合、适时休息和锻炼，拼的是学习效率、学习效果，而不是熬夜。

**对策**：保持良好精神状态。许多事实表明，很多科学技术发明都是在感兴趣和积极乐观的良好精神情况下做出的。很难想象一个长期压抑、苦闷、消沉、疲惫不堪的人，能在科学技术方面有大的作为，刷题一旦陷入不分白昼和黑夜的疲劳战，就很难从不同的角度看待问题、发现问题、分析问题，有时看问题的角度不同，就能产生不同的看法及灵感。只有保持良好精神状态，才可能养成从多角度观察、发现、分析问题的习惯和能力，活跃思维，提高想象力。顶着疲惫不堪的身体去学习，效果会大打折扣，如果到了睡觉时间，写不完作业也不要写了，刷不完的题也不要刷了，一定要保证充足睡眠，这样才能以饱满的精神状态投入到白天的学习当中。

**误区2：刷题无限，认为越多越好。**

**现象**："刷题就像韩信点兵。"绝大多数教师学生家长对这一问题保持了高度一致的观点，认为刷题越多越好。因此，很多学生陷入刷题大战的误区而不能自拔，互相攀比刷题数量而忽视刷题效果。练习册做了一摞又一摞，题目刷了一遍又一遍，草纸用了一堆堆，纷纷陷入"题海战术"式刷题。但一考试却发现，做过的题不少但分数却不高，刷刷刷，为什么分数刷不上来？

**剖析**："题海战术"式刷题就是对学生进行海量重复性的刷题训练，将思考练成"直觉"、将基本概念变成"常识"、将基本技能训练成"自动化"、将(题型)通性通法训练成"条件反射"，逐步训练成固定的思维模式，以便于学生熟悉考试题型，在以后遇到相同的试题时不用进行二次思维，以提高做题的准确率和速度，即所谓的熟能生巧。对老师而言，“题海战术”式刷题真正目的是见多识广，大量刷题有可能覆盖到期中期末等大型考试中的原题；即使刷不到原题，短期的刷题强化训练也可以让学生更好地巩固知识，考试时很快地进入习题所创设的情景，提高学生做题的准确度，会使学生的成绩取得较大的突破。如果引导学生在题海战术中多思考做题方式、多总结做题经验，那么即使是短期的“题海战术”训练模式也可以丰富学生解题经验、开拓学生思维、提升学生学习自信心。对学生而言，“题海战术”式刷题，既能让学生少操心“学什么？怎么学？”又能让学生感到莫大的心理安慰：两个小时就做完一套数学试卷，又有立竿见影的显性学习成果（哪怕本质上没有加深对某个数学概念的理解，没有加深对某种数学思想方法的领悟，甚至只是完成了一套试卷而没有实质性的长进），学生会感觉到莫大的心理平衡，这两个小时没虚度光阴在“勤奋努力”，无愧于父母，无愧于老师，无愧于自己。

“题海战术”式刷题容易导致学生思维固化，当我们让记忆、复制、训练、重复成为主宰时，我们就放弃了心智的明净和智慧（这样的学生多数是聪明的学生而不是智慧的学生）。大量反复“按题型操练熟”的刷题不仅加重了学生的负担，更可怕的是它是一种“窒息思想”的机械动作，长期依据头脑中的定型，识别题目所属题型，再套用该题型固定操作流程的“解题术”，结果是学生的“想法”越来越少，思维越来越固化，培养创造性思维、提升能力和素养就成了一纸空文。

对策：应有尽有，不如应无尽无！当然，要学好理科特别是数学，就必须刷适量的题。刷题可以帮助学生查漏补缺，帮助学生更准确地理解和把握新知，发现学习中的不足和存在的问题。但做任何事情都应有“度”，这犹如维生素是人体健康所必需的，如果你过量摄入，不但不会促进健康，反而会中毒。作为数学老师，要对学生的刷题训练和考试作科学的引导，引导学生“不以做题多少论英雄”，将陌生题型训练到能够熟练掌握为止，即熟悉该题型的解题套路为止，后面就应该是对这种题型解题思想精神方法的总结提升，和对抗遗忘的间隔练习。作为学生，如果要刷的题做不完，可以使用微格训练，将计算能力训练与解题思维方式训练分开，训练思维方式与思维习惯的正确刷题姿势是“走题训练”，即无需将每一道题按部就班地详细计算，只需最快的说出解题思路，将错误的问题改正，将正确的思路练熟，慢慢形成对一类题型条件反射的应答。“走题训练”的基本流程是：快读题干慢审题→写下完整解题思路或只写题目最关键的突破口→错了→改正，记下正确的思路方法，并做好“错题档案”→会了，pass，下一题……

思维均衡。大量刷题容易让学生对反复训练的题型形成定势思维，为了突破定势思维的枷锁，首先对典型问题，要有意识地尝试从不同角度审视问题，经常变换思维方式，揭示解决问题的途径与实质，通过这种方式，不仅可以消除思维定势带来的负面影响，而且还可以使发散思维得到快速的训练和提高，同时，也能提高学习数学的兴趣。其次“营养均衡”，因题施刷。比如重点问题反复刷、易错问题经常刷、难点问题对照刷，一题多变、一题多解、多题一解、题组练习、限时训练、满分训练、变式研究、专题探索等，在教学中根据需要，使用其中两种或多种“练”法，提高“刷题”的质量。因为不同的题组有不同的训练目标，可以让思维在不同的题组中，得到的均衡的锻炼与发展。此外，还有一点常被绝大多数学生忘记，但非常重要，那就是真正的理解自己所学习的知识技能与思想方法：不仅要“知其然”，还要“知其所以然”。

**误区3：浅度刷题，刷题浅尝辄止无功而返。**

**现象：**“刷题就像一副麻痹人的麻药。”学生刷题无数，分数却不见涨，还继续沉迷于浅度刷题而无法自拔，将“为什么刷题”抛至九霄云外。毫无目的的刷题训练只是在追求答案，重结果不重过程，将数学“火热的思考”退化为“冰冷的固定操作”。缺乏针对性与目的性的刷题往往浅尝辄止，只关心正确率和速度，会做的题做完就立马下一题，绝不耽误半分钟用于思考；遇到不会的题目立即问人或看答案，看懂就行，舍不得花半分钟反思或深究；还有诸多追求解答速度和限时训练的学生，更是将“读完题后零思考就能答题”作为十分有成就感的追求目标。结果却是一到考场才发现，个别会做的题居然想不起来了；一些问过或看过答案的题，做起来并不是那么熟练，甚至根本做不出来。

剖析:缺锌补钙,没有针对性。一般同学都是依据个人偏好刷题,想刷什么就刷什么,想刷多少就刷多少。一般同学都深陷刷题的“舞台效应”,“忙”得像无头苍蝇一样,根本没有时间思考自己到底缺什么?缺到什么程度?就连自己数学的哪个知识点还比较薄弱?哪种问题的通性通法还没有掌握?自己的思维方式、思维习惯还存在哪些不足?自己在哪些方面还可以提升,分别有多大提升的空间?……都不一定知晓。面对“考不完的试,刷不完的题”,没有时间去思考这样一些知己知彼的问题。其实,海量的刷题训练,会耗费学生大量的时间,而其中有很多都是同一类型的重复练习,会做的旧题“按题型操练熟”,很多不会的新题依然没有突破。学生除了会解旧题、速度快,其他方面如发现分析解决问题的能力、合作交流表达的能力、合情推理与创新猜想的能力、反思总结的习惯等终生受益的能力与素养,都没有得到均衡的协调与发展。刷什么慎重选择,基础题目不反复刷也能做,中档题目只需要适当训练就可以过关,不需要反反复复刷,难题是能力与素养形成后才能解决的问题,不是靠教师讲解就能够突破,也不是靠题海战术就可以解决。刷多少一定要避免随意性,更不能出现“拿来主义”。

缺乏深度思考,来得快去得也快。有一种失败叫瞎忙!有时间就做题,以为得出正确答案就结束了。没时间改正错题,没时间复习基础知识,甚至是错题涉及的考点也无暇查漏补缺,更没时间回顾反思,融会贯通。过分追求刷题数量和正确率而不重视刷题的思维过程。不会的题目立即问人或看答案,看似弄明白了,但实际了解的不深,只是认可了其中的道理,并没有深刻的体验和深入的思考,自然就无法消化吸收,同化或顺应到自己知识体系与思维体系中去。根据艾宾浩斯的遗忘曲线,过不了几天时间自然就忘了。刷题只是发现会不会、对不对的检查过程,而改错才是由不会到会,不对到对的提高过程,因此,刷题是前提,改题是关键,提高才是目的。一道错题背后隐藏的是一个类型的题目,学生还存在知识、技能的缺漏或者思维惯性的失误,将思维过程整理和展示出来是一种很好的学习方法。要学会用慢镜头反思回顾思维的关键、学会用放大镜放大思维的细节。平时刷题要深度剖析这些细节，在深度思考中获取深刻感悟，逐渐将思维方法培养成习惯，才会达到理想的刷题效果。

**对策：反思回顾查找缺漏**。既要埋头走路，又要抬头看路。不要因为盲目刷题太多而忘记刷题初心："为了理解某个概念？""为了掌握某个公式（正用逆用变形用）？""为了突破某种题型？""为了学会某个方法？""为了强化某种能力？""为了提升某种数学素养？""为了强化某种思维习惯？""为了拿到满分""为了提升解题速度"……杜威指出：思维的最好方式就称为"反思性思维"，它是"对某个问题进行反复的、认真的、不断的深思。"刷完题目后，一定要反思题目考点是什么、陷阱是什么、有什么是值得注意的、刷的题目都是什么类型的、有没有变式、能不能总结出解题套路，自己的步骤是否规范；反思所做重点题目的背景、解题方法、思路形成过程以及和它相关的题型等，做到"一题通一类"；每遇到一道错题都不能"就错论错"，一定要透过错题的表象追溯本源性缺陷，归纳错因，这样才能逐步完善知识技能的掌握与素养的提升；在做成套完整的模拟题后，将多套题中的选择题、填空题、解答题放在一起比较，才能诊断出学生哪一类题容易做错，这就是诊断性练习。做错的典型问题要及时归类整理到错题本：①思维习惯性错误（反复出现的错误）②知识性错误（由于数学知识上的缺陷所造成的错误。如误解题意，概念不清、记错法则、用错定理，不顾范围使用方法等。）③逻辑性错误（违反逻辑规则所产生的推理上与论证上的错误，如虚假论据、不能推出、偷换概念、循环论证等，常常表现为4种命题的混淆，充要条件的错乱，反证法反设不真等。）④策略性错误（由于解题方向上的偏差，造成思路受阻或解题长度过大，特别是对于考试来说，如果解题思路过于曲折、存在多余的思维回路，即使做对了也因费时费事而有策略性错误。）包括三种情形：模型不"熟"（在做题时，没有很好地总结题型特点，使之"模型"化，或对一些常见"模型"掌握不熟悉，不能"对号入座"，以致在解题时思路不畅，走弯路，导致出错）；方法不当（没有选择好解题的适当方法，导致出错）；联系不"畅"（没有与其他的知识联系起来思考题目，孤立做概率题使解题无法进行甚至解错）。⑤心理性错误（由于某些心理原因而产生的解题错误。如顺序心理，滞留心理，潜在假设，以及看错题、抄错题、书写丢三落四等。）包括：审题不"力"（没有理解题目意思，或没有弄清出题者的意图，匆匆作答，掉入出题者设计好的"陷阱"之中，导致出错）。并对每道错题做好星号标记，用彩笔写下错误类型，标出关键步骤，即解答题中一些转折、关键的式子。从各种角度写下心得，比如为什么错？漏看了什么条件？中了什么陷阱？计算失误？争取"相同的错误只犯一次"，及时处理，力争"问题不过夜"。

"失误"可以理解为主观认知结果与客观事实真相之间的差距，失误＝客观事实真相－主观认知结果。我在多年的高考监考和高考阅卷中发现，造成考生惯性"会而不对，对而不全"的主要成因如下：数学素养不够、数学基础差、运算能力差（对运算能力的要求可概括为"准确、熟练、合理"六个字）、表达能力差（许多考生在解答过程中，书写潦草，格式不规范，表述不清，或步骤不全、跨步大、跳跃大）、心理素质差（许多考生在遇到阅读量较大或计算量较大一点的题就畏惧，缺乏坚强的意志品质，不但影响本题的解答质量，甚至还影响到后面能做的题目的解答质量。数学基本技能、基本方法掌握不够，思维能力不到位，数学思想淡薄（很多考生根本没有分类讨论、目标消差等意识），缺乏答题经验与策略（"审题慢、答题快"读不懂题或读题草率，观察题目特征不准确；不管难易程度，依次解答，不懂得取舍，浪费时间和精力，造成了后面能做的题没有时间做，开了天窗；或在遇运算量较大的题目时，不讲策略、不理性思维、不去寻求更好的解法或算法）。这些都是刷题训练应当重视与加强的。

放弃是一种智慧。学生经常纠结于"何时能刷完这本练习册？""刷完这本资料，还需要刷什么题？"其实，题目永远刷不完，刷题真正需要纠结的不是下一步刷什么题，甚至不是那些难题和不会做的题，而是学生会做但是做得慢的和会做但是"粗心"做错的。做得慢的可能是因知识点还不熟悉，所以耗费了时间，也就影响了其他题目；"粗心"做错的学生以为是粗心大意而出错，其实只是敷衍地用“粗心大意”掩盖知识与能力的缺陷与不足，只要认真深究就会发现掩藏在“粗心大意”背后的深层原因：一是知识点与思想方法没有掌握透、似是而非；二是解题不规范，不注重解题的逻辑性，习惯性忽略步骤而出错；三是思维不严谨，掉进了命题人的挖的坑；四是算理出错或运算个性化辅导路径繁琐。

**对策1：刻意练习，精准纠偏**

现代教育理论认为只有“有内驱力的训练才是有意义的”。漫无目的地刷题容易让人陷入死循环，会做的题还是会做，不会做的题仍然不会。心理学家 Anders Ericsson 和 Neil Charness 提出“一万小时理论”，认为达到一万小时练习就可以弥补个体天分的不足。其实，由于个体差异，有些人轻松就能达到别的人花很大力气才能达到的水平。但所有人在到达了顶峰之后都很难有突破。即到达了某个极限之后，不管如何勤奋刷题都很难再有突破，机械重复式的刷题并没有什么特别的魔力。在刷题过程中，不片面追求解题技巧，如果基础不好，则不要过多做难题，而要把常用的解法掌握熟练；努力提高准确率，优化解题方法，提高解题质量，这关系考试的成败；重视“做着别扭”的题型，在解“新”题上锻炼自己的应变能力；依据刷题过程中暴露出来的知识漏洞与思维不足，不断调整，刻意练习，才能离素养能力提升的目标更近。持续进步的秘诀不在于花了多少时间刷题，而是刷题的质量。

影响刷题效果的第一大因素就是针对性。赞可夫曾说：“不要进行盲目的，互不联系的，大量机械的练习。”复杂题的一题多解、一题多变、多题归一需要刻意进行，即使是最单纯的“与遗忘作斗争”的重复练习，也应该是有目的、有计划的刻意练习。除了简单机械重复，还应该包括变式重复以及各种各样方式层层递进的刻意重复，只有这样才能在重复练习的过程中对训练内容加深印象，从而领悟到训练涉及的知识体系与思维惯性、创新能力与核心素养。刷题时要刻意多刷那些自己在某些知识点上还存在理解模糊的题，多刷那些自己思维习惯或能力素养还存在劣势的题，刷那些曾经做错过的题，刻意刷那些解答速度缓慢、思路困难的题，如此才能在有限的时间内有最大的收获。影响刷题效果的第二大因素是反馈。教师有建设性的指导意见才能使学生进步。有效的反馈意见能够让学生知道哪里错了,哪里还有多大的提升空间。影响刷题效果的第三大因素就是练习时的专注程度。学生刷题一段时间后进入瓶颈期,觉得自己“已经会了”,刷题时不再专注,而是满足于现有的能力心不在焉的敷衍。也有些学生每天高强度的刷题,把自己强迫到注意力涣散的境地。消极盲目的刷题、没有反馈的题海战术并不能够提升能力。在专家教师指导下进行积极、专注的刻意练习才是实现能力与素养飞跃的关键。

对策 2:错题回练,悟题纠错

很多时候我们失分就是因为某些题一错再错,错题若不加以重视就会在同样的地方继续跌倒。错题回练是弥补薄弱环节的有效途径,是打败“屡做屡错”的法宝。学生辛苦刷题,好不容易发现了自己到底哪些题易错、哪些题不会做、自己的薄弱环节有哪些,但非常可惜的是很多学生整天“忙”于刷题而挤不出时间改正,将错题本束之高阁。其实,从弥补知识技能缺漏的效率而言,刷错题、旧题远胜刷新题!错题能直观反映学生自身的知识漏洞与思维不足,而错题回练是一个弥补漏洞与不足的有效途径。具体操作如下:先不看上次的心得直接重新做题,如果第二次再错,添加一个新的星号标记(表示刷错了 2 次,需要重点关注),并再次书写心得;再次回练时可以采取基于错题的“说题训练法”,只想或看关键步骤,其基本流程是:快读题干慢审题→只想或看主要解题思路或题目最关键的突破口→对了(打勾,连对 3 次就可从错题本中剔除),pass→下一题→错了(添加彩色星号标记)→回看“卡”住的步骤或者走过的弯路、出错的思路,精准找出错误的具体细节→再找到错题的同类型题目→进行针对性的刻意练习甚至教师个性化的辅导……直至将错题“就地正法”为止。

学数学显然离不开做题,但是做什么题、怎么做、以什么为目的做,不仅师者要清楚,也要让我们的学生清楚!就教学而言:讲的是“题”,传的是“道”,就学生而言:做的是“题”,悟的是“道”,从“试误”到“顿悟”!能力是悟出来的。只有经历了深度思维，才能对解错题目的来龙去脉了如指掌，才能悟透其通性通法，悟出其中蕴含的数学思想精神和方法。对于有思想、有启发的经典题和自己解错的题，都是悟的重要对象，可按如下的步骤来“悟”。①悟审题：解题目标是什么，可否化简或转化；已知条件有哪些，有没有隐含条件，哪些条件可以化简，哪些条件应该转化，如果有动点动线或变量其动态变化的全过程怎样，如何消灭已知与结论的差异等等，领悟命题者的考查意图。②悟过程（试误→顿悟）：领悟试误的路径及其卡壳或偏差的地方、顿悟的促发点，领悟解题的整体思路以及其中蕴含的数学思想精神和方法。③悟关联：领悟解题的方法，反思回顾不同题目之间的相互关联，在多题归一环节加深对通性通法核心本质的理解；努力寻求更多的解法及其中最简单的解法，在一题多解环节中充分展开自己的发散思维，形成头脑风暴。④悟变式：思考如果改变题目中的条件，题目又该如何解，解法有何不同。通过改变题目的条件、提高灵活处理问题的能力、使自己对这一类问题理解更为深刻。通过“改变题目的条件”，此题变成了很多道同类型的题，看起来只在一道题上做文章，实质解决了一大类题型，真正实现走出题海的理想。此环节关键是悟“变”，变解法，变条件，一道题，要充分利用它的价值，做到不管以后它穿什么“马甲”出来，都能认识它，都能解决它。⑤悟收获（体验→经验）：做完一道题目，还没有结束，还要总结解题的收获，总结解题的方法，重温解题的思路。没有举一反三和触类旁通，没有将解题体验升华为解题经验，就没有达到刷题的最终目的。多思出悟性，常悟获精华。

雷军曾说：“永远不要试图用战术上的勤奋，掩饰战略上的懒惰。”挑灯夜战地刷题看似很努力，其实只是“战术上的勤奋”；缺乏明确的刷题目标和科学的刷题方案，那就是战略上的懒惰。流于表面地刷题貌似学习刻苦努力，只不过是营造了一个“已经很努力了”的假象，换取对自己的心灵安慰罢了。刷题后找出错误，分析原因和应对方法，归类整理后再进行巩固，才算是刷到家了。

# 成长篇

# 构建和谐师生关系，和学生一起成长

浓厚的学习气氛往往和真挚而又热烈的情感联系在一起。学生常常因为尊敬教师而有意识地增强自己的学习责任心和热情，愿意学习他们喜爱的教师所教的学科。和谐的师生关系决定教学质量，它就像催化剂一样，能够促使教学氛围、师生情感、教学效率得到最大化的提升。构建和谐师生关系应从以下方面入手：

## 一、综合运用多种管理手段——做学生的守夜人

经常听到这样的观点：高中教学时间紧任务重，有些活动可以不参加、有些管理不必太当真，只要抓好成绩，其他都可以放一放。其实，学生在常规管理中的态度与表现，与他们在学习方面的表现是相通相近的。一个生活上马虎的学生，不可能单单在学习上细致起来；学习严谨的学生，往往在日常管理中也是严肃认真的。所以在日常管理工作中，我们必须始终把常规管理放在首位，要从早操、早读、课间操、正课听课、晚自习、课外活动、劳动甚至住宿学生等方面加强管理，促使学生在各方面形成良好的习惯。

班主任在班级管理中要改变过去以负强化为主的管理方式，代之以正强化为主的班级管理手段。根据笔者的班级管理经验，认为可以从以下两点着手：一是班级管理要充分发挥学生的积极性，让学生成为班级管理的主体，可行的方法是建立一个班级自治小组，让学生自己管理自己；二是完善班级管理的制度规范，正所谓好的制度可以让坏学生变为好学生，而坏的制度（舆论和评价的导向性："成绩好就是三好学生"，此种评选模式简单粗暴，不能反映出学生的综合素质）则可以让好学生变成坏学生，由此可见制度的

重要作用，制度制定过程中要充分发挥机制的导向作用，降低惩罚的运用频次。例如在笔者所在的班级里有一个“后进生”，该学生经常逃课不学习去玩网络游戏，其成绩一塌糊涂，这此种情况下笔者让其成为了新成立的班级管理小组中一员，并授予他管理班级的一些权利，之后，该生就极少再逃课，最终成长为一名优秀的学生。

在发挥学生自我管理的基础上，班主任要善于观察、善于调查。班主任要做到有布置就有检查，严格要求各类学生，及时进行阶段性总结，认真分析得失，避免班级工作中“盲点”和“空白点”的出现。在进行调查时，要善于捕捉时机、地点，例如考试前后、大休前后、饭后等，在特殊时间、特殊地点才会有特殊地发现。总之，班主任工作就是一个“勤”字：勤于和任课教师、课代表交流，了解学生的上课、作业等情况；勤于到宿舍走走，了解学生的休息和生活；勤于到教室外看看，了解学生的自学情况等等。

**二、营造温馨和谐的班级氛围——增强学生归属感和主人翁意识**

**1.打造温馨的“家”文化。**中华文明源远流长，家庭观念在中国传统文化中有着重要的地位。家文化是中华文明的精髓，是中华民族的灵魂，古人“修身、齐家、治国、平天下”“家和万事兴”等家国思想世代传承，充满仁爱与温暖。学校是学生的第二个家，应把打造教室、寝室的人文环境作为提升班级向心力、凝聚力的突破口。为学生打造宽松、和谐、舒畅的像家一样温暖的学习生活环境，通过对人的内在积极因素的调动激发学生的潜力，培养学生的创新精神，使全体学生在政治思想、道德标准和认识水平等方面呈现出最佳工作状态，用文化的力量推动班级进步。

比如，我班教室墙上有师生合影的“全家福”，有以每个学生的灿烂笑容组成的“笑脸墙”，还有代表班级风貌的绿色植物——班花，也有励志的班级标语和学生们原创的“凡人哲语”。我还为学生开辟了优秀作品专栏，展示包括书法、绘画、作文、作业、试卷在内的每个学生的学习成果。于是，教室的墙就成了我们的微笑墙、激励墙、自信墙。就这样，充分挖掘了墙壁的宣传功能，让每一面墙壁都说话，达到了表彰激励、开阔视野、活跃气氛的目的。

寝室不仅仅是学生休息的地方，更是他们相互砥砺、共同成长的重要场所。于是，一张温馨的合影、一个别致的室名、一副高雅的对联、一套行之有效的“寝室公约”、一条条室友寄语等，都成为我班打造温馨寝室的标识。

“家”是一个温馨的港湾。我把“家”的理念引入、渗透、贯穿于班级的管理和生活之中，一方面，对每一位学生都重视生活上的悉心照顾、感情上的沟通交流，运用情感的催化剂，送去“大家庭”的温暖；另一方面，不断提升班级文化品位，把班级打造成温馨和谐的“家”，成员之间可以“零距离”沟通，人人都有安全感、归属感和责任感，使之成为自觉接受教育、自我教育的乐园，实现“和谐共赢”的目标。

2. 用好“会说话”的小黑板。在我班的教室里，活跃着一块“会说话”的小黑板。每天由一个学生在上面写下一段话，可以是激励学生勤学上进的名言警句、座右铭、诗词，如“精神加油站”；可以是报刊摘要或点评，如“今天我读报”；可以是心路历程、思想火花，如“我手写我心”；可以是班级新闻、趣事，如“班级在线”；可以抒发对老师和同学的情意，如“温馨小屋”；“会说话”的小黑板是班级的风向标、晴雨表，是连接同学感情的纽带，是跨越师生鸿沟的桥梁，也是同学们获取知识的沃土、开阔视野的乐园。

3. “安慰天使”在身边。魏书生老师说：把周围的人看成天使，你就生活在天堂里。我确信，我的班就是一座天堂，因为天使就在我身边。我在班里推行了“安慰天使”活动。组建“手拉手小组”，由品学兼优的学生为学困生解惑答疑；设立“心连心信箱”，由活泼开朗的学生为同学指点迷津。另外，每个学生都可以充当天使，一旦发现需要关心的同学，就把激励的话语写在统一购买的爱心形小纸片上，由我转交。每次考试（月考、期中、期末），总有一些学生会为分数或排名，痛苦或高兴一个星期。考试结束后分数出来前很多考生都无法静心学习，我就利用这个时间举行“安慰天使”大行动，以便分数出来之后，学生能深入剖析错误原因和应对措施……每次收集纸条时，我都会细心查点，如果发现有的学生没收到，我便匿名写上几张，只为了不让任何一个学生感到自己被忽视。

4. **师生结对和谐行**。和谐美好的师生关系是学生成长的关键。为促进和谐师生关系的建设和优良班风、学风的形成，为协调科任老师和学生的关系，充分发挥科任老师的教育力量，我在班里推行了“导师制”。我认真分析学生情况，把全班学生分类分组，让每位科任老师担任6～9名学生的“导师”，每位“导师”要主动走进学生的学习和生活，关心、倾听学生的苦恼，对学生从思想素质、学业技能和课余生活等方面进行帮扶。同时要求每位结对的学生大胆与结对教师沟通、交流，反映思想、学习、生活、情感等方面的问题，不断修正自己。

5. **班级日记走进心灵深处，见证青春成长**。在我班教室前面的墙上挂着一本“班级日记”，它是班级动态的信息源，是师生心灵的交流地，是学生情感的宣泄场，是学生成长的助推器，更是青春奋斗的见证者。学法的探讨、班级的管理、人生的价值、时事热点的追踪、生活中的不如意，甚至羞于启齿的对异性的好感，都成了学生们尽情书写的话题。班级日记成为我班学生直抒胸臆、表达喜怒哀乐、沟通信息的平台。一旦某个同学在日记中露出情绪低落的苗头，马上就有一批热心的同学上前“加油打气”，可谓“一方有难，八方支援”。由于年龄相仿，朝夕相处，同学之间的相互激励有着老师不可替代的作用。班级日记不仅增进了同学之间的友谊，而且增强了班级凝聚力，一扫高三时段的单调、紧张、沉闷，使班级气氛变得生动、活泼。

6. **自主班会形式多样**。学生是富有创造力的鲜活个体，把班会的策划、组织权还给学生，班会课将成为学生增长才干、锻炼自我、增强团队精神的舞台。我们班班会的形式不断推陈出新：“全民参与”（确定主题后，每位同学依次轮流发言）、“寝室责任承包”（以寝室为单位组织班会，充分展示寝室文化的魅力）、“缘来是你”（由全班同学随机组成小组，负责组织每周的班会）。班会场所也由室内延伸到室外，开展文娱、体育活动。形式多样的班会充分展示了学生个人与群体策划、主持、表演等多方面的能力。当然，把班会的组织权下放，决不等于不管不问，我会对班会的组织工作提出建议，必要时进行指导。

**三、营造宽松民主的课堂氛围——和谐统一的育人环境**

师生关系是“鱼水”，而非“猫鼠”。大多数学生面对动辄训人、盛气凌人的老师都十分紧张，而紧张的、死气沉沉的气氛让人压抑，压抑则会使学生谨言慎行，注意力变分散，记忆力下降，大脑反应迟钝。绝大部分学生最喜欢和蔼可亲、平易近人的教师，因他们总能营造和谐、民主、平等的课堂氛围，让学生能够静心独立思考，勇于交流表达。学生表达自己的看法的时候，是学生大脑思维最活跃、情绪最兴奋、求知欲最强烈，也是最希望得到教师肯定的时候，同时也是课堂氛围最活跃的时候。

教、学分离万事休。学生最讨厌的学科是数学，诸多学生上数学课感悟：“眼一闭一睁，黑板就满了。眼睁睁看着老师演练的全是中文和希腊字母的题，最后的答案竟然是阿拉伯数字?!”“数学课是一个人的狂欢，一群人的寂寞。”“虽然不知道数学老师在上面写些什么。不过看起来好像很厉害的样子！我感觉我爱上了数学老师，因为在爱的人面前，智商基本为零。”好在新课标理念要求我们将重心由“如何教”转变为“如何学”，教学的一切活动都必须以强调学生主动性、积极性为出发点，引导学生主动探索，自主实践。让学生有更多的时间自主学习、自由讨论，在课堂上畅所欲言，让他们在争辩中练就发现问题、判断问题、分析问题、质疑路径或结果、创新解决问题的能力，让他们的“自我表现”自然地流露出来，他们就能主动地、愉快地、创造性地去学习。教学过程中，教师是“介绍人”，介绍学生与学习相依相恋；教师是“打火机”，将学生的学习热情和智慧火把迅速点燃；教师是“领头羊”，引领学生走进知识的茫茫草原；教师是“味精”，将学生的学习变成色香味俱全的美味大餐。人本主义心理学家罗杰斯认为：“人都有优良的潜能，都有成长与发展的天性，只要条件许可都可以发展成为个性健全、富于创造的人。”课堂气氛直接影响学生的情绪与言行，要激活学生，就需要践行结构开放、多元互动、动态生成的教学，营造宽松、民主、平等、和谐的教学氛围，让学生学得轻松、学得快活、学得主动、学得扎实。

**四、爱与尊重学生——学生优良品质的催化剂**

“没有爱，就没有教育。”教育是爱的共鸣，是心与心的呼唤。它需要教师从情感上热爱学生，从生活学习的细微处关爱学生，处处想学生之所想，帮学生之所难。尤其对那些身处逆境的孩子，教师更要用自己的热情去温暖他们，不失时机地给他们一个微笑，一句安慰的话，甚至一件微薄的礼物，让他们时刻感到你是他们的贴心人。教师用自己的爱给学生以“细无声”的“滋润”，不但会使学生爱其所教的学科，产生“亲其师，信其道，乐其学”的情感效应，而且会促使学生的情感健康发展和健全人格、良好品质的形成。即使是在实施惩罚时，教师也必须以一颗爱心和满腔的热情去感染学生，即惩罚要“动之以情”。也就是心理学上所特别强调的“先处理情绪”（考虑学生情感的暂时需要），“再处理问题”。虽然对学生的原则性问题我们决不纵容、姑息，但教师操作时一定要有“情”操作，做到以“情”动人、以“情”感人。

尊重比热爱更为重要，因为给学生以尊重，学生才能感受师生的平等，才能感受自尊的存在。一旦他们认为失去自尊他们就会失去向上的动力或精神的支柱，甚至导致消沉。尊重学生，就要学会宽容与接纳学生。“人非圣贤，孰能无过。”学生是未成年人，犯错是难免的，学校就是学生试错的地方。在学生出现错误时，经常指责批评不利于叛逆期学生正视错误，还容易挫伤学生的自尊心，而多一些循循善诱，多一分理解与宽容，有时比声色俱厉的“严格”更有力量，宽容不仅能保护学生的自尊，还能让学生冷静反省，深刻认识缺点，从而改正错误。比如在老师背对学生板书时，经常会有一些自控力差的学生偷吃零食、说悄悄话、传递纸条、搞小动作等，甚至引发同学们哄堂大笑。老师如果不闻不问，是对违规行为的放纵，可能引发破窗效应；若以泛泛的批评不了了之，学生也司空见惯，并不能解决问题；若认真查究，既耽误时间，又可能节外生枝。怎么办？要求全班学生都低头伏在桌上，再令违规的同学主动把手举起来，通常会有违规的男生，犹豫一番，举手承认。如果没人承认，那又该怎么办呢？不再追究：“好！老师有数了，麻烦违规同学以后主动找老师认错。”反正大家不知道老师到底是否有数。教师对学生的内心深处的宽容，为学生提供了充分表达自己的机会和空间，并培养他们判断是非的能力；教师对学生思维方式的宽容，可以激发学生的个性思想火花，培养创造精神；教师对学生特殊行为方式的宽容，是尊重个性发展特点，使学生在宽松自由的环境中展示自我，发展自我。教师宽容地对待自己的学生时，就是科学地看待教育过程。正如陶行知先生说的："你的教鞭下有瓦特，你的冷眼里有牛顿，你的讥笑里中有爱迪生。"尊重学生还要学会欣赏学生，特别是对那些"问题"学生更要努力发现他们身上的闪光点，并把这闪光点放大，让每个学生都有展示自己才华的机会，在成就感中获得自信。多一些赞美，少一些责备，就会收获更多的惊喜。

教师的爱与尊重，为学生的安全需要、爱和归属的需要和尊重的需要提供满足。在基本需要得到满足的情况下，学生会形成一些好的性格品质，如信任、宽容、善良、同情、友爱、尊重他人、自尊、自信等等。在这个基础上，进而升华为助人为乐、追求成就、贡献社会、有远大理想等等。在这种良好的师生关系中，学生被教师接纳和信任，他们享受到教师爱的温暖，体会自己的价值，充满力量，感到自信。这种愉快、安定、轻松的环境会培养出学生的各种优良品质，随之使学生在与教师的关系中逐渐发展出健康的个性。

**五、教育无痕——和学生一起成长**

"学高为师，身正为范。"陶行知先生说过："要学生做的事，教职员躬亲共做；要学生学的知识，教职员躬亲共学；要学生守的规矩，教职员躬亲共守。教师只有以身立教，为人师表，才能确立自己在学生心目中的地位，才能有力地说服、教育学生，感染学生。凡是要求学生做到的，教师应该首先做到。"身教重于言教，无声胜于有声。教师的言谈举止、仪容仪表，乃至精神面貌等，都对学生起着熏陶、感染和潜移默化的作用。

教＝孝＋文，没有学生对老师的尊敬，知识文化就很难传播。学生对老师的尊敬，除了社会风气之外，更主要的是源于老师的人格魅力与学识修养。教师的人格魅力是教师的思想、道德、行为、举止、气质、风度、知识、能力等多方面的综合呈现。教师的人格魅力对学生有强烈的感召力和凝聚力，可以给学生以震撼人心的影响和冲击。优秀教师能通过自身的人格力量去积极影响和作用于学生，努力培养学生的学习精神，让学生能够在成长过程中，不断的自我完善，逐步形成健康、完善、崇高的人格品质。教师的人格魅力的教育效果能使学生自觉进行自我教育、自我反省，促使学生把道德规范、行为准则内化为一种自觉行动，一种行为习惯，促进学生健康、自由、生动活泼地发展。

教师要时刻反省与学习、注意提高和展示自身的修养、不断丰富自己的精神世界，做一个有吸引力的人。教师要强化自我提升和学习。严谨的治学态度，不断提升的教学能力，渊博的知识面，“严谨笃学，与时俱进，活到老，学到老”的学习精神，多方面的兴趣爱好都能感染学生，再调皮的学生对于德高望重、德才兼备的教师也总是十分尊敬甚至崇拜。教师的自身素质必须不断加以完善和提高。只有素质高，涵养好的教师才能散发出更高的人格魅力。和谐师生关系的建立有赖于教师自身观念的更新和素质的提高，以及人格的不断健全和完善。

教师个人素质的高低，不但影响教师教学水平的发挥，在师生关系上，更是决定了学生对教师的态度。教师应在方方面面做出表率，以自己的人格魅力感染学生，以渊博的学识感染学生，以永不停息的进取之心感染学生，就可以达到教育于无痕的效果，还能让学生对教师言听计从、心悦诚服。

**六、因材施教——对待不同的学生应采取不同的施教方案**

“00后”学生的特点：①平均智商超过了以前的同龄人，好奇心强、接受新生事物能力强；②很多人都有一技之长；③自信又脆弱，敏感而自私；④往往具有成年人很难理解的古怪爱好；⑤内心世界：从童年就开始变“老”，更加懂得成人世界的规则，甚至有的还认为自己已经“看透”了这个社会，懂得了“人生”的真谛；⑥市场消费观念强烈，但名利作用被过分强化；⑦张扬自我个性，相对比较缺乏团队忠诚感；⑧信息和知识丰富，但内心有时较为空虚。根据这群高三学生的学习情况，分为三种基本类型：

1.信心型学生——警惕优势陷阱

问题剖析:信心型学生有明确的目标、浓厚的学习兴趣,有良好的心理素质,基础扎实,成绩稳定,对高考充满信心。但许多时候,我们不是跌倒在自己的缺陷上,而是跌倒在自己的优势上。因为缺陷常给我们以提醒,而优势却常常使我们忘乎所以。生活中,我们经常可以看到类似的事情,每每因游泳溺水而死的人往往是那些水性好者,而游泳技术差的人或是根本不会游泳的人却很少被淹死的。当生活的重担压的人喘不过气来,挫折、困难接踵而至,人们往往能发挥出自己意想不到的潜力,冲出重围,闯出一条新路。而一旦一帆风顺、志得意满时,却常常看不到潜在的危机,听不进别人的规劝,最终一败涂地。

对策一:调整心理状态,避免过度的关注成绩和结果。教育家苏霍姆林斯基说:"教育者应当深刻了解正在成长的人的心灵。"很多学生都经受得住失败的打击,却常常经受不住成功的考验。面对高考,班主任所能做的不是给学生加压,而是减压,既不要考虑高考成功后的鲜花和掌声,也不要过于关注考试的失败,要保持一种稳定的心态,使学生在复习、应考阶段,能够尽可能熟练地掌握所学知识,在高考中高水平发挥。信心型学生成绩稳定,对高考充满信心,他们有明确的目标、浓厚的学习兴趣,有良好的心理素质,基础扎实。因此都有凭借的优势,也正因为有了优势便少了忧患。班主任应细心观察学生的言行情况、思想情绪。重视与学生进行心理对话,加强心理疏导。如有浮躁心理的学生往往过于自信,对他们采取加压法,提出更高的目标,高标准的要求,给他们创设尝试挫折的机会,指出不足之处,给他们的"自信"降降温。让他们认识到"山外青山,楼外楼"的道理,多加强研究性学习的指导。

对策二:尖子生的"家教式"管理。"尖子生"即有实力冲出北大、清华的学生。结合前几次考试和平时考试的表现,确定一个相对的尖子生群体。班主任老师要关心他们的学习生活,亦可引入竞争机制,激励成绩好的同学,不但要勇于战胜对手,而且要超越自我,树立更高的目标,成绩才能有所突破。但不应对他们过分加压,以免出现适得其反的效果!在对尖子生管理上不放纵、不搞特殊，从严治学，严防后期对尖子生管理松懈的做法。

2.迷茫型学生——学习中最重要的事情优先解决、步步为营

问题剖析：迷茫型学生一方面，不知道学习的真正目的是什么，对自己未来的发展更没有思路和方向，思想波动大。需要明确目标，帮助其专业定位，给他看得见的未来，才能重新唤起学习动力！另一方面，学习技能发展滞后，学习方法不得当，容易陷入书山题海、产生知识漏洞，成绩不稳定，对升学感到迷茫。急需提升如：学业目标管理能力、课堂学习效率、各学科学习技巧等技能。

对策一：前途理想激励。花季中的青年学生对自己前途的想象是积极的，给学生介绍高校情况及专业发展及前景，专业人才需具备的学习能力与素质要求，未来发展前景等等。帮助学生树立远大理想，规划自己的人生未来，学生对前途充满希望，就会富有生气，信心十足，热情洋溢，精力充沛。从而具有良好的心理素质和良好的竞技状态。

对策二：准确定位，明确自己的最大提升空间。正确的目标是我们用力跳起来能达到的高度。贝尔纳是法国著名的作家，一生创作了大量的小说和剧本，在法国影剧史上占有特别重要的地位。有一次，法国一家报纸进行了一次有奖智力竞赛，其中有这样一个题目：如果法国最大的博物馆卢浮宫失火了，情况只允许抢救出一幅画，你会救哪一幅？结果在该报收到的成千上万回答中，贝尔纳以最佳答案获得该题的奖金。他的回答是："我救离出口最近的那幅图。"如果你把你所有的时间和精力放在那些小的事情上，你将永远没有时间给那些对你来说很重要的事情。帮助学生准确定位，明确自己的最大提升空间，引导学生关注那些对他的学习提升至关重要的事情，并予以优先考虑和解决。

对策三：指导学生把困难"分开去做"。一个小伙子初到工厂做车工，师傅要求他每天"车"完三万个铆钉。一个星期后，他疲惫不堪地找到师傅，说干不了想家。师傅问他："一秒钟车完一个可以吗？"小伙子点点头，这是不难做到的。师傅给他一块表，说："那好，从现在开始。你就一秒钟车一个，

别的都不用管，看看你能车多少吧。”小伙子照师傅说的慢慢干起来，一天下来，他不仅圆满完成了任务，而且居然没有累着。师傅笑着对他说：“知道什么吗？那是你一开始就给自己心理蒙上了一层阴影，觉得“三万”是个多么大的数字。如果这样分开去做，不就是七八个小时吗？”小伙子恍然大悟。把三万个铆钉分开去做，听起来简单，实则蕴含着无穷的成功智慧。当我们被琐事压得无暇喘息，不要惧怕，伸出手理理头绪，轻轻地，像拨开水面上的一块块浮冰。这时候，成功的太阳，自然就会亮亮地照进你的心田。

对策四：迷茫型学生的“导师制”管理。迷茫型学生包括冲刺重点本科院校的边缘生、冲刺普通本科院校的边缘生。对以上学生要根据个人包扶名单落实好目标管理，采用“人盯人”“人帮人”的方法进行“导师制”辅导。有针对性的重点扶持边缘生，进行信心教育，帮助他们补习弱科，使他们从思想和学习的误区中走出来。

3. 放弃型学生——激励坚持

问题剖析：放弃型学生一方面，基础太差，偏科现象严重，思想进入升学没有希望的误区，以至于成绩每况愈下，甚至自暴自弃。另一方面，容易受周围环境、人际交往等因素影响，从而无法安心学习。比如常见的考试焦虑、失眠、注意力不集中、厌学等。这些困扰过度消耗了学生的心理资产，纵使潜能再好，也得不到最大的发挥。

对策一：目标激励。给每一个学生以成功的机会和条件，指导学生制订适合个人的目标与复习计划，每位学生都要有一个明确的备考战略。与学生交流一些成功学子的学习计划、时间安排、科目突破的方法，对学生讲清高考科目复习的做法与进度要求。每位学生制订出近期、中期、远期目标，写计划、议措施，督促学生按计划实施。将自己的目标醒目张贴：格言等激励语张贴课桌面、短期目标和问题张贴于各科资料封面，时刻提醒自己，逐渐养成习惯。

对策二：对自卑学生进行心理暗示。有自卑心理的学生，应鼓励他们树立信心，运用期待性暗示（皮格玛利翁效应）和自我暗示法找回自信，引导他们重视学习过程，享受学习过程，淡化结果，以肯定自己的学习过程为评价。老师要珍视他们的点滴进步，使这部分学生扬起希望的风帆。

对策三：让学生认识到奇迹在坚持中。作为数学教师，在学生学完概率后，我给同学们出了这样一道题目：如果一件事的成功率是1%，那么反复尝试100次，至少成功1次的概率大约是多少？要求学生不能用概率计算，只能根据直觉从4个备选答案中选择：10%、23%、38%、63%。经过十几分钟的热烈讨论，大部分人都选了10%，少数人选了23%，极个别人选了38%，而最高的概率63%却被冷落，无人问津。我对此不作任何评价，沉默片刻后，微笑着公布了正确答案：如果成功率是1%，意味着失败率是99%。按照反复尝试100次来计算，那失败率就是99%的100次方，约等于37%，最后我们的成功率应该是100%减去37%，即63%。全班哗然，几乎震惊。一件事倘若反复尝试，它的成功率竟然由1%奇迹般地上升到不可思议的63%。有一句名言是这样说的："要在这个世界上获得成功，就必须坚持到底，剑至死都不能离手。"其实任何人成功之前，都会遇到许多的失意，甚至难以计数的失败。你选择了放弃，无疑就放弃了一个成功的机会，因为轰轰烈烈的成功之前的失败，往往离成功只有一步之遥。自古以来，那些所谓的英雄，并不比普通人更有运气，只是比普通人更有锲而不舍、坚持到最后的勇气罢了。

对策四：让学生体验成功的快乐。心理学研究发现："一个人只要体验一次成功的喜悦，便会激起他无休止的追求意念和力量。"苏霍姆林斯基也说过："成功的体验是一种巨大的情绪力量，它可以促进学生好好学习的愿望。"显然，学习成功是学生心理发展的需要，也是增强学生学习的自信心、培养健全人格的需要。在实际教学中，我特意为他们创设"力所能及"的问题，时时保护他们的自尊心和自信心，多给他们体验成功的机会。

对策五：音体美等艺术生的"激励式"管理。班主任、任课老师都要特别关注这个群体，充分发挥他们的作用。主要抓以下三个方面工作：一是狠抓此类考生的常规管理，增强他们的时间观念，培养他们良好的行为习惯，让他们把心收回来，把精力全部用到迎考复习上来。二是培养他们顽强的意志品质，不要三分钟热度，知难而退。三是教学上要立足基础，立足中低档题。指导他们端正学习态度，明确学习目标，适当降低学习要求，引导他们小台阶进步。

**七、加强师生沟通交流——精准服务学生需求**

班级管理是管理的一个分支，而很多学者一致认为，管理就是沟通，可见沟通在班级管理中的所起的作用不可替代。一方面，班主任应以学生可接受的频率、方式、方法与学生沟通，对学生各阶段的生活、学习状况有一个基本的了解，那么班主任就可以针对每个学生的特点对症采取管理措施，从而促进学生的全面发展。另一方面，还应鼓励学生带着困扰自己的实际问题，积极主动与相关任课教师沟通讨教，获得宝贵经验，获得个别指导。此外，掌握好积极的发展性评价技巧，能够让课堂更具激励性，引导学生进一步发挥自身的潜能和特长，一句真诚的鼓励、一副慈祥的笑脸，一束赞赏的目光，一只肯定的大拇指，都有可能在学生的身上发挥神奇的反应。有位数学考试总不及格的学生，在看到自己试卷上的评语后学习态度端正了不少，"你的这个60分比别人的90分更令老师高兴，因为你终于找到了适合自己的学习方法！"教师给"冰冷"的分数赋予了人文的情调，这样的发展性评价，是对学生莫大的激励与关怀。

学生的思想转化工作要找准切入点，把握时机可以事半功倍。我班有一女生与一男生坐前后位，平时交流的机会比较多，开始时只限于在教室讨论学习，后来发展到在校园中"讨论"。同学们对此议论纷纷。我准备找机会做工作，但由于事情本身并不明朗，不宜贸然做思想工作，否则容易适得其反。机会终于来了，该男生家庭比较困难，向我递交了困难补助申请。我趁此机会做他思想工作：一是为他申请困难补助，并且得到了解决。二是告诉他，你家庭这么困难仍支持你上学实属不易，你要把更多的时间、更多的精力放在学习、工作上，放在提高自己全面素质上。这样才能无愧于家庭、学校以及所有关心你的人。另外，同学之间，尤其男女同学之间的交往、友谊是正常的,也是提倡的,但要把握好分寸,不要影响学习,更不能违反学校纪律。婉转的批评,虽未点破题,但他已明白其中的含义,欣然接受了批评。这位同学现在不仅学习刻苦,而且工作也认真负责,得到同学们的认可。

教师要树立为学生服务的思想。这有两个层面的意思:首先,要适应学生,教师不能强迫学生适应自己,而应努力研究学生的学习心理、原有的知识水平,接受能力,以使自己的教学适应学生的需要。其次,要善于架桥,在教学大纲的要求与学生的心灵实际之间架桥。教师在设计教学活动时,既要设计教,又要设计学,只有这样,师生才能心心相印,课堂才能和谐、有效。教师适时给予学生提示与鼓励,能促进学生不断进取与发展。

**八、心中有团队——班级集体备课**

要形成以班主任为核心、全体老师共同参与的班级教学与管理机制。班主任要主动与科任教师联系和配合,做好各科任教师的协调工作,解决各科间存在的矛盾;要经常组织召开班级科任教师的工作会,研究分析学生情况,制订相关的措施。协调好科任教师之间的关系,切实打好班级教学团体战。班主任要充分发挥在班教育管理中的核心和纽带作用,团结任课教师,发挥团队精神,使大家心往一处想,劲往一处使,形成六科教师齐抓共管的局面,共同促进班级工作的高效开展。要在全面了解本班教学实际的基础上,科学、合理地安排自习课及课余时间,补上弱科,全面提高;要协调好各科教师,精心备课,认真选题,不争时间,不压作业,留给学生充裕的吸收、消化时间;要引导教师达成一个共识:只有提高每一个学科的双上线率,才能使班级总分上线人数有一个大的突破。

师生关系的最高境界是相互欣赏。唯有这样,师生关系才会水乳交融,并达到教学相长之目的。“以人为本,以情育人”,我唯有选择和我的学生一起成长,唯有和我的学生建立和谐的师生关系,才能发挥学生学习的积极性、主动性,才有利于鼓励和维持学生的求知欲,才有利于教学双边活动地顺利进行,从而更好地造就时代需要的人才,进而促进整个社会的和谐发展。

# 不经历风雨怎能见彩虹

## ——获湖北省优质课比赛第一名的心得体会

从取得大冶一中的第一名，到黄石市的第一名，最后到湖北省的第一名，乃至全国二等奖；时间跨度从2005年的9月活动准备到11月比赛的结束……参赛的历程一波三折！这是我自1999年毕业以来参加的赛程最长、规模最大、级别最高的优质课评比活动。

回首参赛的日子，获取成功的喜悦与遭遇挫折的痛苦交织，辛勤耕耘的汗水与失意悲伤的泪水相融。活动落下帷幕已经许久，但我的心情仍如汹涌澎湃的波涛久久不能平静……

### 痛，并快乐着

正如我最喜欢的歌曲《真心英雄》中所唱到的："不经历风雨怎能见彩虹！"融入大冶一中10年，大冶一中给予我的关怀与鼓励，使我心中充满了无限的感激与感动。记得工作第二年，首次参加学校优质课比赛，获理科组第一名，正因如此，当时的教务主任吴永俊决定派我代表学校去黄石二中参加2001年黄石市优质课比赛，轮到我讲课时，刚使用多媒体课件讲课不久，一位精神有问题的市民爬电线杆导致突然停电，使得我后续无法使用多媒体上课，最后只获得一等奖。没得第一名就没资格代表黄石去湖北省参赛，于是不服气的我就等，一直等到2005年，机会终于来了，在张贵钦老师等数学同仁的大力支持下，我获黄石市第一名，赢得了代表黄石去湖北省参赛的资格。

在宜昌参赛时，我面对的都是黄冈中学、华师一附中等全省知名学校的选手，他们讲课时，学术报告厅连站的地方都没有，而我却偏偏是最后一天讲，心理压力特别大。当我好不容易挨到最后一天，当我独自一人从宾馆15楼坐电梯下楼去参赛时，电梯突然在10楼卡住不能动了，电梯里的电话是坏的，手机又没信号，于是我声嘶力竭的呼救，心急如焚地呐喊，可就是没人答应。过了一会儿，我独自一人平静地对着电梯讲起课来，等到终于有人把我救出，我急匆匆赶往比赛现场，幸好没迟到，只是没多少观摩教师，连坐的地方还有很多空着。我沉着应战，赢得了全体评委和在场教师热烈而持久的掌声！第二天，我的讲课光盘很快就被抢购一空。

在颁奖仪式上，评委对我的课给予极高的评价：课给人的感觉：主题突出、一气呵成、张弛有度、创意不断；教师给人的感觉：富有德性、拥有理性、充满悟性、迸发灵性，具有亲和力、说服力、统整力、创造力，有文气、才气、灵气、大气，是这次比赛中唯一一节赢得全体师生自发而热烈掌声的优质课！

## 见证文科A班学生的成长

无巧不成书，我在参加优质课比赛期间，碰巧接手了高三文科A班。我觉得参加了优质课比赛，把学校寄予厚望的高三文科A班耽误了一段时间，心中有愧，于是我暗自决定，决不能辜负学生，等这届文科A班学生6月毕业后，再去忙我自己参加全国优质课比赛的事。可最终省里以“你还年轻，有的是机会”为名剥夺了我代表湖北省参加全国比赛的资格。我很无奈。不过令我高兴的是：2006年我所带的文科实验班数学高考成绩比华师一附中600分学生数学人平高15.23分。我班数学有9位140分以上，24位130分以上，有8位数学单科长期跛腿的同学高考考了130多分，其中我接手前很少考120的谢灿霞也考了140，成就了她的全省第三名。

能获全省优质课比赛第一名，我想与大冶一中这片教育热土为我提供了良好的环境及平台分不开。我有幸生活在这样一个具有无限的凝聚力、战斗力的大家庭而感到自豪，更有幸成为数学大组中的一员而骄傲，是他们的理解、帮助，让我一路满怀激情，是他们的提醒、帮助，让我不断走向成熟。在此我还要感谢张贵钦等老师，感谢他们对我教学工作的支持，感谢他们对我的热情关怀。还要感谢每位为这节优质课做出贡献的人，无论他们是贡献了一个意见、一个点评、一次关心、一路绿灯、一路陪伴、还是一句提醒，我都要感谢他们，若没有他们，我不可能获此殊荣。

也许我不能移动大山，但是我可以运作自我；

也许我不能左右天气，但是我可以调整心情；

也许我不能选择容颜，但是我可以展现笑容；

也许我不能号令他人，但是我可以指挥自己；

也许我不能预知将来，但是我可以把握现在。

# 我拿什么成为名师

1995年，我考入湖师大数统学院，在读大学四年期间，我阅读了大量的教育学、心理学、数学思维方法等方面的论著，密密麻麻的笔记做了23本。1999年参加工作后我延续着阅读的良好习惯，《苏霍姆林斯基选集》《陶行知文集》《让考试更科学——基于命题视角的研究》《基于标准的教育考试——命题、标准设置和学业评价》《怎样解题》《数学的发现》《数学与猜想》《初等数学研究》《初等数论》《组合数学》《奥林匹克竞赛教程》等是我的常读书目，《数学通报》《中学数学教学参考》《数学通讯》等中学数学核心期刊伴随我走过一年又一年。我的教学风格经历了：入格→开格→风格→无格之路，实现从有效教学→高效教学→魅力教育的美好追求。具体经历以下四个阶段：

**第一阶段　青涩一年(1999－2000)，“看山不见山，看水不见水”**

大学毕业刚入职，那时我没什么经验，又坚持着考试第一、分数第一、知识第一、升学第一的教育理念，只想着多教点，写教案也是必须依照教参，布置大量例习题给学生，好像这样能牢靠许多。在教学上也是追求“完美”：完美的教学导语、完美的教学呈现及至心中理想的学生答案，把教学设计成为一个剧本，教学的过程成为一个表演“教案”的过程。那时我凭自己现有的知识水平和专业能力去教书，把自己知道的毫无保留奉献给学生，生怕有闪失；以致学生苦学，没日没夜，拼死拼活。学生消耗了想象力与创造力，吃力不讨好。而我消耗了自己的内存与身体，我只有输出，没有输入，心智能力在退化，最终感觉做了很多无用功。

好在那时我想在学校站稳脚跟，于是努力做一位受学生欢迎的教师，热情地坚守课堂，也努力在高考、竞赛中挑战自己。那时我想，若一天的课我能从第一节上到最后一节，那该是怎样的锻炼与挑战呀！于是我成为老教师的帮手，热心参与活动：代课、命题、分卷、登分。渐渐地，我喜欢上这样忙碌又充实的生活！在大冶一中这个大家庭中，我感受到自己的点滴成长！

在我的教学生涯中，我规定自己进新班级的前三天，就要记住每位学生的姓名并对上号。在接手人生第一个班级时，我做到了在开学的第一个数学晚自习，就记住全班所有学生的姓名。

我对贫困生资助，对学困生关爱，尽力发掘孩子的闪光点：尹同学连续多次考试成绩下降，高一上学期就滑落到班级倒数。暂时的落后，令他对高中学习越来越缺乏自信心，我找他谈话也只能起几天的作用，在我发现偏科的他对地理有些兴趣后，一次找机会向他请教地理知识，后来他选择了文科，竟然报考了地理专业。

在这一阶段，虽因为经验不足和求胜心切我有很多做得不好的地方，但因为真诚与真心，我赢得学生的信任；因为投入与付出，我也取得专业的成长。

第二阶段　艰辛两年(2000—2002)，达到“看山是山，看水是水”的境界

慢慢的，日益丰富的教学内容与各种教学理念的冲突，教学流程的变奏，教学目标的伸张，学习方式的变更以及教学内容的调整等，让我陷入“无可奈何”“无所适从”“无法取舍”的境地，我该如何正确的选择、取舍？我该如何组织教材？那段时间我执迷于教材，却看不见书本知识背后的真相。书上怎么说的，我就怎么讲，至于书上为什么这样讲，我不得而知。因为不理解实质，也就抓不住关键：过于注重细枝末节而导致舍本逐末；过于注重人为技巧的训练而导致“四基异化”。经过不断的思考，最终我发现想要提升自己的教学境界，就得潜心研究教材，揣摩并尊重编者的意图。我从教材形式到内容进行研究，又从教材内容到形式进行琢磨；对每一节，都深思“写什么、怎么写、为什么、还能怎么样”。慢慢地，我对所教内容有了精辟的见解，对知识点有了深刻的研究，对学生的知识基础、认知水平有了清楚的了解，这些积累发挥了很重要的作用，我之后的教学思路清晰了，数学表达精确清楚，教学语言也变得丰富了。这些让我惊喜不已，更加有了信心。

后来，我经常不带任何东西，仅靠一张嘴，甚至整节课不看一眼试卷就进行试卷讲评课，学生都被我镇住了。要讲的题号及其题设条件，我都记得一清二楚，连我都惊叹自己居然记得每一道题！学生对我的敬佩之情，顿时如滔滔江水，延绵不绝，从此对我以后的教学指导，更加言听计从。其实我只是记得要讲的题而已。

学生心里最大的压力莫过于考试。为了培养学生以平和的心态应对考试，我除了考前加强心理调适与指导外，还大力开发学生资源，鼓励同学之间互相激励、互相帮助。如，推行考后“安慰天使”活动，即每个学生都可以充当“小天使”，找到认为需要安慰的人，把温馨、激励的话语写在小纸条上，然后由我转交。每次收到学生写的便条，我都会一一对照花名册看看是不是有学生没有受到关心和安慰，如果发现有学生没收到纸条，我便匿名写上一张或几张，一起发下去，只为了不让一个学生感到自己被忽略。每每考完之后，我还会记录整理学生的成长档案——历次做错的试题类型(含考点和知能缺漏分析)，为下次找学生谈话更具针对性提供保证，也为下次命题提供有效依据。而对于已经自学完高中数学，正寻思自学大学数学的占岩同学，我为他找来我的大学数学教材，指导他有序自学，并宣布占岩同学在我的数学课堂可以不听讲。

高考压力和教学热情，促使我勤奋工作；专业提升的需要和对学生未来的负责，让我不断地讨教学习。2002 年，我首次教高三，所带的两个理科普通班，高考数学成绩名列全校第一和第三，其中一个班有 2 人 140 分以上，20 人 130 分以上，37 人 120 分以上。

**第三阶段　忙碌十年(2002—2012)，“看山不是山，看水不是水”**

之前的提高让我懂得了耕耘总会有收获。教学是一门艺术，“视野决定高度”，要提高自己教学的艺术性，单靠经验不成，单靠“潜意识”不行。而读书能够自我拯救：人需要不时跳出自我的牢笼，才能有新的感觉、新的看法。于是，教学之余，特别是参加了楚天中小学教师校长卓越工程第五阶段学习培训后，我就读起了贝尔、巴班斯基、苏霍姆林斯基、杜威等，读起了《有效教学十讲》《教学方法论》《给教师的建议》《学校与社会·明日之学校》《民主主义与教育》等教育理论著作。有效的阅读与反思，使我的教育教学如虎添翼。我在学习吸收和消化“建构主义”“差异教学”“问题解决教学”“自主发现学习”“活动式学习”等教育教学理论的基础上，提出一系列针对概念课、定理公式课、复习小结课、试卷讲评课等不同课型各环节，以及学生实际情况的有效教学策略和方法：将题组教学法引入课堂，使“反复同授是提高成绩的有效因子”这一规律得到体现；空降学习法的运用使数学困难生不再说“数学，爱你不容易”。铃木教学法的融入使得指导学生的课前预习和课后检测更具科学性；情境教学法、小组讨论法、独立作业法等多种教法的综合，使巴班斯基的教学思想在我的课堂上闪光；制作立体几何模型、数学折纸实验等数学活动，让“从做中学”等理念在我的课堂落到实处。加德纳的“多元智能理论”让我的课堂实现“三全、三有、三凡是、三寓于、三结合”（在课堂中，让学生全面参与、全员参与、全程参与；让学生有时间思考、有表现机会、有成功体验；凡是学生能想的让学生想，凡是学生能说的让学生说，凡是学生能做的让学生做；讲课时做到寓教于情、寓教于趣、寓教于需；教学做到课内与课外相结合，理论与实际相结合，教书与育人相结合）。这样既利于克服“学习动力不足”和“厌学”两大难题，又益于学生的“终身学习”和“可持续发展”。

这一阶段，除去阅读，我的课余时间几乎全都用于研究高考、研究教材、研究教法、研究教师，试图从中获取教育的真谛。我以一线问卷调查和教学试验为基础，进一步深入“取势、明道、优术”的研究：逐渐学会运用熟悉的知识来发现陌生的知识，在再现与创造之间行走，在熟悉与陌生之间行走。逐渐习惯整合有用信息的辅助和剔除无用信息的干扰，能够从毫不相干的零碎知识中发现其相关性，即共性的、规律性的东西，并且能够把从其他情境中获得的类似经验应用在自己的课堂教学上；逐渐善于高效地设计各种方案并有力地执行，在课堂上能够主动地进行创造性的施教，能够尽量地让每一个学生都获得良好的发展，不管是调皮的学生，还是优秀的学生。我会根据授课内容的特点，在抽象过程（如何获得共同特征）、推理的过程（怎么想到方法）、建模的过程（如何数学化）等方面加强思考，把“使学生学会思考，提高发现和提出问题、分析和解决问题的能力，成为善于认识问题和解决问题的人才”落在实处。听过我讲课的老师和学生都能够真切地感受到我广博的知识视野、强有力的课堂组织能力与知识的整合能力，能够看到我在课堂上游刃有余所获得的教学乐趣。我的教学机智中透着轻松，沉稳中包藏哲理，亲切而不失端重，严肃而不乏温情。

2006年高考，我所带的文科实验班数学成绩，有9位140分以上，24位130分以上，比华师一附中600分学生数学人均分高15.23分。该班有8位数学单科长期跛腿的同学高考都有130多分，其中我接手前很少突破120分的谢灿霞也考了140，成就了她的全省第三名。

“板凳甘坐十年冷，文章不著一字空”。我充分利用深夜、节假日、寒暑假时间，反思梳理教学体验，将之升华为局部教学经验，并整理成文字，5年间在中文核心期刊《数学通报》等教师刊物发表论文100余篇，其中有34篇被中国人民大学书报资料中心检索收录，曾一年有8篇复习优术论文被中国人民大学书报资料中心全文转载于《复印报刊资料：中学数学教与学》，主编或参编《普通高中新课程课堂教学标准及教学实例》等专著。那段时间，我应邀到各地进行省级国家级骨干教师培训、校本研修、新教材培训、课题经验、有效教学等学术交流。

我渐渐达到这一境界：“看山不是山，看水不是水”，此时教教材，就不再是几棵树木，而是一片森林了。我不再是一个照本宣科者，而是能够说出隐藏在文字背后的真谛的智者。在教学过程中，我并不是扔给学生一条“休克鱼”，而是将其激活，生动地游给学生看，只是，这里仍然没有学生。

为了将枯燥乏味的数学，讲得生动有趣，我常常联系生活，讲述一些与数学相关的学生感兴趣的生活实例，或学生身边的校园趣事。有好长一段时间，我的数学课堂，节节课都能听到同学们的欢声笑语。为了激活学生的思维，我规定学生在我的课堂，任何时候，都可以不经我的同意，直接冲上讲台说：“老师您到下面休息一下。这个地方（这道题）还可以这样想（做）……”。为了减轻学生的心理压力，在我的课堂答错的学生可以自己坐下，不需要经过老师的同意；迟到的学生，自己从后门，悄悄溜进座位，不允许打扰我和听讲的学生，课后再跟我解释迟到原因……渐渐地，一些讨厌数学的学生，因为喜欢我的上课风格，而喜欢上了数学。我对实验班学生进行长达一年的速度训练，一次较简单的试卷，班上最快的学生王聪，竟然在47分钟做完整套试卷，还考了137分。文科实验班的解灿霞同学，语文、英语、政史地，长期遥遥领先，并且根本没花多少课余时间，虽然她“每天要花4小时学数学”可数学仍然考不进前30名，极少能考120分。我知道上帝是公平的，当你文科思维（右脑）很发达的时候，理科思维（左脑）可能就会相对较弱。我针对解灿霞“熟能生笨”的特点，指导她从梳理各章的知识体系与题型体系开始，将数学知识板块化、体系化、逻辑结构化，再加上档案跟踪和个性化辅导，结果她在高考时考了140分，成就了她的全省第三名。文科普通班的王文涛，怎么都学不好数学，今天讲过的题明天就忘了怎么做，于是，我指导他从背数学题开始，对数学有点积累有点自信之后，再逐步增加难度，最后高考考了103分。

此阶段，忙于教学，已不记得春秋时光的流逝；疲于写作，忘却了寒暑时节的更替。教学的困惑，太多的思考，被我写进教学的案例中；成功的背后，也有太多的遗憾，被留在自己的记忆里。

**第四阶段　紧张之年（2012至今），“看山还是山，看水还是水”**

“问渠哪得清如许？为有源头活水来。”专家引领是一线教师的航标，教师除了需要大量吸取专家论著中的精神营养外，更需要得到专家的耳提面命。

在一些省培、国培的学习中，特别是“楚天中小学教师校长卓越工程第五阶段”学习期间，阳光教育研究院邀请省内外各类专家为我们作各类专题培训，这个重要的学习将我狭隘的视野引向开阔的新天地。在这里，我近距离接触了许多赫赫有名的专家教授，如王铁军、叶显发、查祥生、赵耿、程斯辉、高金英、罗增儒、鲍建生、曹一鸣、石志群、王光明、史宁中等。他们针对名师的成长、素质教育、课程改革、教育写作、教师信息技术能力提升等方面的专题作了一场场深入浅出的报告，让我们耳目一新，醍醐灌顶。省教育厅甚至邀请留美青年企业家颜国顺、杨柳，中央电视台科教频道制片人张德宏为我们作跨界培训。聆听各类专家从容睿智地见解为我拨开云雾，指点迷津，那种柳暗花明、豁然开朗的感觉油然而生。

我也曾应邀为一些省培、国培作讲座交流，其间结识了人教社教材主编章建跃、李龙才博士、北师大张淑梅教授、华师胡典顺教授、还有张才生、王勇、张银华、陶维林、周远方等专家领导，尤其让我感动的是他们的谦逊与激情，每每交流互动时，他们都很耐心地解答我提出的各种问题，没有丝毫的敷衍塞责。他们的眼睛、脸上洋溢着积极、明朗的光彩，我时时被他们的激情打动着。我想，这就是大家风范。我从中学习的，不仅仅是他们的学识，更应学习他们高尚的人格魅力。“仰之弥高，钻之弥坚。”

我通过“模仿——融合（浸润）——创新”，不断提升自己的境界。我逐渐认识到要“以学生的学习为中心来组织教学”，即创造适合学生的数学教育。如果学生是一个圆的圆心的话，我愿做这个圆上的一个动点，以学生为中心，围着学生转。

教学的最高境界是什么？就是“以人为本，以学生发展为本”，为学生搭建适合各类学生伸展和展示的平台，以及为学生站上平台而搭建拾级而上的各类“支架”。学生的成长需要培养，需要教师提供平台，但最根本的是要激发学生对数学本身的兴趣与热情，孜孜不倦地钻研数学的思想、精神和方法，勤勤恳恳地练习实践，不断反思体验，积累学习感悟，升华为相对普适性的经验，持之以恒地坚持，熟能生巧后就会有所创新；然后先在数学的某一个方面或某一个版块有突出成绩，再向数学其他方面或其他学科领域拓展，从而感觉越来越好，办法越来越多，成果越来越丰富，自信心也越来越强，达到自我完善的境界。

我始终以学生的发展为己任，坚持复杂的事情简单做、简单的事情精致做、重复的事情用心做，把爱化为教育的具体细节，不管是作为班主任还是作为普通的教师，我都非常注重学生的情商教育，耐心细致地做好学生的思想政治工作，帮助学生树立正确的世界观、人生观、价值观，以自己认真负责的工作精神和高尚的人格修养，激励着学生形成良好的个性品质。长期的班主任工作使我积累了丰富的经验，我努力探索三年阶梯式系列教育方式，包括三年系列式主题班会、系列家长会。高一到高三依次围绕“青春——理想——人生观”为主题对学生进行思想教育；班级践行“自治管理”（让学生自治、自理、自律、自强）。教育学生践行“全纳成功教育”，做到三有（有意，即一定要有爱生的意识；有情，即对学生要有感情；有机，即抓住时机、相机行事、不可强制）和“四心”（诚心、耐心、细心、信心），班风纯正、学风浓厚。始终坚持赏识教育，在我的精心培育下，许多调皮生浪子回头，甘臣林、叶俊同学被评为“感动校园十大人物”……《试析高中班主任工作的“收”“放”策略》被“省继教中心省教育学会教师分会”评为课题研究单项优秀成果一等奖。

名师出高徒，高徒出名师！常年带文理科A班，最好的学生自然最容易成功，学生的成功，也帮老师带来了好的名声。但我觉得他们带给我最大的收获就是逼着我变优秀！尖子生的问题更加刁钻，要让这类学生永远服你，就得精益求精！一天比一天更优秀！一直以来，我积极了解当前教育改革的趋势，坚持新的教学理念，在教学中与时俱进，在教改中勇于创新。

我始终坚持“煽情引领、大道至简”，逐步形成“发现知识的结构，知识就鲜活起来！学情先于内容，没有从学生已知经验出发的教学，都是盲目的；爱先于一切，没有对学生发自内心的爱，教育都是虚假的”的教育理念，为学生搭建各种发展平台，许多厌学的学困生纷纷爱上数学课。担任年级主任工作期间，我尽可能创设多种条件，开辟多种途径，让每位学生获得更多“成就”的机会。设计廊道文化和班级文化建设；组建年级学生会，参与年级管理；倡导班级图书角的建设，开拓学生视野；设计“自主学习手册”，每天给学生安排第三第九两节课自习，推行学路优先、顺势而导；成立各种类型的兴趣小组，开展广泛的社会活动，鼓励学生进行小发明、小创造；倡导微课教学、翻转课堂等教学方式，将教学重心由“讲授知识”转移到“学困交流”；开设名师大讲堂、思想方法选修课、自主招生辅导课等，供学有余力学生选择；尝试在我年级实行体育课走班教学，改变我校体育课的“放羊式”教学状态，让学生高中毕业后能有一项体育特长，于是我年级的体育课纷纷被兄弟年级学生羡慕着；目前高中生学习压力大，情绪宣泄渠道匮乏，诸多学生存在着心理问题，特别是性格孤僻、家庭离异、问题家长、留守学生，我挖掘发动有爱心的年轻语文教师左倩和英语教师郭濛组建了大冶一中首个“心理辅导室”;尝试组建年级学生会,管理本年级学生的自习习惯、纪律习惯、卫生习惯等行为习惯,每月每层楼评选出一个流动红旗班级,发现只靠班主任强调则容易停留在口头上,学生参与管理才能使之落到实处;各备课组统一规划了演讲比赛、辩论赛、英语单词比赛、化学方程式比赛、数学论文比赛、书法摄影比赛、科技小发明等活动;还有篮球赛,羽毛球赛……通过多种途径点燃学生梦想,有梦想的学生会自我管理;为各类学生搭建适合其展示的舞台,并为学生登上舞台搭建拾级而上的支架,对舞台上获得成就感的学生,我不失时机地引导他们实现成就感向学习的迁移。年级工作多次得到领导和同事的高度赞扬,年级组的诸多做法纷纷被本校和兄弟学校年级组借鉴引进。

这一阶段,我逐步形成“学路优先、不教之教”的教学思想,“学路优先”是“以学定教,顺学而导”的保障,形成“把心理素质的培养、自学能力、独立思维与实践能力和创造能力的培养放到首位”的教育理念。我努力创设轻松愉悦的课堂氛围,鼓励学生随时都可以直抒己见;我的教学充满激情,直面“学习动力不足”和“厌学”两大难题,着眼于人的“终身学习”和“可持续发展”:充分发挥学生的主体性,培养学生学习的自主性、能动性和创造性,努力实现学习的可持续发展;注重基础知识的落实和基本能力的培养,坚持数学思想、精神与方法的传授,不仅培养学生的几何直观能力、运算能力、逻辑推理能力、数据处理能力等,而且锻炼学生的心智、培育理性精神,使学生表达清晰,思考条理,具有实事求是的态度,锲而不舍的精神;同时会用数学的思考方式解决问题,认识世界。整个教学过程犹如“庖丁解牛,来去无碍”,亦如“春雨浇灌,润物无声”,它是我随性发挥而又能使学生受益无穷的境界。

回首来路,第一阶段是急功近利、揠苗助长,第二阶段是知识的应然却重心偏移错位,第三阶段是开放的容纳与智慧的生长,第四阶段是精神和艺术的个性张扬。课堂教学境界的追求是一种精神和艺术追求,而精神和艺术的追求是永远没有止境的。

比如，我备感学生一届不如一届，计算能力、刻苦钻研精神、奉献精神、集体荣誉感、责任心等逐届下降，学生越来越脆弱，越来越肤浅浮躁，于是我常将最朴素的生活哲理与最深奥的数学精神相结合，让学生在笑声中体会数学的思想、精神与方法，掌握做人与做事的道理……我在高三接手了一个文科普通班，该班高二下学期每次月考期中期末，数学人均，比倒数第二的班级都低10多分，我挑选了一位体育生金剑当数学课代表，他认真负责，积极向上。他当数学课代表后，学生的数学作业交得更齐了，在高三下学期，班主任就把他选为班长。我也曾选过一位体育生当班长，他曾是各科老师强烈要求开除的体育生，为人豪爽，讲义气，常常和其他调皮学生一起闹事，学习上不咋地。我问他，怎么办？他说："您别开除我，让我当班长，我保证管好这个班级。"我就给了他这个机会，让他试一个月，他竟比我还负责，如今他已经成了我的同事……

作为一名中青年教师，我的事业刚有点起色，取得的一点点成绩也仅仅能代表过去，还有很多需要充实的地方，由于教师这一职业的特殊性和重要性，所以我将会有恒心而无倦心的投入到我热爱的教育工作者中！用爱心和耐心去对待每一名学生，为了他们能够成才，我愿意从一点一滴做起！目前的教育阶段只是我的新起点，在教育的征途上，我将一如既往地执着行走。

我的今天也是青年教师的明天。名师的成长是需要培养，需要提供平台，但根本是要自己凭着对教育的热情，孜孜不倦地钻研，勤勤恳恳地实践，善于借鉴，不断感悟，有所创新。当你在某一个方面有了突出的成绩，自然会向其他领域拓展，感觉也越来越好，成果越来越丰富，名声也越来越大，自然达到自我完善的境界。有了方法，名师也只是努力后的自然结果。我的经验，简单地总结一下，就是以下几点：

**一、深入课堂，与时俱进**

立足课堂，不断地实践，上课、听课、评课、反思等，不断"磨课"，不断积累经验，坚信课堂教学"没有最好，只有更好"。也只有这样，才能在以后的教学中真正做到游刃有余。

**二、对比试验，窥见本质**

我们既要埋头拉车（打基础），又要抬头看路（反思回顾）；化整为零（立足平时），零存整取（收获高考），先死后活，死而复活（总结规律、升华体验），老师只有走进题海，学生才能走出题海。只有教师掌握教学本质，才能灵活自如地开展组织教学活动。

**三、专著引领，提升思想**

人类当前所处的时代，已然是一个终身学习时代。教师最少要有三方面的知识：精深的专业知识，开阔的人文视野，深厚的教育理论功底。也就是说教师的专业纬度中，学科视野要纵深，人文视野要开阔，教育学、心理学的基础要扎实。作为名师的知识结构，是一个有若干层次组成的网络系统：第一层次是条件性知识。包括教育学、心理学、学科教学论等。钱梦龙先生认为这是知识结构的核心。第二层次是本体性知识，即大学所学的专业课程。据统计，一个人在校学到的知识只占全部工作所需的20%，其余的都得靠自己学习。第三层次是扩展性知识，即学科以外的广博的文化知识，上至天文，下至地理，什么都要懂一点。第四层次是实践性知识，如方法论知识、计算机知识、网络知识等。第三、四层次是外围层次的知识，教师应尽可能多懂些，知识面要尽可能宽些，否则，与学生会缺少共同语言。当你停止学习时，你就停止了成长。

**四、反思实践，升华体验**

上海著名特级教师顾泠沅认为，“真正的名师是在学校里、课堂里摔打出来的”。但教师不能拿着一张旧船票，登上今天的客船，去重复昨天的故事。要想成为一名优秀教师，除了具备一定的教学经验外，还必须具备不断反思的意识，唯有如此，才能使自己与时俱进；才能对自己提出更高更远的目标，向教学艺术的殿堂迈进。我带着一颗思考的大脑从事每天平凡的工作，通过反思、解剖自己日常教育实践的点点滴滴，在反思中去浮弃躁，在反思中寻找规律，在反思中明辨得失，在反思中感悟创新，不断超越和提升自己的教育境界。

中国古代素有“三耕”之说：“目耕”（读书），“舌耕”（教书），“笔耕”（写作)。如果说读书是输入,思考是消化,教育实践是检验,那么写作就是输出。写作能帮助我们梳理思绪,帮助我们深化认识,提高我们的阅读效果,提升我们的教育质量。古今中外的大教育家无一不是边教学边研究,在教学与研究中逐渐形成他们自成体系的教育思想和教育理论。教育科研是学者型教师成长的必由之路,科研是名师成长的摇篮,是一般教师走向优秀教师的阶梯!会不会科研、搞不搞科研是“教书匠”与“专门家”的分水岭。教师要带着一颗研究思考的大脑,思考自己的教育行为乃至教育细节。思考、审视、推敲、质疑、批判、肯定……其中,思考(反思)贯穿于教育的全过程。

**五、专家引领,提升境界**

专家引领是一线教师的航标,教师除了需要大量吸取专家论著中的精神营养外,更需要得到专家的耳提面命。“仰之弥高,钻之弥坚。”我们从大师身上学习的,不仅仅是他们的学识,更应是他们高尚的人格魅力。

**六、同伴互助,合力进步**

我在忙于教育教学的同时,还兼任几项省级国家级课题负责人或秘书,是湖北省教育厅普通高中课程改革重大研究项目:“新课程数学课堂有效教学研究”子课题负责人,也是人教社“2004 版高中数学课标教材必修(含选修4－1、4－4、4－5)训练系统修订专题研究”负责人,我均被评为课题组“先进个人”,其中 3 项成果获课题组单项成果一等奖。一批同事在课题研究中成长为校级、市级、省级骨干教师或优秀教师,自己也在课题研究中,得到同伴大量的启发与帮助,这些都促使自己不断地反思成长。

在省培国培学习中,一场场独具匠心的培训活动,在聆听专家学者教诲的同时,我们学员之间也相互学习交流、碰撞思想、增进友谊、学识相长……在读书分享会上,伙伴们口中蹦出的“泰勒的筛子、要素主义、三 S、雅思贝尔斯”等一些我以前闻所未闻的词语和全新思维六要素:设计感、故事力、交响力、共情力、娱乐感、意义感等教育的全新观念,令我极受震撼与刺激!在赞叹同伴厉害的同时,深刻感受到自己的孤陋寡闻、与大家的差距!各位学员头脑清晰,思维活跃,工作中既长于“循规继承”,更勇于“标新立异”,他们是不断为学校拓展生存空间的人,我以他们为师为友,将这些活生生的学习榜样纳入自己的思想与实践中，心中自然萌生了一种不甘落后的竞争意识。

演员，靠演技征服观众；球员，靠球技留住球迷；教师，靠综合素质引领学生奔向美好的未来。走向名师之路是漫长的、曲折的，不是一帆风顺的，很可能途中有坎坷、有艰险。但是，我坚信，只要我胸怀大志、精心设计自己的专业发展之路；爱岗敬业、关爱学生、做学生的良师益友；注重自我调节心理，塑造阳光心态，以感恩之心、包容之心去对待身边的每一个人，去看待身边的每一件事；勤奋学习、不断积累努力构建完善的知识体系；潜心研究，不断提高教育科研能力；做反思型教师，精心提炼成功经验，不断超越自我；大胆创新，打造教学特色，提升感召力和影响力；坚定不移、勇往直前，朝着宏伟的目标前进，就能实现自己的名师梦想！

# 论文写作的常见误区及其有效对策

教育科研论文是教师教育科研成果的重要表达方式之一，是展示、交流和推广研究成果的重要途径。教育科研论文写作能力是中小学教师科研素质的一个重要方面，但目前中小学教师在这方面还有所欠缺，很多教师会感到撰写教育科研论文有一定的困难，从而阻碍了教育科研活动的进程。

教育科研论文的写作存在的主要问题有选题不合理、结构不清晰、内容不规范等，对这些问题进行分析有助于教师更好地掌握写作规范和技巧，提高写作水平，从而推动教育科研活动顺利开展。

**一、选题不合理，不好写**

"选题"就是我们通常说的"写什么"。论题的确定是论文写作的起点，如果"写什么"不明确，"怎么写"就无从谈起，因此，选题是否合理至关重要，常见有如下几个误区：

误区1：论题大而空。论题太大主要表现在涉及面过宽、过泛，有些几乎是一个学科的领域的问题。由大论题写出的论文要么大题小做，要么讨论问题面面俱到而不深入。我通常建议初次写作的老师把选题做得小一点，更具体一点，但他们依然选题都很大，为什么？因为人对自己想写的论题了解得越少，选题往往就会做得越大。因为知道得很少，如果不用大论题来填补其研究的空白，那么一篇论文根本就没有什么可写的。还有些大的论题脱离了中小学教育教学的实际，超出了我们擅长的教学实践范畴，甚至是我们力所不能及、不能驾驭、不符合实际的论题。其实一线教师有自己的优势，我们有最直接的一线教学经验，有最真实的体验下的困惑或所得，也有课堂可以进行独立的探索与实践,抓住这些都可以帮助我们写出属于自己、具有独到视角、言之有物的论文。

**误区2.论题缺乏创新性。**论题创新,一是指教研论文的选题立意要新,要与众不同、标新立异,有独到之处;二是指论文中的看法、见解、观点或引用的材料要新,别人看了能受到启发,能感到茅塞顿开,觉得这个问题很有价值。创新是科研活动中最有价值的部分,没有创新的教育科研活动是浪费资源的重复劳动,没有创新的教育科研论文只是拾人牙慧的无意义写作。缺乏创新的论题,通常探讨的是已经形成定论或过时淘汰的内容,或者没有自己的独立思考,缺少深入研究。

**对策:**选题的方法很多,最常用的是在教育教学实践中利用总结经验教训的方法来选题,也可以通过查阅评价文献资料发现空白、不足、方法不当、矛盾之处来选题,或者可以从科技进展的角度来选题,甚至还可以借助大课题蘖生小课题,再分解出小课题,从而确定论文论题。要确立"人人面前都有,个个笔下皆无"的选题,就需要抓住以下几点:

**1.缩小角度。**在确定了论文写作的大方向后,接下来要做的应该是缩小问题范围、聚焦问题,力求问题小而具体,使之更加明确、更具有可行性,这样,写作内容比较具体,目标相对集中,材料容易选用,写起来就能得心应手,而且不用说假话、空话。一般说来,论题越小越具体,越容易驾驭,论证的容量就越大,越容易写得丰满深入。

**2.热点选题。**针对当前教学研究与改革热点选题。这些热点会反映在期刊杂志上,如学科素质教育、课程改革等杂志。

**3.特点选题。**根据个人兴趣爱好、知识经验选题。一线教师的论文多数源于实践,具有强烈的实用性和鲜明的针对性,对于一线教师的优势,我们应该有充分的认识,并不断保持和发展。我认为有两点非常重要:一是在主题上,立意新颖,视角独特;二是在时间上,意识超前,创作及时。同时,每个人都有自己的优势、长处、长项,选题时应扬长避短,写自己最熟悉的、最拿手的、最想写的,通常就能写出别人没有体会到、还没写出来的东西。如擅长教学理论探讨和研究的，可多选教学理论方面的主题；专于实验的，可多选实验方面的主题；对学科史兴趣大的，可多选有关科学史的主题。

4. 源于实践。“从教育学学科发展的自身规律来看，实践取向是教育学的生命所在。”教育学论文源于实践问题，要深入挖掘实践内涵与理论灵活构建，要以服务于实践为目的，要关注动态生成。在教育教学实践中，每天都会遇到一些实际问题，对我们遇到的实践困难，要抓住难点、深入思考；对自己做得比较好的，要挖掘亮点，积累成功经验；对于日常教学活动中，积累的点点滴滴体验，不断反思和思考，逐渐升华为教学经验。例如，学生的提问和作业中的问题，往往是教学中的疑点、难点，是学生认识的误区，这些误区恰恰是论文的题材。

5. 勇于创新。我们在撰写数学教育论文时，无论是选题、内容、论点、例证，还是解决问题的思路和方法都应该锐意创新，因为有无创新是一篇论文质量高低的重要标志。要发现有新意的选题，首先要立足课堂和教学实践，善于观察、勤于思索，大处着眼、小处入手。其次要善于积累和分析资料，面对旧的问题，也可争取用新的论证材料，提出新的或部分新的观点、新的看法，即使是前人已经研究过的问题，有了新的材料和数据、新的发现、新的看法、新的研究思路、新的解决方案，或者是从一个新的角度或新的高度对目前的研究进行梳理和分析、质疑和思考也是创新。只要能得出全部或部分新的观点，都能够启发人们重新思考问题。只要我们坚持理论学习，善于积累、总结、反思，掌握更加丰富、全面的材料，将研究的论题建立在生动的教育教学实践基础上，真正发现、研究、解决自己在教育教学中的疑难和困境，就可以在教育科研论文写作中激发出创新的火花。

6. 立意新颖。市场上有新鲜蔬菜和不新鲜蔬菜，你选购哪一种？商场里有新衣服和旧衣服，你选择哪一件？绝大多数人都会选择新鲜蔬菜和新衣服。在这里，“喜新厌旧”不是一个贬义词。人同此心，心同此理，编辑老师也喜欢读那些有新意的文章。如果你取的题目与他人大同小异，就必须从一个新的角度、新的思路去写。文中要有自己的新观点、新经验，达到“人无我有，人有我新”的境界，这种文章照样可以标新立异。

**二、素材准备不充分，没啥写**

误区3：积累不到位。“巧妇难为无米之炊”。论文写作必须回答三个密切相关的问题：“是什么”“为什么”和“如何做”。要讲清“如何做”，除了自己亲身经历的那些散乱零星、不成系统的工作见闻和教学感受之外，还要有各种说服力强的实践数据和聚焦性强的实录资料。如果没有一手数据资料的收集与整理、点滴教育实践的反思与记录，写作时就无法结合自己的教育实践，无法结合具体的学生，更没有生动真实的案例。其实，教师是教育实践的躬行者，只要在实践过程中随时随地思考、随时随地发现、随时随地实践、随时随地反省、随时随地概括总结，勤于记录教学中的点滴火花，并勤于思考其中的成败得失，像这样积累一段时间后就能形成一定的想法，再进行归纳概括就有基础了，写出的文章也会有观点、见解了，同时不乏大量鲜活的教科研素材和教学案例。

误区4：学习没跟上。人们总喜欢将自己的思维方式强加于别人，而且自以为是。如果没有教育理论的学习与内化吸收，就可能造成如下三种不利局面。首先，缺乏理论高度，纯粹是自己教育教学经验的总结或教学笔记，停留在对教育现象描述、教学工作体会的感性层面上，都是事实与经验本身，没有挖掘其中蕴含的道理，是有经验事实而无理论框架的平面写作。其次，对教育原理的认识不够深刻、不准确，导致不能把原理与教育现象有机结合起来，借鉴、运用理论就可能与实际呈现的教育实践材料是相互割裂的“两张皮”，它们之间缺乏必然的有机联系，从而使自己的论文写作蜕化为有理论术语而无实质嵌入的装饰写作。再次，如果资料的收集不到位，你不了解别人的研究成果，你辛辛苦苦总结出来的论文，可能别人早已总结，你只是拾人牙慧，徒劳无功。

误区5：研究不深入。人类活动有三个层次：本能水平、经验水平和有意识的反思水平。前两种属于种族遗传性质和原始模仿性质，而后一种则是将主体和客体分离开来，对活动的特点、过程和规律进行理性的分析，这才属于研究性质。只有达到理性的、有意识的反思水平,我们的教育研究才能进入新的天地,有新的发现。许多一线教师写的论文纯粹是自己教育教学经验的总结或教学笔记,停留在对教育现象描述、教学工作体会、钻研教材感受的层面上。没有超越对具体的、偶然的教育现象的描述,不能结合教育理论来把握现象后面的规律,或者不能把经验上升到理论层次,这种不深入的研究,容易造成研究成果的表面化、肤浅化和经验化。

对策:重复而又繁忙的教学生活节律容易滋生匠气和惰性,在缺乏突破和改变的繁复的日常生活中生活过久,教师就会对这样的生活方式习以为常、自我满足,唯有教师克服职业倦怠,积极主动地从丰富多彩的教学实践中,带着问题观察、思考、记录和整理。事实上很多有价值的素材是平时工作、学习、生活甚至睡梦中突然想到的,这种灵感是对问题深入思考的结果,如果没有自觉教研的精神,灵感就无从升起。写作前可从如下几个方面做好积累准备工作:

1. 写教学日记。教学日记是教师积极、主动地对自己的日常教学事件、思想和行为中具有反思和研究价值的各种经验所进行的持续而真实的记录和描写,并在此基础上对其进行批判性的理解和认识,从而不断更新观念、增长技能,促进自身专业发展的一种手段和方法。撰写教育日记要将事件记录与事件分析结合起来,除了描述性记录,还应包含解释性记录,如感受、解释、创见、思索、推测、预感、事件的解说、对自己假设与偏见的反思、理论的发展等。并对日记记录作一些暂时性的分类,以免在日后的研究中被资料淹没。通过撰写教学日记,教师可以定期地回顾和反思日常的教育教学情境,教师对教育教学事件、问题和自己认知方式与情感的洞察力就会不断加强。可以说,教学日记有利于分析、认识、改变和超越自我,是一种促进教师专业发展的强有力的工具,还能不断积累原始材料,以备今后撰写教学论文时,有据可查,有材可写。

2. 勤反思梳理。波斯纳提出一个教师成长的公式:教师成长=经验+反思。正确的思想来自实践,唯有反思性实践才可以成就教师!我们要带着一颗思考的大脑从事每天平凡的教学工作，通过思考、解剖自己日常的教育实践，实现思维的提升，经验的升华。在教育教学实践中，要敢于、善于对自己的教育行为乃至教育细节进行追问、审视、推敲、质疑、批判、肯定、否定……正如叶澜教授所说："一个教师写一辈子教案不一定成为名师，如果一个教师写三年反思有可能成为名师。"经验是教师教学专业知识和能力最重要的来源（量的积累）；反思是教师教学专业知识和能力发展最根本的机制（质的飞跃）。反思的实质是"自我对话"，是教师专业发展和自我成长的核心因素，是教育智慧的源泉。要进行教学反思就需要教师自觉地把自己的课堂教学实践作为思考的对象，对自己的教学目的、教学行为、教学过程和教学结果等进行全面而深入的审视和分析，从而提高自己的教学能力、使教学达到更优化状态、使学生得到更充分发展。

3. 补深度学习。面对呈几何级数增长的知识，我们必须学会从中筛选、检索、加工、整理这些信息，从中提取出最有利于自己教学、最有利于师生发展的信息，不断更新自己的知识结构。一是积极主动积累直接经验，向实践学习，在实践中反思，只有经过反思的实践才能出真知灼见。分析一种教学现象及其原因；找出不同教学法之间的差异……二是主动学习间接经验。其一是向书本学习理论，博览群书，教育思想已由"应试教育"发展为"素质教育"，教学观由注重"知识"演变为注重"能力"发展为注重"素养"，数学教育教学的心理学基础由"行为主义"发展为"建构主义与认知心理学"，教法由"封闭型"演变为"开放型"发展为"课程履历丰富"，教研由"经验型"发展为"科研型"……在理论学习时，注重把主要精力放在弄清弄懂教育理论的精髓上，都要结合日常教学需要重点选择一至两个方面的知识加以深研，达到"专而全"的效果，并在学以致用上下功夫。其二是向同行专家和同事学习，"与君一席话，胜读十年书"，教师相互间的启发、点播、交流、争论，可以激发我们进一步学习的兴趣，有效促进学习的深化，学习同事教书育人的经验和方法，对照自身实际巧妙移植。其三是向网络学习，善于通过互联网获取、传递和处理信息。在学习过程中，获取和加工有效信息，利用它们来解决问题,甚至借鉴变革推陈出新。

4.勇教学实验。有心于教育教学研究的教师,每堂课后或每一单元教学后都要认真思考总结,将其写成教学后记或教学反思。如坚持每学期对某一节课反复备多次,学期开学就开始反复琢磨,不断修订;教学时除了自己班级的授课,更要带着问题去听课,对比同组教师不同的处理方案;教完后继续反思琢磨,不断修订,来年教学该课题时继续反思打磨。正如灵感机制的发生,长久地反复思考同一个课题,最终会产生灵感,这便是多次量变而引起质变的一个飞跃过程。对于教学中遇到的各种困惑,勤于思考尝试,勇于创新实验,在对比实验过程中,一定要及时记录,整理获得实验数据,包括成功的、失败的、需要改进的各种信息。无论从哪个角度来讲,实验过程中得到的数据对教育研究来讲,都是最宝贵和最有价值的。

5.重收集记录。论文还自教研始,留心处处皆学问。没有来源于实践的经验教训、数据统计等素材的积累,想要写出比较有价值的论文,几乎是不可能的。这些素材源于何处?如何去发现这些素材呢?答案是那句古话"留心处处皆学问"。在日常教学、听课、调查、访谈等工作中,有意识、有目的地对种种教育现象进行观察,并随时记录,用心思索,见微知著。"带着问题"认真写读书笔记,对自己研究有用的内容,将阅读中获得的素材、理念以及感受较完整地记录下来,并分类标记。对于学术会议、教育培训、互联网相关信息都应纳入自己的笔记范围。

**三、结构不清晰,难读懂**

有的教师在论文写作的过程中习惯提笔就写,想到哪儿写到哪儿,写作前并没有对文章整体框架的设计和构思、写作提纲进行仔细推敲,甚至有的直接省去了拟定提纲、布局谋篇的环节,致使文章没有一个清晰的结构。主要存在下列情形:

误区6:**逻辑松散**。一些论文的通病是中心论点不明确、论据和材料没有聚焦于中心,甚至有的论文结构与选题不相符,整体逻辑结构不全,或不相关,或结构过于单一,过渡不顺畅、段落间关联性不大;还有的论文观点和材料脱钩，每一部分之间没有严密的逻辑关系，只是生硬地罗列拼凑在一起的一盘散沙，看不出哪里是并列关系、哪里是递进关系，哪里是总论、哪里是分述等等。

误区7：主次不分。一些中小学教师在教育科研论文写作中习惯用较大的篇幅叙述案例、描绘教学场景，而真正上升到理性认识的论述分析一笔带过、只言片语。这些生动鲜活的素材，的确可以丰富和充实文章内容，但是这些材料归根结底是要服务于中心论点的，过多的叙事和描写会冲淡文章的中心。论说性论文侧重的不是教师的经验、体验和情感，更重要的是作者对问题的看法、观点以及提出解决问题的对策和思路。

对策："主题使文章言之有物，结构使文章言之有序"。结构是一篇科研论文的基本构架。它既有安排材料、呈现顺序和叙述过程的组织作用，也有阐明题目、表达观点和体现思想意义的作用。

1.谋篇布局。论文写作首先是做好构思与布局。在总体构思论文的框架结构时，从整体上思考如何提出问题、分析问题和解决问题，将论文分成几个部分，每一部分又细分为几个小的部分，每一小部分有哪些要点。在具体写作时以问题为主线，并围绕以下四个步骤进行谋篇布局：①我想研究(或解决)什么问题(确定研究问题)；②我为什么要研究(解决)这个问题(写出问题提出的背景)；③我认为应当怎样去研究(解决)这个问题(写出解决问题的方法策略)；④这个问题解决得怎么样(写出问题解决的效果及反思)。

2.结构合理。结构是作者对文章主次、详略、各部分之间关系的安排，体现了作者对所论述问题的认识程度。文章结构安排不当归根结底是作者对所论述的问题认识不够充分，思路不够清楚。其实论文写作本身就是一个厘清研究思路，深化、升华认识的过程，结构不清晰的问题可以通过拟定写作提纲来解决。拟定提纲是一个动态的、不断调整的过程，很多教师在写作中缺少修改的环节，修改不仅包括字词错用、语句不通，更主要是提纲初步确立后必须根据研究进程的不断深入对文章整体布局进行通盘的考量。

如果在写作中陷入瓶颈无法理顺思路，还可以通过求教专家、同行研讨找出自己提纲的不足之处，通过论证使结构安排更清晰、合理。

3. 逻辑恰当。一般科研文章开展论述的主体结构主要分为并列式和递进式两种，具体采用哪一种论述方式，要看论述内容的大小和问题的属性，这是写文章的一般逻辑顺序。写作时理论与实例并重。一篇论文光有理论，没有案例的支撑，是站不住脚的；而仅仅靠罗列案例来凑字数，缺乏理论的提升，也不能算是一篇成功的论文。最好的配比是一个观点配一个例子，用例子来把句子的意思变得更具体、更清晰，让读者明白你到底在说什么。

4. 列小标题。列小标题无论对读者阅读，还是作者本人写作，都有指导作用。所以我建议教师写论文要先列小标题，一篇论文分成几块来写，做到心中有数。每一块的字数应该是均衡的，不能一块写了 1000 多字，另一块只有二三百字。如果写到最后，发现某一块字数很少，就说明这一块的内容研究不充分，或者根本没什么好写，就应该果断舍弃，或者重新切分文章。小标题最好是句子而不是短语，至少二级标题必须是句子。因为短语的意思是不明确的，跟着短语写会跑题。只有把小标题列好了，才能保证在组织文字的过程中，能紧紧扣住文章的主题和结构。

列小标题的时候，序码后的标点符号乱用也是一个大问题，最常见的是阿拉伯数字后面加顿号，如“1、”“2、”；或者已经有了括号，再加上顿号，如“(1)、”“(2)、”。正确的用法是，一级标题前用中文数字加顿号，如“一、”“二、”；二级标题前用阿拉伯数字加下圆点，也就是英文的句号，如“1.”“2.”。在标点符号的运用上，还要避免冒号套冒号、一顿到底、一逗到底、排比句分号间夹杂句号等情况出现。

5. 六项注意。在具体写作时还要注意以下六个方面：①要运用多向思维，确定解决问题的写作提纲，并要紧扣相关论文题目的中心来选好分论点；②要围绕写作提纲选取理论论证和事例论证的材料，从已有的素材中抽取提炼出合乎规律性的认识，找出自己整个研究中最有价值的部分，形成自己的见解、观点，并以此为主线来重新整理自己的研究工作；③论文的具体写作要围绕提纲及选定材料进行；④要注意事例论证的典型性和原创性；⑤要注意文字表述的统一性；⑥要注意对论文的修改推敲。

**四、内容不规范，难录用**

误区8：不注重内容规范。科研论文的表述应当有严谨规范的格式与精练准确的语言。有些稿件在内容上有一定的新意，值得刊登。但是，由于稿件在语言表达和格式方面的问题比较突出，很多学术期刊只好放弃。可我们有一些教师对论文写作往往缺乏严谨的态度，还有很多教师并不了解论文写作的规范要求。许多教师的论文格式失范：缺少内容摘要、关键词、注释或参考文献等；虽然有些论文不缺少这些内容，但作者对摘要、关键词等的性质、数量、用法都不清楚，表述不准确、不简练，如：有的误把摘要写成文章的开头或是直接摘取文中的某一段落或是罗列文章中的各个小标题等等，这样读者很难从摘要了解文章最核心的内容；有的选取的并不是文章的核心词，造成读者按关键词检索论文时出现很多干扰项，降低了检索浏览文献的效率；有的存在参考文献项目缺失或内容不完整的问题，不利于著作权的保护同时也不利于读者拓展阅读。

对策：规范的论文一般包括题目、摘要、关键词、正文、参考文献几部分。公开发表的论文，对于写作规范的要求更为严格，一方面是遵循编辑出版方面的相关标准，另一方面也是便于文章的检索、传播和交流。

1.摘要。又称概要或内容提要，是对论文基本内容的浓缩，是论文内容不加注释和评论的简短陈述。在这个信息化的时代人们往往需要从海量的信息里筛选出自己需要的内容，摘要为人们更便捷、准确地筛选信息提供了方便。摘要的内容主要包括：从事这一研究的目的和重要性；研究的主要内容，指明完成了哪些工作；获得的基本结论和研究成果，突出论文的新见解；结论或结果的意义。摘要虽然要反映以上内容，但文字必须十分简练，内容亦需充分概括，摘要的字数在200字左右比较合适。

2.关键词。或称主题词，是为满足文献标引或检索的需要而从论文中选取的词或词组。

关键词是表达论文主题内容信息的单词或术语，应尽量使用本学科规范性词语，关键词数量一般为 3～5 个为宜，可以选取标题中或小标题中的重要词汇以及文章中出现频率最高的词汇作为关键词，关键词之间用两个空格分隔。关键词置于摘要左下方，它不考虑语法上的结构，也不一定表达一个完整的意思，仅仅将几个关键词语简单地排列在一起。

3. 正文。正文是论文的主体，是全篇论文的核心所在，它是作者研究成果的学术性、科学性和创造性的集中表现，决定着论文写作的成败和学术水平的高低。篇幅不宜过长，切忌堆砌文学辞藻、罗列材料，语言尽量做到客观、简练、朴实，专业术语的表述、概念的界定要准确清楚，数据不能存在弄虚作假现象。做到论点鲜明、论证严密、层层推进、顺理成章、首尾圆合、条分缕析。

4. 参考文献。参考文献指作者在论文工作中所参考的文献，包括研究背景、研究方法、研究结果的比较等，是论文不可缺少的组成部分，也是作者对他人知识成果的承认和尊重。

参考文献必须是本人真正阅读过的，近期发表并与论文直接相关的文献。参考文献必须在文中引用处体现出来，并按顺序编号。文献应按文中引用出现的顺序列全。附于文末。参考文献的注录格式为：

[期刊]作者。刊名，年，卷(期)：起止页码。

[报纸]作者。报名。出版日期(版次)。

[专著]作者。出版地：出版者，出版年。引用参考起止页码。

[论文集]作者。引文题[A]。主编，论文集名[C]。出版地：出版年。引文起止页码。

鲁迅先生曾说："文章应该怎样写，我说不出来，因为自己的作文，是由于多看和练习，此外并无心得或方法的。"好的论文是磨出来的，只要从小处着眼、求真务实、注重积累、多读多思、厚积薄发、勤写多练，就一定会写出高水平的论文来。

# 后　记

我在读初、高中的时候，总能遇到所谓“全校最差”的老师，老师还没进教室，同学们就开始叹气。所以，我决心，要做老师就做一个既有水平又深受学生欢迎的老师。大冶一中给了我非常好的锻炼机会：全年级最好的班加上一个最差的班是我的标配；充当“救火员”的我三次让出自己带顺的班，去接手数学均分很低的班级，三个班的数学成绩到了高三甚至是高二，就上升到了年级第一，这让我学到了很多。

我深入教学一线，做了一系列教改试验，积累了很多成功的经验，并形成文字，发表于各学术期刊。一些初次见面的老师和教研员，听说我的名字后，不禁感慨“拜读过你很多文章，我还以为余锦银是一个教书 30 年的长者，没想到这么年轻。”后来我成为教育部“国培计划”专家库成员，应邀到全国各地作国家级省级骨干教师培训、新课改培训，进行支教助教讲座 100 余场，那些源于教学实践、饱含丰富教学案例的主题报告，深受一线教师的喜爱。

作为一位虔诚的教育工作者，能应湖北教育出版社之邀，为《荆楚名师系列丛书》添砖加瓦，荣幸之中自有一份骄傲。面对当前的“新课程、新课标、新高考”，我们一线教师还有很多迷茫，我唯有将自己以守望中学教育“取势、明道、优术”的独到视野、独家解读、独特智慧全都呈现出来，才对得住湖北教育出版社，才对得起每一位读者。希望各位同行、同学、家长读完这本书以后，能对“如何驾驭数学教育，怎么学好数学，数学到底是什么”有一个更深层次的认识。不妥之处望批评指正！不胜感激！

感谢我生命中每一位恩师的教诲、每一位朋友的支持和每一位贵人的鼎力相助！感谢湖北教育出版社，教材分社的梅玉闽社长对本书的写作非常关心，编辑张琴老师为本书的出版提出了很好的建议并付出了辛勤的劳动，我谨向他们表示诚挚的谢意！

撰写书稿之时，女儿都都正值初三，书稿付梓之时，女儿以 A 分步入省示范高中。

仰望星空，踏实留印，永远在路上！

余锦银

2020 年 8 月 19 日于黄石磁湖畔